返璞归真说教育

李镇西／著

漓江出版社

·桂林·

图书在版编目（CIP）数据

返璞归真说教育 / 李镇西著 . -- 桂林：漓江出版社，2014. 10（2022. 2 重印）
ISBN 978-7-5407-7330-4

Ⅰ . ①返…　Ⅱ . ①李…　Ⅲ . ①教育—中国—文集　Ⅳ . ① G52-53

中国版本图书馆 CIP 数据核字（2014）第 224982 号

返璞归真说教育

作　　者　李镇西
策划组稿　文龙玉
责任编辑　章勤璐
封面设计　石绍康
责任监印　黄菲菲

出 版 人　刘迪才
出版发行　漓江出版社有限公司
社　　址　广西桂林市南环路 22 号
邮　　编　541002
发行电话　010-65699511　0773-2583322
传　　真　010-85891290　0773-2582200
邮购热线　0773-2582200
网　　址　www.lijiangbooks.com
微信公众号　lijiangpress

印　　制　三河市嵩川印刷有限公司
开　　本　710 mm × 960 mm　1/16
印　　张　17
字　　数　250 千字
版　　次　2014 年 10 月第 1 版
印　　次　2022 年 2 月第 3 次印刷
书　　号　ISBN 978-7-5407-7330-4
定　　价　58.00 元

美好的瞬间，会成为很多人永远的记忆

——李镇西作品序

吴 非

李镇西老师把近年的文章汇集出版，希望我能写个序。认识镇西老师十多年了，他一直勤奋地工作和写作，令我钦佩。镇西老师热爱教育，富有激情，他的工作负担比我重，社会活动头绪多，但他精力过人，每日一文，有时清早到学校，车停在校门口，先写一阵；也常“高空作业”，在飞机上写。这类经历，我是不会有的。我不知道他何以不感到累，也许个中有乐，不以为苦吧。我患病，镇西几次到南京来看我，用句套话——我们就共同感兴趣的问题作了坦率认真的对话，广泛深入地交换了意见。之所以在许多问题上能有共鸣，是我们都为基础教育的状态感到忧虑，同时，我们都敬重常识。

很多教师有了一段教育教学经历后，可能会发现，教师的教学水平，往往在于他对常识的态度，在于他个人思考的深度和广度；不管遇到什么复杂的情况，遵守教育常识，至少不会犯错误。然而当下的教育，往往是“反常识”的处于强势，常识需要“坚守”，而且要付出代价。守护常识，也需要胆识。在《我想办一所没有“特色”的学校》一文中，镇西老师质疑“校校有特色”，认为违背了教育常识。他批评假科研，“我们现在的确有的学校是为科研而科研，有一种‘课题崇拜’情结，喜欢申请国家级、省级、市级的各种课题，似乎课题越多学校就越有档次”。确如其言，在很多学校，都有老师揭露这种“伪特色”和“假科研”造成的危害。——“特色”是上级领导要求的，故而没有也得硬造一个；“科研”则只是制造垃圾：

开题兴师动众，结题公关宣传，过程是最弱的，报告七拼八凑。这样的“特色”和“科研”把学校和教师都害了。然而这个体制逼着你，驱赶着你加入，这是很多坚守常识的校长教师最痛心的事。

镇西老师对教育界的浮躁也一直忧心忡忡，他在《名师是“打造”出来的吗》一文中所谈的，也全是常识。我们都曾质疑“打造名师”的提法。所谓名师，一定是在长期的教学实践中自然出现的，不但名师无法“打造”，“名校”也不可能“打造”，“教育模式”也不可能“设计”……推而广之，一名真正的“师”，也不可能“培养”、“培训”出来。看那些合格的教师，无一不是自己学出来的，无一不是在长期的实践中一步一步摸索出来的。现在一些教育行政部门在统计学校政绩时，会提及“培养”了多少多少“特高级教师”，这些提法，过些年有可能成为笑话。

同样，镇西老师也经常地反思教学观学生观，比如，《何必一定要有“教育意义”》一文，批评陈旧的教育观，反对动辄对学生讲“教育意义”。诚如其言，“意义”讲多了，学生不堪重负。教育是美好的生活，而不是

教育专家王栋生（笔名“吴非”）先生在武侯实验中学演讲

接受清规的忍耐。镇西老师说:“如果一定要说‘教育’，那我们也完全可以把教育的内涵理解得丰富一些广义一些。学生是否受到了‘教育’的标志，不仅仅是提高了什么什么认识，或获得了什么什么启发，还应包括心灵更加宁静，胸襟更加旷达，眼睛更加清澈，耳朵更加灵敏，触觉更加细腻，体格更加健壮，感情更加丰富，幻想更加奇特，思绪更加飘逸，情怀更加浪漫……”也就是说，教育，面对的是活生生的人，人之所以成为人，“我”之所以成为“我”，需要的是教育开启心智和感官，而不是把人“训练”为机器。

李镇西老师能在全国有这样的影响，除了他的胆识和工作的激情，还在于他一直生活在校园里。我这样说，是想到一些教育名人的理论研究脱离了校园，脱离了课堂，脱离了学生的心灵；他们不知道课堂上发生了什么，不知道老师们在想什么，不知道学生在想些什么。而这些对镇西显然不是问题，从他的文章可以看到，他的情感和思维一刻也没有离开学校，离开老师和学生。

多年来，镇西老师以苏霍姆林斯基为榜样，从最基础的工作做起，他的每日“五个一”(上好一堂课，找一个孩子谈心，思考一个教育问题，阅读一万字的书，写一则教育随笔)，看起来不难，可是多年如一日，就是难事；当了校长，更是难上加难。但李镇西做到了，这是他践行苏霍姆林斯基教育思想走出的一条路。镇西老师影响了一大批教师，正是有他们在基层学校的实践，苏霍姆林斯基教育思想的核心——教育的人道精神，在教师成长过程中有了更加积极的意义，无数的学生得到比较正常的教育。苏霍姆林斯基能记得一千七百多位学生姓名，我看镇西老师的博客，他能记得那么多学生的故事，保存学生的作文、各种照片，他长期和学生保持友情，实在很难得。这就是“把人当人”的教育。按世俗标准，镇西老师的学校称不上名校，他说:“我和我年轻的同事们，面对的是好多学校不喜欢的孩子——当地失地农民和进城务工人员的子弟。”可是，我去武侯实验学校，所到之处，所有的学生都面带笑容地对我说“您好”，这是我在很多名校没有的待遇。陪同的老师说，孩子们进学校时，有些顽劣，不懂事；经过三年初中教育，他们能习惯地对人说“您好”、“谢谢”和“对不起”了。我当时就非常感慨，在当下中国，这已经是很好的教育了。

我印象很深的，还有《做一个孩子不怕的校长》，曾有位女生给他提意见，批评校长没看完各班的体操比赛就中途离场（虽然镇西的退场是因为赶去开会，但他仍然感到内疚）。学生能直言不讳，这说明学生爱学校，说明学生敬重教育。教育要培养学生的公民意识，而不是驱赶他们做唯唯诺诺的奴才。镇西有很多文章介绍学校的老师，通过他的文章，武侯实验学校很多老师的工作和创新为社会所知。《让普通老师成为学校的名片》一文中，镇西介绍了他的管理观念——“教师的成长，是我当校长成功的唯一标准”。教师应当比学生更善于学习，他们理应在教育教学中有很多发现的愉快，同样，他们可能比一般人更能体验教育的艰难。唯其如此，教师才真正地具备职业素养。一所学校有一批把教育教学当作使命的教师，比成就一名校长更有价值。

在镇西老师的博客上，经常看到教师和学生的笑脸，看到学校里的欢乐场面，我想，这些美好的瞬间，会成为很多人永远的记忆。

是为序。

2013 年 9 月　南京

目 录
CONTENTS

把孩子放在心上 / 045

请把教育当作教育 / 089

话说教育的“艺术”与“技术”/ 125

教育的确是心灵的艺术 / 161

附录：对话李镇西 / 221

我想办一所没有“特色”的学校

我想办一所没有“特色”的学校

学校一定要有“特色”吗？

面对这个问题，有人会惊讶：“这还用说？”

是呀，这是一个热衷于谈“特色”的时代。几乎所有学校都在争创“特色”——你弄“书法教育”，我就搞“剪纸教育”，你做“人人都会拉二胡”，我就来个“学阿拉伯语从娃娃抓起”……

仅仅增加一门选修课，就叫学校教育的“特色”吗？

当然，也有学校的“特色”不仅仅体现在选修课，而是在“理念”上、“模式”上，甚至“培养目标”上都有“创新”有“突破”：比如“让学生拥有诗意的人生”，比如“312 课堂模式”，比如“培养走向世界的现代中国人”……

于是一种“教育服务”应运而生。某些专家，某些机构，专门到学校帮着“提炼”“梳理”“总结”该校的“特色”，于是很多简洁整齐的句式，或夹杂着数字或字母的短语满天飞，比如“教学共生，师生互动”“6S 教育”“五合教学”……

写到这里，我的脑海里无数“新理念”“新模式”以及表达学校“特色”的词语源源不断涌现出来，只是因为怕得罪人，于是很世故地不一一点出罢了。

现在很多学校的所谓“特色”，要么是凭空杜撰的几个富有“特色”的标签——比如，标榜“×× 教育”，但其内容却和其他学校一样，并没有什么独到之处；要么是多开了一门或几门国家规定课程之外的选修课；还有就是学校的什么体育或艺术“传统项目”，如篮球项目、舞蹈项目，等等。

究竟有没有真正的特色学校？当然有。所谓“特色”，应该是在学校管理、课程设置、教学模式、文化传统等方面表现出的与众不同的风格、个性或独特性，而决不仅仅是开了某一项选修课或课外社团活动，更不是提出了一个别人没有说过的概念。

也许我的观念比较保守，我一直对义务教育学校大谈“特色”以致“特色”泛滥感到疑惑。愚以为，就义务教育阶段——特别注意，我这里说的是“义务教育”——的学校而言，至少在教育方针（含培养目标）上很难说有什么特色。教育方针由党和政府制定，比如我国现阶段的教育方针是党的十七大报告提出的：“坚持育人为本、德育为先，实施素质教育，提高教育现代化水平，培养德智体美全面发展的社会主义建设者和接班人，办好人民满意的教育。”这是国家意志，显然不允许也不应该允许各学校自作主张在教育方针上还有“特色”。培养目标也是如此。基础教育，顾名思义，就是对学生全方位打下全面素质基础。培养在人格、知识、能力、体质等方面素质全面的“社会主义建设者和接班人”，是所有义务教育学校的共同目标，难道还有其他富有“特色”的目标吗？当然，如果是职业高中或大学，在培养专业性人才方面确立自己的特色，那是理所当然的。但我说的是义务教育。

这样一说，是不是小学和初中就不可能有特色了呢？当然不是。我只是说在根本的教育思想上，还是慎提“特色”为好。而在我上面所说的“学校管理、课程设置、教学模式、文化传统”等方面，教育者完全可以实事求是地展示出自己的个性，或者说“特色”。

但是，我要强调的是，真正的特色不能速成，它需要实践，更需要时间。所谓“需要实践”，就是说特色是做出来的，不是“说”出来的。很遗憾，现在好多“特色”恰恰是“说”出来的。好多学校为了“彰显特色”“打造品牌”，或为了迎接什么大型的验收检查，赶忙请来专家帮着“提炼”“梳理”，找几个别致新颖、言简意赅的短语，“特色”便诞生了。所谓“需要时间”，就是说特色是一种长期的坚守，是一种历史的积淀，是一种瓜熟蒂落，是一种水到渠成，是同行心服口服的认定，是社会众望所归的认定。从这个意义上说，开办三五年的学校，最好免谈什么“特色”，更别说提什么“三年打造名校”之类的口号了。但现在一些学校的“特色”则不需要时间，学校刚刚落成，便向教育局“申报特色项目”了。当然，也有一些教育行政部门，热衷于让各个学校“申报特色”，人为地展现“一校一品”，这是典型的教育浮躁。

此文写到一半，我参加了成都市教育局组织的一次课程改革现场活动。活动结束前，副局长左华荣在总结中说："一定要树立正确的办学特色观。许多学校都说'要形成办学特色'。学校的办学特色，实际上就是解决自己的问题所拥有的思想和方法。我特别担心办学特色的功利化、机械化和泛化。一个学校的特色不是刻意打造出来的。应该是一个学校长期发展自然而然地形成的，不断积累，完善，升华，是日积月累，是源于实践的。"

坦率地说，我很少听到教育官员如此清醒。会后，我抑制不住激动，罕见地上台握住局长的手"大拍"其"马屁"："说得太好了！"

他谈到反对"功利化的特色"，我理解所谓"功利化特色"，就是为"特色"而"特色"，是假特色。而现在的假特色实在是太多太多。但教育哪有那么多"特色"？

我想到上半年一位领导来我校视察，我陪他转校园。他问我："李校长，你们学校有什么特色？"我说："没什么特色啊！"他看了我一眼，好像不太明白我的意思。我解释说："我们学校才办几年，而形成特色是需要长期实践积淀的。再说，我现在也没想那么多的什么特色，就想让我们的老师认认真真上好每一堂课，认认真真教好每一个学生，认认真真带好每一个班，我呢，认认真真帮助每一个老师成长，就可以了。"这位领导对我的说法深表认同。

说实话，当该领导突然问我"特色"时，那一瞬间，我也想过一些词语，比如"平民教育"啊，比如"新教育实验"啊，等等。但这些能够说是我校的"特色"吗？难道只有武侯实验中学在搞"平民教育"吗？难道只有我们学校在搞"新教育实验"吗？

所以，还是老老实实地做好教育应该做的每一件事，就行了。何必要刻意追求什么"特色"呢？

有人曾对我说："李校长，你的没有特色，就是特色！"

我知道这话很时髦，而且显得很"深刻"。但我也不接受。因为我并非为了"特色"而"没有特色"——如此"没有特色"还是在刻意追求"特色"。

我的确想办一所没有"特色"的学校。我和我年轻的同事们，面对的是好多学校不喜欢的孩子——当地失地农民和进城务工人员的子弟。教育局划片分配生源，我们不可能将其中任何一个孩子排除在校门之外。面对这些孩子，我们没想那么多，就朴素地追求“适合每一个孩子的教育”。我们研究的不是什么“特色”，而是一个一个具体的难题：有的孩子为什么上课心不在焉？他上课为什么听不懂？有的学生为什么要辍学打工？孩子的家长为什么不愿意到学校来开家长会？怎样才能让学生享受学习的快乐？如果考不上高中他将来能够做什么？当然，我们学校也有相当部分的天资不错的孩子，所以我们同时也在思考：怎么让这些聪颖的孩子最大程度地获得知识，最大程度地提升能力，最大程度地得到发展乃至极致？正是为了每一个孩子——是的，毫无疑问是“每一个”，我们大胆地进行课程改革和课堂改革，同时相应地进行了考核评价改革。

特别幸运的是，我遇到了特别理解和支持我的武侯区教育局和成都市教育局，他们为我校的改革不但大开绿灯，而且提供了强有力的物质保障。在这里我说了领导的好话，这是我的心里话。我犯不着在领导听不到的地方“歌颂”领导，但我得实话实说，这是做人应有的起码的诚实。

写到这里，也许有朋友急切地想知道我校究竟进行了怎样的“改革”。对此，我要让大家失望了。一切才刚刚起步，我不愿多说细节。所以目前我基本上谢绝了所有媒体报道，因为事情才开始做就大谈“成果”，这样不好。

还有和“特色”相关的一些说法，我也常常越想越觉得不是味道。比如，学校要“打造品牌”，又比如“人无我有，人有我新，人新我精”等等。这些说法，显然是一种办企业的思路，是面向市场的思维。品牌是一个商业概念，它以产品质量取胜，并形成自己独特的信任度、追随度，因而给产品增加了附加值，企业可以为品牌制定相对较高的价格，获得较高的利润。企业打造品牌，产品追求特色，

“让人们因我的存在而感到幸福”

理所当然。

一些大家公认的真正名校（关于名校的产生和意义，我将另文阐述），产生了类似于“品牌”的社会美誉度，这是一种客观存在，不容抹杀。但是，我这里要批评的依然是那种为“品牌”而“品牌”，把“品牌”作为学校的主要追求的做法。学校是企业吗？学校需要面向市场吗？也许中等职业学校和高等专业学校包括综合型大学的专业设置，和企业有密切联系，而且需要有市场思维，但我想问，义务教育阶段的中小学要“品牌”来做什么？所谓“人无我有，人有我新，人新我精”意义何在？像企业一样争抢市场份额吗？当然，有人会说：“是呀，学校有品牌了，有影响了，就有竞争力，才会有源源不断的生源嘛！”且慢，按国家规定，义务教育的小学和初中，不都是由教育局划片或微机排位分配新生吗？你为什么老想着去抢占什么“市场”呢？说白了，不就是抢优生以提高“升学率”吗？不就是收择校费壮大财源吗？当然，这些话是不能摆到桌面说的，但大家心照不宣。然而，这心照不宣的意图，不是“假教育”是什么？

学校当然要办好，但这不是“对外”的为了什么“品牌”什么“市场”，而是“对内”的为了我们每天面对的孩子！只要孩子在学校能够享受每一个老师的爱，只要孩子能够喜欢每一堂课，并且真正获得全面发展，学校没有“特色”没有“品牌”没有“市场”，又有什么关系？

朴素比“特色”更美丽，良心比“品牌”更珍贵。孩子心灵和他们的未来，才是我们真正应该关注的“市场”！

这是我们的教育良知所在。

公办义务教育慎提“品牌”

和“特色”一样，“品牌”也是不少校长追求的“境界”。

依然要首先说明，正如我不一概反对“特色”一样，我同样不简单地否定一切“品牌”。所以我说的是“慎提‘品牌’”，而不是说绝对不提“品牌”。关键是如何理解这个“品牌”。

一直认为，品牌首先是个企业概念，或者说商业概念，它直接与市场相联系。将产品做成品牌，品牌给产品增加附加值，使企业获得更多的利润，这是一种企业发展的思路。一个企业要扩大影响，拓展甚至占领市场，都离不开品牌的打造与推广，所谓“人无我有，人有我优，人优我特”。这是一个充满创新的系统运作。对于企业来说，追求品牌理所当然，不追求品牌才怪呢！因此我说“打造品牌”是一种办企业的思路，是面向市场的思维，应该不会错吧。

那么，公办义务教育引进这个概念是什么意思呢？或者说，学校打造品牌是什么意思呢？冠冕堂皇的话就别说了，还是挑明了说吧。把学校“做大做强”成为“品牌”之后，随着品牌效应，必然优生如潮而来，于是学校便在竞争中占据了最重要甚至是最关键的优势——优质生源，这就占领了市场——在一些地方某些“品牌学校”甚至垄断了市场！

咦，怎么说教育说着说着便说到“市场”了？呵呵，由教育到市场，这本来就是一些校长乃至局长的习惯性思维。当然，如果是大学或者高中等非义务教育，办学要有市场观念，要有“扩大市场份额”意识，这是正常的；即使不是非义务教育，但如果是私立学校，哪怕是小学，通过做品牌来争取市场也无可厚非，人家本身走的就是市场的路子，没花国家一分钱，人家要生存呀！但是，对于公办义务教育学校，也热衷于“品牌”，热衷于“市场”，就令我费解了。

费解之处在于这有悖于我们国家写在各类文件上所要追求的教育均衡与教育公正。现在全国许多地方择校热久久无法降温，就是因为每一个地区都有一所或少数几所“品牌学校”在“吸引”源源不断的优秀生源——我说“吸引”是为了比较好听，其实说白了，就是“挖”生源。生源好了，作为学校便不会“输在起跑线上”了，教学质量自然也好了，最后的升学率也上去了。这样的“品牌学校”便愈加风光起来。但是，对那些普通学校即非“品牌学校”呢？本来划在自己片区的优秀生源被吸引走了，生源越来越差，升学率自然无法与“品牌学校”相比。同是公办学校，同是义务教育，这公平吗？我这还只说了普通学校和“品牌学校”在最初的生源

和最终的升学率方面的巨大差距，还没说由此造成的利益差距呢！其实，这点已经不用我多说了，大家都心照不宣，“你懂的”。我只想说一句，由于所谓“品牌”，义务教育的学校之间的利益差距——含学校硬件差距和教师待遇差距等等，可以用一句杜诗来描述：“朱门酒肉臭，路有冻死骨。”

一方面高谈“教育均衡”，一方面拼命追求品牌，作为主管义务教育的局长和从事义务教育的校长，良知何在？

自从我在网上对“教育品牌”提出质疑后，不少人对我的质疑也进行质疑，我欢迎大家争鸣，但我还是坚持我的观点：不管如何冠冕堂皇，在不少校长那里，所谓“品牌”实际上是和市场联系的，“做大做强”之后无非就是抢生源（当然表面上不会这样说的），这有悖教育公正与均衡。当然，我说的是“公办”“义务”。私立学校、高中，讲品牌我不反对。因此，我的观点的完整表述是“公办义务教育学校慎谈品牌”。

本文开头，我说了我也不是简单地否定“品牌”，不只是因为我理解非义务教育和私立学校追求品牌，更主要的是，如果我们赋予“品牌”另外的含义我是能够接受的。比如有些小学和初中学校办得很好，的确有真特色（我从来不反对真特色，我只反对贴标签的假特色），形成了特有的文化和魅力。如果说这是“品牌”，我是非常赞赏的。因为这里的品牌是为了让本校孩子享受更优质的教育，而不是为了挖人家的生源。这样的品牌只关系着学校的荣誉、教师的尊严和孩子的成长，和挖优质生源没有关系，和占领“市场份额”没有关系，一句话，和任何物质利益没有关系！

我谈不上有思想，但我爱思考

最后我愿重复一遍我说过的话——

学校当然要办好，但这不是“对外”的为了什么“品牌”什么“市场”，而是“对内”的为了我们每天面对的孩子！只要孩子在学校能够享受每一个老师的爱，只要孩子能够喜欢每一堂课，并且真正获得全面发展，学校没有“特色”没有“品牌”没有“市场”，又有什么关系？

朴素比“特色”更美丽，良心比“品牌”更珍贵。孩子的心灵和他们的未来，才是我们真正应该关注的“市场”！

遍地“教育家”

十多年前，我曾写下《中国呼唤教育家》的文章。当时肤浅地分析了中国当代教育家稀缺的原因，是中国缺乏产生教育家的土壤。这个“土壤”，是宽容个性，鼓励创新的环境，或者更直接地说，就是要给教育者以思想自由和创造天空。十多年过去了，在我看来，诞生教育家的“土壤”并未出现，但眼前分明遍地“教育家”了。

相比起过去，对“教育家”称号的保守使用，现在可就“开放”多了。翻开报纸杂志，还有出版物，一个教育者稍微有点名气，比如写了几本书，做了几十场报告，马上就有人介绍“这是著名教育家谁谁谁”，如果这个“教育家”年轻一些，还会说他是“新生代教育家”。如果是一个暴得大名的学校校长，那教育家的称号会狠狠砸在他头上，想躲都躲不掉。许多教育书籍也常常取名为“教育家丛书”“培养教育家丛书”“教育家成长丛书”，一些报纸杂志也会以“教育家”命名自己的某个专栏。

这是当今社会浮躁之风，对“教育家”神圣称号的玷污。

曾不止一次听到有不少我尊重的教育专家和德高望重的教育前辈说：“现在，有人唱几首歌就成了歌唱家，办了个厂就被叫作企业家……我们教育界为什么就不能理直气壮地推出我们的教育家呢？为什么要忌讳‘教育家'这个称呼呢？我们不能自己看轻自己！”我非常理解这些教育大家对推进中国教育事业发展的真诚情感和迫切愿望。但我还是要说，不能因为别人“唱几首歌就成了歌唱家，办了个厂就被叫作企业家”，我们也如此浅薄，便对办了所学校或出了几本书的人就称作“教育家”。何况，在我心目中，“教育家”这三个字，其含金量远远高于“歌唱家”“企业家”。换句话说，一个国家最根本的希望和所有事业兴旺发达的可持续动力在教育，因此“教育家”的标准或者说门槛，就是应该比其他“家”要高一些。

当年在拙文《中国呼唤教育家》中，我提出了教育家的四个条件：“有超越世俗的高远的追求”“有属于自己的富有创见的教育思想”“有长期的第一线教育实践”“有百科全书式的学识素养”。对比一下，我们现在这样的教育者究竟有多少？在这个浮躁而功利的社会，很多包括我在内的教育者是很难有超越世俗的高远追求的。我们现在还缺少真正的思想自由，所以也很难有真正充满个性富有创见的教育思想。长期身处一线的教育者倒不少，但仅仅有这一点显然不能说是教育家。至于百科全书式学识素养的教育者，当今中国更是凤毛麟角。

关于“百科全书式的学识素养”，我一敲下这个短语，马上就想到我正在读的《南渡北归》。这部书是20世纪大师级知识分子的集体群雕：梁启超、王国维、赵元任、陈寅恪、蔡元培、胡适、张伯苓、梅贻琦、蒋梦麟、梁思成、傅斯年……其中任何一个人，在我们今天的眼中，都堪称真正的“大师”，同时也可以说是当之无愧的教育家。最近，我一边读《南渡北归》一边有感而发写下这样的札记——

1924年清华学校（当时还不叫清华大学）拟办国学研究院。校长曹云祥邀请1917年因新文化运动而“暴得大名”的胡适担任院长，胡适很有自知之明，立即推辞。他认为，当时大师如云，他算几斤几两？曹云祥说，院长你不愿当，那就退而求其次，担任国学研究院的导师吧！胡适依然觉得自己学问肤浅，哪敢冒充“国学导师”？

今天，稍微会说几句论语孟子，加上年长一点，立马就被媒体称作“国学大师”，相比之下，胡适简直就是“文化昆仑”了。但胡适当时很清醒，因为他怎么也不能无视当时真正的学界泰斗的存在。他谦虚而真诚地对曹云祥说：“非一流学者，不配做研究院导师，我实在不敢当。”他还向曹云祥推荐了几位大师。

最后，根据胡适的推荐，曹云祥正式聘请的“四大导师”是：王国维、梁启超、赵元任、陈寅恪。

和近一百年前的大师们相比，说现在的我们简直就是“文盲”一点都不夸张。从学问上说，我们现在究竟哪一点比前人强？想去想来，也就会点计算机操作，会点“爱疯”“爱拍的”而已！

特别让我感慨的是，那年头真的看重的是真才实学，而非虚名，更不轻信文凭。“四大导师”之中，只有赵元任是美国哈佛大学的博士，而王国维、梁启超和陈寅恪三位学贯中西，却均无博士、硕士文凭。陈寅恪海外留学十几年，分别在柏林、哈佛等欧美名校攻读，却终没拿回一张博士文凭。

试看今天的中国，“博士”“硕士”何其多也！中学甚至小学早已本科化，每年的硕士也如过江之鲫涌入中学，但恕我直言，现在不少博士硕士其学问还不如民国时期的高中毕业生。

所以，我从不敢在我的名片上印“博士”二字。不是虚心，而是心虚。

我再次想到——

和老一辈大师相比，我们连学者都算不上！

我特别想到蔡元培。他的教育思想，不但改造了北京大学，而且催生了改造中国的思想摇篮，从后来中国的发展看，说“没有蔡元培就没有新中国”，一点都不夸张，因为这是历史的逻辑。

也许有人会说：“你动辄就拿蔡元培这样的大教育家做参照，是不妥的。教育家也分不同层次嘛！”我同意教育家有“大教育家”和“普通教育家”之分。但无论是在哪个层次说教育家，有追求、有思想、有实践、有学问这“四有”标准恐怕缺一不可吧？再以“学问”而论，不能达到蔡元培的高度，至少应该博览群书因而有书卷气吧？但现在我看好多校长更像商人或老板（现在果真许多校长是被称作“老板”的，连不少教授博导也乐于被学生叫“老板”）而不是学者，学者当然不一定是教育家，但教育家绝对应该是学者。那么，现在的中国基础教育界，真正的学者又有多少呢？

近年来，一些地方的教育行政部门推出了类似“教育家培养工程”之

类的教育发展项目，投入大量经费，遴选对象，确定人选，定点培养，定期考核，宣传推广，出版专著……应该充分肯定的是，教育行政部门的良好初衷是可贵的，而且围绕“培养教育家”这个目标的不少举措也是值得称道的。由过去简单地抓升学率，到现在培养教育家，这是一个了不起的进步。但是，不能因此就认为教育家能够通过类似“工程”的做法成批地“打造”出来。教育家更多的是在自己持之以恒的实践与反思中成长起来的，是一种社会的公认，不是谁“任命”的，不是谁刻意“培养”出来的，更不是“自封”的。从这个意义上说，上面我所列教育行政部门的那些值得称道的做法，与其说是“培养”不如说是为教育家成长提供良好的服务更为准确。

其实，要让更多未来的教育家健康成长，还有比投入巨额经费提供物质条件更重要的“服务”，那就是给一切有教育家追求的教育者以宽松的土壤、自由的气息和创造的天空。为什么在20世纪上半叶，中国能够诞生教育家群体？原因很多，但在我看来，“思想自由”是第一原因。

在此，我想重复十多年前我在《中国呼唤教育家》一文中的呼唤——

教育家无一不是心灵自由的人，培育教育家就应该尊重教育者的心灵自由。创造性总是与个性相联系，没有个性，就绝对没有创造性。当然，尊重个性，并不是取消统一的教育指导思想——无论是“三个面向”教育方向，还是“四有”新人教育使命，都是我们教育者应该遵循的指南。但任何高屋建瓴的宏观决策，都不能取代千千万万第一线的教师富有创造性的实践；而凡是具有创造性实践精神与能力的教育者往往都是个性鲜明的人，他们有自己“标新立异”的思想，有自己“与众不同”的做法。如果我们扼杀了教育者的个性，也就扼杀了教育者成长为教育家的可能。

请允许我“偏激”一点说，只要尽可能给教育者以思想和创造的自由，中国的教育家自然源源不断，群星璀璨。

浮躁种种

这是一个声嘶力竭的时代，人们拼命发出高亢的声音，以吸引周围的注意，赢得粉丝。大街上的房地产广告，动辄就是“震撼入住”“辉煌诞生”“滂沱绽放”——尽管这些用语是多么的不伦不类，甚至狗屁不通（“滂沱绽放”？拉肚子啊？），但足以让人目瞪口呆了——引起注意就是成功！

“跨越式发展”“历史性跨越”“从此翻开了新的一页”“中国已经进入××时代！”“百年盛世”“开辟新纪元”……这是打开电视翻开报纸，我们已经习惯甚至已经麻木的话语。这些最高级别的夸张，让人头晕目眩，感觉是坐在飞速但并不稳健的高铁上。于是，温州动车追尾事故发生后，有人发出了呼唤：“中国，请放慢你飞奔的脚步——等一等你的人民，等一等你的灵魂，等一等你的道德，等一等你的良知！”

这种浮躁之风，在教育上的表现更是比比皆是。

教育本来是很实在很朴素的事，现在动不动就弄成“辉煌的事业”，不少局长校长一门心思想的是如何弄出“动静”，引起“轰动效应”。于是，口号一个比一个响亮，蓝图一个比一个宏伟，“三年打造名校”之类的豪言满天飞，还有建设“国内领先国际一流”的教育强县（区）“教育高地”之类的壮语如雷霆万钧震彻寰宇——不是说政府不应该规划教育前景，但你是否真做得到？是否浮夸？退一万步说，你真的做得到，请先做了再说，好不好？不，人家要的就是这个声势，要的就是抢眼球，抢注意力！

我就曾经对前来参观时问我们学校有什么特色的领导说，我们学校没什么特色。特色是自然而然形成的，需要实践的提炼，需要时间的积淀。我们学校才创办几年，我没想过为特色而特色，也不想刻意搞什么“特色”。当时，我想到叶圣陶说的话：“教育是农业。”农业者，春风化雨顺其自然也。你去问问任何一个农民：“你种庄稼的特色是什么？”他肯定也会说：“什么特色？不就是松土，播种，施肥，除草，把每一亩田种好吗？”

农民对土地，唯有朴素实干，最来不得半点浮躁，因为如果浮躁，他将颗粒无收，来年是要饿肚子的。

我知道领导到其他学校去，听到不少校长讲“特色”，什么这个“理念”那个“模式”，包括用各种数字归纳的办学理念，比如“452课堂”等，还以各种词语命名的“××教育”，甚至“全校学生都有礼貌”也成了“素质教育的特色”！

我知道学校文化的育人功能，也知道学校特色的重要性，但我认为这一切都应该是自然而然形成的，不能靠包装靠炒作，更不能靠牵强附会的“打造”——我对“打造”这个词一直腹诽：教育，无论对教师提升而言还是对学生成长来说，都应该是润物细无声的自然，而且需要一个不动声色潜移默化的过程，可现在，居然可以像锻造什么模具的机械作业一样“哐当”一声，就可以“打造”出来了！

教育之浮躁，在此可见一斑。

还有现在一些学校的教育课题研究，堪称“浮躁总动员”。动不动就说自己的课题“领先国内”，“第一个提出了”什么什么“教育模式”，“率先研究了”什么什么。反正也没人去核实。本来，既然是科学研究，就必然存在着成功和失败的双重可能，而对于真正的科学研究来说，失败也是有意义的。但唯独中国的教育“课题实验”，无论其过程如何，一旦到期，专家验收时均宣布“取得了预期的成果”。所有的“教育科研课题”一旦立项开题，定会成功，而绝不会失败——试问，这么多年来，全国中小学承担了多少“课题实验”？这些课题有哪一项被宣布过“实验失败”？人们常说“春华秋实”，可我们好些教育科研课题却“华而不实”——“华而不实”不就是浮躁吗？

现在媒体发达，所以学校特别热衷于媒体报道，有些很简单的事，也非要弄个惊天动地，谓之曰“打造品牌”。学校考试必须诚实，这不是天经地义的吗？老师对学生进行考前教育，是学校教育的分内事，也不值得大惊小怪。但学校非要弄个声势浩大的宣誓不可！旭日东升，国旗猎猎，数千孩子庄严地举起右手：“我宣誓，我一定遵守考场纪律……”不就是例行考试吗？弄得个“风萧萧兮易水寒”，真好像“壮士一去兮不复返”。如此夸张也罢了，问题是还大呼小叫地把各级媒体请来：电视台、报纸、广播……呼啦啦全部对着数千举拳的孩子。第二天，各媒体赫然报道“某学校举行诚信考试”云云，好像这世界上还专门有“不诚信考试”。做到考试诚信，本来应该是默无声息，让孩子觉得这是做人起码的底线，可现在弄成这样，孩子没作弊好像成了英雄！其实，学校所在乎的，首先不是诚信教育，而是舆论关注、社会关注，是学校名字在媒体的频繁出现，“轰动效应”才是学校真正的追求。

还有现在的各类教育研讨会，也越来越敢用大词：本来不过就是一个教育会议，后来说成“研讨会”，现在说“研讨会”过时啦，现在叫“论坛”，而且是“高峰论坛”“卓越论坛”，后来干脆叫“教育峰会”。我想，既有“高峰会议”就应该有“低峰会议”呀，就像有“高级中学”就有“初级中学”一样嘛！但迄今为止，我还没看见谁组织过“低峰论坛”。还有，动不动就“国际论坛”，虽然可能也就来了一个外国人，而且还是生于中国长于华夏后来留学他国加入外籍的“华侨”，但哪怕他一言不发，就开幕式上坐坐主席台，这个论坛就足以“国际”啦！

我忧虑地看到，这种浮躁风气已经严重影响着年轻教师的成长。

几年前，朋友吴非写过一篇题为“力戒浮躁”的文章让我拍案叫绝——

不要动不动就吹牛，说自己做的事全是“史无前例”“开创性工作”“成功地改造了什么”“填补了什么空白”……你把本领域的文献全看过了吗？你把中国的、外国的“史”全读了？还有：那些贻笑大方的故事，听得还少吗？

不是什么东西都能当作“成果”的。不要动不动就归纳自己的“××教学法”，不要过早地归纳自己的什么“三个特点”“八个一”“两大贡献”。在中国近百年的语文教育史上，这些东西连昙花一现的资格也没有，绝大多数灰飞烟灭。

我看到太多这样的年轻教师了。“第一个提出了”什么什么，“率先提出”什么什么，就像吴非所说，难道你把国内外相关领域的所有史籍和文献都读过了？否则，你怎么有底气这样说呢？你凭什么如此勇敢？只能说无知导致无畏。

还有一下子就冒出那么多的“××领军人物”，好像现在中国教育“军阀混战”。我很想问这些“领军人物”：谁封你为“司令”了？还有动辄就“十大”什么什么“新锐人物”——现在各种评选也越来越泛滥，连随便一个培训机构的研讨会都可以评选出“中国当代教育十大有创新力的班主任”之类的“大奖”，以及评选出“全国论文大赛一等奖”之类，这样的奖状（牌或杯），你好意思拿出手吗？

真是赶上“好时代”了，现在要弄个“全国”什么“称号”或“十大”什么“人物”真是不难。可在这种浮躁的风气下，年轻人真的能够健康成长吗？

去参加一些培训会，我喜欢看专家的简介。看报纸杂志上的专栏文章，我也喜欢看作者介绍。有时拿到新书，我也喜欢看勒口印的作者简介。有些文字朴素，有的文字夸张。看到有些夸张的文字我就发笑，因为我知道这些文字大都是作者自己写的，只不过是以第三人称的口气写的，让人感觉是别人在介绍他。这些文字除了姓名、工作单位、专业背景、荣誉称号等必要的信息之外，还有类似于“国内第一个创立”“领军人物”“××教育流派创始人”“在国际国内具有广泛的影响力”“是目前基础教育界不可多得的青年专家”“最具潜力和创造力的青年教育家”，真不嫌肉麻，如此沉着冷静地把这些话写出来，然后提供给培训机构和出版社，心理素质太好啦！

出书也浮躁。有的年轻人从名家的著作中东摘一段，西抄一节，找一个“新颖”的角度，一本教育专著就诞生了。过去还需要“剪刀加糨糊”，现在网络时代，只需鼠标，工艺流程简单了，出书也容易了。没法告他剽窃，人家是“编著”。我一直认为，“编”和“著”是不相容的——要么主编，要么独著，怎么会有“编著”呢？如何“编著”呢？到底是“编”还是“著”呢？但近年来，一直有人热衷于“编著”。这样的书“编著”多了，作者也就成“著名教育专家”了，名利双收。某书商以“学习研究”的名义大量“引用”我的著作中的观点和做法，把我书中的“我认为”改成“李镇西老师认为”，居然就编著了一本《向李镇西学什么》！

还有“表扬与自我表扬”齐头并进的。某杂志编辑曾告诉我，一位小有成绩的年轻班主任以“本刊记者”的语气，自己写了一篇长篇通讯，杂志给登出来了（我不懂该杂志为什么要登呢？），该文反响强烈，于是一颗新星冉冉升起了。现在这位自己表扬自己的班主任四处讲学，接受崇拜，俨然是"国内新生代班主任专家"。

曾有一个年轻人拿出名片递给我："《中国当代青年教育家辞典》入选人选"，我笑了。这种骗局20年前就开始流行了，至今依然有市场，就是因为有太多的年轻人热衷追逐。我理解他们渴望功成名就的心情，但如此做法只会适得其反，最终不但事业无成，而且很可能毁了自己的名声。所以，吴非说教师是"高危职业"，就是这个原因。

其实，我说的也是我自己——我自己何尝没有被这种浮躁之风熏昏过？

应该说，我还没有完全被名利熏昏，至少是半清醒的。比如，拙著上的作者简介，我尽量写得朴素简洁；又比如，我至今拒绝"教育家"的称呼，为此专门写过《我不是教育家》的文章；还比如，每到一地讲学，我总是要纠正主持人诸如"著名"呀之类的一些溢美之词；继续比如，我多次否认而且永远否认我有原创的教育思想，相反我多次声明也将持续不断地声明，我没有任何一丁点儿原创的教育思想；我说迄今为止我的所有实践都是孔子、孟子、陶行知、卢梭、马卡连柯、苏霍姆林斯基、阿莫纳什维利等前人教育思想的实践，有时是创造性实践，更多的时候连"创造性"都没有。不过我并不以此自卑，因为我顽强地认为，教育真理几乎已经被孔子、苏格拉底等我们的先人说尽了，可供我们"发展"的"创新"的空间已经不多了；现在一些所谓专家的"首创"不过是变着花样说着古人的观点，语言更现代但意思都是一样的，比如把"因材施教"说成"多元智能"，把"温故而知新"说成"建构主义"，把"教学相长"说成"师生互动"，把"有教无类"说成"全纳教育"，把"智力"说成"智商"，把"演变"说成"嬗变"……

但是，我说我是"半清醒"的，就说明自己还有一半不清醒。是的，有时候我也自觉不自觉把持不住内心的沉静。

前几天，读到网上一篇署名为"缪奇恩"的文章，题目是"读《爱心与教育》有感"，他文章的重点不是夸我，而是对出版社在《爱心与教育》封面上赫然印上诸如"著名教育家、中国的苏霍姆林斯基式的教师、一本改变千万教师的教育名著、一首感动广大读者的教育诗、一个永远美丽的教育童话"的广告语提出了批评。我不认识作者，但我非常感谢他的直言。他说："我想斗胆拷问一下出版社：封面封底之言，你们是否深思熟虑地设

计，是否经过先生的点头？你们知不知道，这些高调言论可能已经给先生的声誉造成了不必要的损害！那些溢美之词有很多人不敢苟同，毕竟不是你们出版社想怎么说就怎么说啊。……大家都知道，我们中国大大小小的媒体，对明星名家历来只有两种宣传，要么一味奉承吹捧，要么一棒封杀打压，不一样的做法，却逃脱不了一样的结果。这是我们整个民族的悲哀，作为一家在全国有一定影响力和知名度的出版社，你们应该不会不懂吧，请你们对我们国宝级的教育家李镇西先生的宣传万万不可捧杀，要慎之又慎啊，有些称谓和头衔不是某些重要人物和媒体的强加所能达到的，有时甚至会适得其反，让历史来见证一切吧！出版社，请你们好好深思，高抬贵手，还我们一个值得千千万万教师仰慕的教育大家吧！”

这些文字，既让我忍不住叫好——因为他说出了我的心里话，又让我有些惭愧——这些话我早就对出版社说过呀，但我没有坚持。当初我看到封面时，是吃惊不小的！那些称谓那些赞誉那些褒扬，我觉得太夸张了，的确无法承受。我曾经给编辑说我的想法，我说封面这些话太夸张了，不好。但出版单位明确说，封面上写一些宣传的话语，是发行销售的需要，这不是你说的，是出版方制作的。最终我没有坚持我的意见，因为发行销售事关出版方的经济利益，我内心深处的“利益驱动”让我不好说什么。我也就默认了。

但我一直惴惴不安。写文声称“我不是教育家”，却默许自己的著作封面赫然印上“著名教育家”，这不是讽刺吗？当我在告诫年轻人不要浮躁时，我自己不也浮躁吗？为了著作的销售量而不惜红着脸接受“著名教育家”的头衔，看来我也不真正朴素淡定。

值得欣慰的是，如今漓江出版社编辑文龙玉老师接受了这些建议，我的图书封面文字非常简洁，腰封文字也不再有那些夸张的宣传。

其实，“著名教育家”五个字真能给我带来多少销售量吗？如果真的如此，那这五个字也太轻飘了，简直是在玷污“教育家”这个在我心目中无比神圣的称号！关键是，销售量所带来的稿费和纯正清白的名声，哪个更重要？

谨以此文再次提醒自己守住一颗朴素的教育心，并愿意与各位教育同行特别是年轻的教育者们共勉。

说话不能太绝对

——名校共同体理事会上的发言

关于杜郎口中学的课堂改革，我过去一直坚定不移地辩护，而且至今对崔其升校长及其杜郎口中学保持着真诚而崇高的敬意。我专门写了一本书，书名就叫《善待杜郎口》。我还将继续向崔校长学习，如果有必要，我还继续为杜郎口辩护。

但我今天不想多说杜郎口的好话。我今天谈谈关于“高效课堂”的一些想法。

七月份，也是在山东，新教育实验举行了年会。年会结束后，针对新教育年会豪华的演出，我写了一篇文章，呼唤教育的朴素。关于“朴素的教育”，我最近几年想得比较多。我之所以持续不断地为杜郎口喝彩，为之辩护，恰恰是因为我在杜郎口看到一种质朴的教育状态。什么“三三六”之类，那些都是专家的概括。其实，杜郎口老师的想法很朴素，就是让学生学，是最好的教。就这么简单。我理解的“朴素的教育”，还包括“宁静的教育”“从容的教育”等含义。因此，我特别警惕教育的喧嚣、炒作。

我看了刚才崔校长的发言稿，不知这是不是你自己起草的，估计不是你写的。但即使是你自己起草的，我还是要说出我的质疑。这篇发言稿的内容我没有意见，但其中有几个词，我读着不舒服：“炙手可热”“叫响全国”“轰动效应”——“轰动效应”前面还加上“巨大”。我想到前几天，有培训机构在宣传我校的班主任培训的时候，有什么“巅峰对决”之类的语言，我看着就笑了。我们学校哪有什么“巅峰”？还“对决”呢！教育充斥着类似的语言，我们怎么让教育朴素和宁静？而且类似的说法，很容易让人误解。这些语言会让人把我们的课堂改革同商业运作联系在一起。

还有，说话不能太绝对，比如“高效”这个词，是值得商榷的。当初说“高效课堂”当然是有针对性的，就是针对无效课堂而言，强调课堂要

有效。但强调“高效”，容易给人误解，以为课堂的任务就是传授知识。其实，知识灌输可以“高效”，但能力培养、素养的提高、心灵的滋养和精神的提升，不可能“高效”。不同的学科，也不可能都“高效”。我所担任的语文教学，就是一个滚雪球的过程，很难说在一堂课应该如何“高效”。把语文课上得像数理化一样高效，就不是语文课了。所以，我觉得“有效”比“高效”更符合教育规律和教育的本色。类似绝对的话还有一些，有人在说“高效课堂”的时候，将其限定为以杜郎口为主要代表的共同体学校的课堂模式，好像不这样搞，就不是教育，好像不搞我们这一套，中国教育就没有希望，凭什么说“高效课堂”只有你这一种方式？如此非此即彼，缺乏一种宽容和包容。还有，我们共同体的人说话要避免误伤别人。我已经收到不少信息，说我们共同体有人在网上说话很绝对，很伤人。比如“不搞课改的老师都是猪脑子”之类的话，很伤了一大批普通老师的心。虽然这是个别的，但其产生的负面效果不可小视，它损害的是我们课堂改革的声誉。

名校共同体是一种联盟，是“课改聚义，搂抱发展，互相借道，共同成长”，但不是什么联盟。我的意思是，希望通过这么个机构领导各校课堂改革，甚至统一模式，其结果很可能有悖于我们的初衷。不要老想着“引领中国教育”“影响中国教育”。这个机构就是提供服务，提供咨询，提供共同体学校之间互相学习互相交流的平台，而且我们应该有一种包容和宽容，善待其他课堂模式。不要以为只有这一种课堂模式才是唯一科学的，而且中国必须统一用这种课堂模式。

关于课堂改革的深化，我有一个想法，这也是本期我在武侯实验中学对班子提出的要求，就是要探索一下如何在不同学科的课堂上呈现出课堂改革的基本理念。我是有感于现在所有学科都必须遵守同一的流程、步骤，我感到不妥。我在想，在坚持民主、平等、尊重、自主等理念的前提下，让不同的学科根据自己的特点以不同的方式呈现这些理念。比如，我把学科大体分为人文类（比如语文课）、知识类（比如数学）、技能类（体育）、综合类（外语）……这些不同类型的课应该有着自己富有个性的操作流程。

我就说这些。我的话很直，因为我把在座各位都当作朋友。而在我看来，朋友的主要标志之一，就是可以互相当面说“不”。

关于“名师”

你说你立志成为名师，还给自己定了目标，要争取多少年多少年获得“市级名师”称号，多少年多少年获得“省级名师”称号。

我对你的志向表示赞赏。现在有理想的人不多了，包括教师队伍中有理想的人也不多，而“混日子的”却大有人在。因此，你有追求有志向，无论如何是一件好事。

不过，我的赞赏是有限的，因为我感到你对名师的认识还有些模糊。因此，我想在这里谈谈我对名师的理解。

在我看来，教师大体可以分为普通老师、优秀老师和名师。特别要说明的是，这里的所谓“大体可以分为”，并不是人为地把教师分为三六九等。教师之间的差异是客观存在的。无论“分”不“分”，普通教师、优秀教师和名师的区别都是明摆着的。我还要特别指出的是，这三者之间的差别并不在于师德——爱心呀敬业啊等等，而在于专业素养和技能以及他们所取得的成绩。所以，那些师德低下的所谓“教师”包括我前面所说的“混日子”的人不在我今天的论述范围内。

普通老师指的是专业素养平平、教学能力平平、教学成绩也平平的老师，他们也想把工作搞好，工作也算尽心尽力，但由于缺乏经验，更缺乏智慧，所以各方面都显得“很一般”。这些老师中有相当一部分是刚参加工作的年轻人，这些年轻人只要善学习，肯钻研，假以时日，他们完全可以成长为优秀教师的。还有一类老师，无论教龄还是年龄，都不算短，但教育教学水平却一直不见长进，也许他们工作态度一贯端正，甚至肯吃苦，但思想却往往懒惰，不愿琢磨，不愿思考，不愿学习，久而久之，就更不想上进了。这样的老师是很可怜的，辛辛苦苦，勤勤恳恳，甚至任劳任怨，但长期体验不到教育成就感，他们也很痛苦的，不过也有一些人早已麻木。他们麻木了，无所谓痛苦不痛苦，但苦了孩子啊！所谓“误人子弟”，不一

定是因为老师的不负责，更多的时候是因为认真负责的老师却没有教育智慧。吴非老师说过一句话，大意是，一个学校最可怕的是，一群愚蠢的老师却兢兢业业。这话也许听起来很刺耳，但仔细一想，不是没有道理的。

优秀老师的标准很多，但在我看来，至少必须具备这样三个条件：

第一，课要上得特别棒，棒得让学生每天都盼着上他的课。会上课，这是优秀老师最直观的一个特点，也是最容易被学生追捧的原因。我曾经在一次培训时，对年轻老师说：“要特别重视第一堂课，要设法在第一堂课就吸引学生。如果学生通过第一堂课就佩服你，下课铃声响起的时候，教室里一片叹息，下课后孩子们纷纷去看课表，看第二天你的课是什么时候，那你就成功了。”当然，仅仅是第一堂课上得好，学生对你的崇拜显然不能长久，我们要追求每一堂课都精彩。不同的老师，其精彩的侧重点也许不同，比如有的以幽默见长，有的以逻辑取胜，有的富于思辨，有的善于抒情……另外，视野开阔，信手拈来，将知识与学生生活相联系，甚至与学生的生命共鸣，等等，这些都能够使课堂精彩纷呈。

第二，所教学生的成绩也非常好，特别是中考或高考成绩。作为对学生负责的老师，不必也不应该讳言考试成绩。哪个学生到学校来不是希望考一个好成绩？哪个家长把孩子送给你，不是希望你给他的孩子一个好成绩？但偏偏现在有人讳言应试成绩，有时候不得不说，却说得羞羞答答，好像一说应试成绩就不好意思，就是“应试教育的帮凶”。有一个学校声称：“高考成绩只是副产品！”我对这话很不以为然。虽然我们经常说学生“做人第一”，学校“育人为主”，但“做人”也好，“育人”也好，那是一个长期的过程，而学生以学为主，教师以教为本，不抓教学质量，无论如何说不过去。理直气壮地把高考成绩作为自己的产品一点都不理亏！学校如此，教师也是如此。如果一个老师的课上得好，但考试却一塌糊涂，他却声称是在搞“素质教育”，谁信？一个优秀的老师，没有令人信服的中考或高考成绩，其“优秀”必然会大打折扣。

我还要特别强调的是，精彩的课堂与出色的分数，这二者对优秀老师来说，必须同时具备。有的老师课上得好，却考得很差，那不是真正的“上得好”，也许不过是哗众取宠，以廉价甚至低俗的“幽默”博取学生的喝彩。有的老师考试成绩好，但课却不受学生欢迎，因为他的分数是靠“题海战术”靠“加班加点”得来的，这样的老师也难以说是真正的“优秀”。

第三，班主任也当得非常好，能够带出一个蓬勃向上的班集体。优秀老师应该具备综合的优秀素质，显然就不仅仅是学科教学过硬，还应该擅长当班主任。班主任不但能够让一个老师真正深入学生的心灵，享受仅仅作为科任老师而不能享受的来自孩子的快乐，而且能够检验出或者说展示出一个老师全面的教育素养。所以我们常常说，一个没做过班主任的老师，不能算是一个真正的老师！我个人的体会是，如果只是上课而不担任班主任，总觉得没有深入教育的深水区，对学生的认识以及对教育的把握，都仅仅是隔靴搔痒。一个仅仅只是通过知识和孩子打交道的人，不可能真正走进孩子的心灵，也不可能真正获得孩子的爱戴，当然他也不可能获得教育的真谛，也永远不可能享受完整的教育幸福——而一个老师离开了这些，还能够说是真正的“优秀”吗？

在我看来，做到了上面三点，就可以叫“优秀老师”了——不管他是否获得了来自官方的荣誉称号，他的优秀都已经写在了学生及其家长的心里。这样的优秀老师可以说每个学校都有。在你的身边也一定有。他们应该是你学习的榜样。你想让自己优秀，请先向身边的优秀老师学习。

再说“名师”。名师肯定是优秀老师，优秀老师具备的所有品质，包括我说的三点，名师都应该具备，这应该没有疑问。但优秀老师却不一定是名师。在我看来，名师与优秀老师的区别并不在于是否会上课，是否有令人信服的教学质量和是否擅长当班主任，而在于是否有更大的影响力。

注意，我这里说的是“更大”的影响力。我的意思是，优秀老师也有影响力的，但往往只是局限于一个学校或一个小小的片区。而名师的影响力，则往往辐射到一个省乃至全国。如何才能产生这么大的影响力呢？这就要靠“能说会写”。因此似乎可以说，能说会写让优秀教师更上一层楼而成了名师。

所以，名师的条件还得加上——第四，“能说”；第五，“会写”。

这里的“能说”，指的是演讲能力或报告能力强，能够通过演讲或报告传播自己的教育智慧；再说具体些，要有思路清晰的概括能力、要言不烦的提炼能力、逻辑严密的分析能力、绘声绘色的叙事能力，等等。会上课的老师一般也会演讲，但也不一定。因为听课的对象是学生，而听讲座的

课堂是我的教育快乐的重要来源

往往是教育同行；上课更多的是把教材上的知识传授给学生，而讲座则是将自己的教育实践展示给老师们。我见过这样的老师，课上得好，分数也考得好，带班也很不错，但就是不会做报告，面对下面黑压压的老师心里便发憷。于是，这样的优秀老师便只能在校内或学校附近有限的范围内有影响。但是，通过报告，优秀老师则能够直接将自己的教育经验教育智慧教育思想向全国的老师们宣讲，影响力自然扩大。

这里的“会写”，指的是写作能力强，能够把自己的教育案例教育感悟教育反思等写下来，通过发表文章出版著作产生积极的社会影响。仅仅通过做报告开讲座，面对面影响的老师也是有限的，而通过文字传播，其影响则可以超越时空。无法想象，如果没有《给教师的一百条建议》《把整个心灵献给孩子》《给青年校长的谈话》《帕夫雷什中学》等著作，我们怎么可能知道苏霍姆林斯基？又怎么可能了解他的教育思想和教育智慧？所以我曾经说过，苏霍姆林斯基是自己“创造”了自己。通过什么“创造”？当然首先是他一生的教育思想和教育实践，但还有一个不可缺少的条件，就是他的几十部教育著作。如果说他生前的影响力不仅仅是他的文字的话，那么几十年过去了，现在他所拥有的国际影响，则主要是源于他那百科全书式的教育著作。同样的道理，一个名师，往往是通过报社、杂志社或出版社，让自己产生越来越大也越来越深远的影响的——而这，正是名师区别于一般优秀老师的地方。

名师的特点当然不只是上面这些，比如还有教育爱心、高远理想、开阔视野、独到思想、科研能力等等。但我觉得，这些都可以通过上面所说的五点体现出来。

最后我还想对你说的是，名师不是教育行政部门或什么机构评选出来的。我所知道的钱梦龙、于漪、魏书生等名师，从来都没获得过“名师”称呼。“特级教师”可以评，“学科带头人”可以评，“劳动模范”可以评，就是“名师”不能评。因为名师之“名”指的是其影响力，而影响力是自然而然形成的，并且是一种客观存在，不可能通过评选产生。现在评选各级所谓“市级名师”“省级名师”之类的做法是很荒唐的，同样的道理，评选“名校”和“名校长”的做法也是很荒唐的。

能否获得种种荣誉称号，往往取决于别人——领导呀同事呀等等，有时候由不得自己，但是否能够成为名师，则全靠自己。不信，你看看上面五条，不都是自己就可以掌控吗？说得“极端”一些，哪怕不是“特级教师”，不是“全国劳模”，自己也完全可以把自己打造成名师。其实我这个说法并不“极端”，因为是有例子的——这个例子就是我。上世纪八十年代我的课就很受学生欢迎了，教学质量也不错，我的未来班还上了《中国青年报》；上世纪九十年代我所写的《爱心与教育》在全国产生了巨大反响。可由于种种原因，直到 2003 年，我才被评为四川省特级教师。

写到这里我突然想，其实，名师也好，优师也好，都是一种自然而然瓜熟蒂落的成果，并不是功利般“孜孜以求”的结果。你将这些目标列入时间表，不妥。所以我在本文开头说对你的赞赏“是有限的”。当我们怀着浮躁的心去计较每一个得失，过于在乎自己是不是名师，到头来可能反而会失去——这叫“多情总被无情恼”。相反，什么都别去想，只要守住自己朴素的教育心，善待每一个日子，呵护每一个孩子，岁月总会给我们以丰厚的馈赠——这是“道是无晴（情）却有晴（情）”。

你应该有这个耐性和信心。

名师是“打造”出来的吗？

最近几年，各地各学校都掀起了“打造名师队伍”的热潮，据说以此可以带动“教师专业成长”。什么是“名师”呢？通俗地说，就是有影响的优秀教师。那么，“名师”是可以通过“打造”得来的吗？

把“打造”一词用于“名师”是近几年的事。我第一次听到这个说法，就觉得挺不舒服。“打造”是一个工业车间流水线作业的概念，是和模具化操作相联系的。独具个性的人，怎么可以像生产什么机械部件一样被“打造”呢？想象一下——一个又一个活生生的教师，被输送到流水线上，规范于某种模具，然后“哐当”一声，所谓“名师”就被“打造”而且是成批量地“打造”出来了。这不荒唐吗？

也许有人会对这种质疑不以为然：不就是一个比喻吗？犯得着那么“钻字眼”（甚至是钻牛角尖）吗？曾经就有校长对我说：“‘打造’嘛，不过就是强调学校对教师培养的力度而已。”

但我还是要继续质疑：名师是“打造”出来的吗？

好，我们就说这所谓“打造”的“力度”吧！这“力度”意味着什么呢？意味着学校已经明确了“打造”对象——当然是校领导认为“有潜质”的“好苗子”，然后有针对性地给他搭建平台，提供机会，比如帮着打磨公开课或参赛的班会课，各级“骨干教师”的培训机会都给他，各种评优选先的机会都给他，还有相应的“培养计划”和时间表，还有集中的包装炒作，电台电视台，报纸杂志，封面人物，专题采访……既宣传培养对象，又提升学校形象，等等。所谓“311 培养计划”“当代名师工程培养对象”等等，都是这样来的。

我充分肯定学校乃至教育行政部门培养优秀教师的良好初衷和高昂热情——无论怎样，将经费投入教师队伍建设上，是一件好事。但如此“打造”实在是太急功近利了，而且违背人才成长规律。

我不断言说的不过是常识而已

那么，“人才成长规律”是什么？这当然又可以洋洋洒洒写一篇博士论文。我这里只想简单地说，所有人才的成长都是一个自然而然自由自在的过程，这或许应该是“人才成长的规律”吧。“自然”和“自由”是其关键词。“自然”说的是给人才成长以宽松的生态环境，“自由”说的是尊重每一个人的个性，让他们的灵魂得以舒展飘逸。一切刻意的（非自然）规范的（不自由）甚至“工程式”的“培养”都只会阻碍人才的成长。

我想到自己刚参加工作的上世纪八十年代初期，那时的风气和现在相比有许多不同。比如，对年轻人好像缺少“激励机制”——除了学校期末评选优秀老师，几乎没有任何其他的评优选先，也没有职称一说（中学教师的职称评定是 1986 年才开始的）。另外，那时候的工资不高，而且是“大锅饭”——无论多少工作量，每个月的工资都不会增加或减少。比如，无论当不当班主任，无论教几个班，每个月工资都是 52.5 元（四川省当时一位大学毕业生工作转正后的工资标准）。这种体制这种氛围，不好的当然就是干好干坏一个样，让懒人有空子可钻，但好的一面就是让想干事的人心态平静而从容，不浮躁。只要你想干事，就专心致志地去干，别有什么杂

念。静下心来，不急不躁，不慌不忙，潜心于教育教学本身，而不是老想着“获奖”“晋升”。这就叫“淡定”，叫“沉静”，叫“朴素”。

那时候校长对我很好——不，这样说不准确，应该说校长对所有年轻教师都很好，人也正派——善良、仁慈、厚道、博学、儒雅……这好像是那一代校长的共性，而这样纯粹的校长现在似乎不多了。我说校长对所有年轻教师都很好，意思是他关心我们每一个人的成长，爱来听我们的课，和我们一起教研，还爱找我们聊天，包括一对一地促膝谈心，有时也严肃甚至严厉批评我们的错误。但他没有刻意地要“打造”谁，更不会集中精力“包装”谁“推出”谁。他所做的一切，都是维护一个原生态的自然而然的教师成长环境。

举一个例子。当时我搞“未来班”，应该说有声有色，校长多次鼓励我，有时还来参加我班的活动，记得学生毕业前我编班级史册，校长还资助了 50 元钱——那时候这可是一笔巨款。但是，他没有请媒体来宣传我，也没有在学校大力宣传我，包括谷建芬老师给我班谱写班歌，校长也没有刻意张扬。无论当时还是现在，我都非常理解校长，不是他不重视我的成长，而是他力图让我有一个常态的成长环境，也让我能够保持一颗平常心。试想，如果谷建芬老师给我谱班歌的事放在今天任何一所学校，会是怎样“轰动”？如果不请媒体宣传，校长这一关就通不过——这不正好宣传学校吗？这不正好提升学校形象吗？这不正好扩大学校知名度吗？校长岂能白白放过这么好的机会！于是，著名作曲家给一个年轻教师谱班歌的事会被无限放大，反复炒作，最后让事情失去了它本身朴素的价值。当今社会就是这么浮躁，现在的教育就是这么功利！

现在，年轻教师机会很多，比如在成都，一个刚参加工作的年轻教师，在三十岁以前，可以争取评“教坛新秀”；三十五岁以前，可以争取评“市优秀青年教师”，然后还有区市省各级“骨干教师”“学科带头人”“特级教师”等头衔在前面等着;四十岁前，如果想“进入管理层”还可以去报考“校长助理”……从好的方面说，这是激励机制，但事情的另一面则是在某种程度上助长了年轻教师的功利心。现在一些年轻人连参加一次主题班会竞赛都有明确的功利目标，每参加一次教学公开课大赛都非常计较获奖等级，因为他们太渴望“建功立业”了，太渴望“一炮打响”“一举成名”了。不少刚参加工作的年轻人，都有诸如“三年拿下教坛新秀，五年拿下市优青”的“人生规划”，于是每一堂课每一次班级活动都教育以外的目的，“扩大影响”，“提升形象”。教师急切地想“率先创立”什么什么“模式”，或“国内第一个提出”什么什么“理念”，学校也愿意通过媒体宣传、帮助出书等方式“打造”这个“名师”以“提升学校品牌”。怀着这种心态，想从容不迫地做教育，想耐得住寂寞做真教育，我认为是不太可能的。

因此，我之所以反对“打造”，就是因为这两个字意味着迫不及待的速成和急功近利的浮躁。

也许在有些老师眼里，我俨然是所谓的“名师”了。这让我有些尴尬——承认吧，可和钱梦龙、于漪等真正的名师相比，我哪敢说自己是名师？不承认吧，人家会说我“矫情”，因为我客观上略有名气，在一定范围内有点影响。好吧，姑且就算是“名师”吧！但坦率地说，我却不是任何人“打造”的。我发自内心地庆幸，当年我经历的几位校长都没有“打造”我——幸好没有“打造”我呀，我因此得以自然而然、自由自在地成长。设想一下，假如当年校长要刻意“打造”我，那么多的机会都给我，那么多的荣誉都给我，然后给我“打磨”课堂，给我“规划”人生……于是我不得不削足适履地去配合领导的打造，每一次展示每一次汇报，都得按领导的统一口径，都得服从“学校大局”，于是个性磨灭，自由丧失，同时又孤峰卓立遭人嫉恨，如此一来，我即使“名利双收”了，也感受不到半点教育的幸福。何况，这样的“名师”也不是真正的名师。

去年，被钱理群教授誉为“具有教育家眼光”的马小平老师因病辞世了（我估计，马小平这个名字对一些老师来说是熟悉的，但对更多的老师来说却是陌生的，建议这些老师去网上查查这个名字）。钱理群教授和许多普通而优秀的老师为马老师召开了一个追思会。会上，大家在缅怀马小平老师风范的同时，呼吁“寻找活着的马小平”。什么叫“活着的马小平”？就是富有爱心，思想深邃，视野开阔，教学精湛，成绩显赫的普通而卓越的一线教师。所谓“普通”，是因为他们不属于所在学校或所在地区教育行政部门的“打造对象”，没有进入这样或那样的“名师工程”，也几乎没有任何官方头衔或荣誉；所谓“卓越”，是因为他们以自己的理想情怀、人格魅力、渊博学识、课堂艺术、教育业绩、风云文字……不

但赢得了学生的衷心爱戴，而且在中国教育界乃至思想界展开了一道道不可忽略的风景——蔡朝阳、郭初阳、苏祖祥、梁卫星、魏勇、魏智渊、干国祥、史金霞……我随手写下的这些名字，都是我眼中“活着的马小平”。他们并不在乎自己是不是什么名师，但因为思想因为个性因为自由，他们成了我心目中真正的名师！而他们崛起的重要原因，就在于没有被“打造”。

一次，我和吴非聊到“人才培养”的话题。他说：“人才不是培养出来的。我就不是谁培养的。”我完全同意他的观点。我认为，人才是“生长”出来的，而不是“培养”出来的，更别说什么“打造”了。所谓“生长”是生长者自己的事。陶行知是谁“培养”的？晏阳初是谁“打造”的？还有斯霞、钱梦龙、于漪、孙维刚……不都是自己“生长”起来的吗？作为校长局长，如果一定要说“培养”，那么这“培养”的含义应该是尽可能给“苗子”以自由宽容的人文环境——形象地说，就是尽可能提供生长所需要的土壤、空气、阳光和水，然后就让年轻人自由自在地“生长”吧！既不要吹毛求疵、横加干涉，也不要指手画脚、过度关照，更不要揠苗助长、豪华包装、大肆炒作。只有最朴素最宁静的田园，才能长出最肥美的庄稼。

自由，自由，还是自由！——让理想自由高扬，让心灵自由绽放，让个性自由舒展，让思想自由飞翔，让每一个教师成为他自己价值和尊严最本色也最灿烂的标志而不是学校的“形象”和领导的“政绩”……如是，“名师”必然生机勃勃且源源不断。

何必一定要有“教育意义”

我喜欢和学生一起到大自然的怀抱里嬉戏玩耍。

最初，我这样做并没有想到要有什么“教育意义”，而纯粹是出于自己爱玩的天性。记得当年我利用寒暑假带着学生去玩，近在郊区，远在省外，家长感动得不得了：“李老师对我们的孩子太好了！这么辛苦这么累，牺牲这么多时间带我们的孩子去旅游！谢谢您！”我总是说：“我才要感谢你们呢！感谢你们把孩子交给我，让他们陪我玩！”

我对苏霍姆林斯基在《帕夫雷什中学》中的这一段叙述感到特别亲切：“每当学年一结束，我就跟孩子们一道去远足旅行，去田野、森林、河边旅行。跟孩子们一起在南方晴朗的星空下宿营，架锅煮饭，述说图书内容，讲传说和童话故事，这些对我来讲，是一种幸福。”在我的职业生涯中，这样的幸福也是源源不断。回想从教以来，我最感到快乐的时候就是学生不把我当老师的时候：我曾与学生站在黄果树瀑布下面，让飞花溅玉的瀑水把我们浑身浇透；我曾与学生穿着铁钉鞋，冒着风雪手挽手登上冰雪世界峨眉之巅；我曾与学生在风雨中经过八个小时的攀登，饥寒交迫地进入瓦屋山原始森林……每一次，我和学生都油然而生风雨同舟之情，同时又感到无限幸福。这种幸福不只是我赐予学生的，也不单是学生奉献给我的，它是我们共同创造、平等分享的。几十年来，我的学生就是这样给我以少年的欢乐和青春的激情。

我不是否认户外活动的教育意义，自然环境教育功能当然是不可忽视的。陶行知认为“天然环境和人格陶冶，很有密切关系”，在谈到大学校址的选择时，曾把自然环境作为极其重要的因素。他认为校址的选择应满足这样的标准：“一要雄壮，可以令人兴奋；二要美丽，可以令人欣赏；三要阔大，可以使人胸襟开拓，度量宽宏；四要富于历史，使人常能领略数千年以来之文物，以启发他们光大国粹的心思……”（《杭州大学之天然环境——一封公开信》）陶行知多次大声疾呼对学生要实行“六大解放”，其中之一的“解放”就是“解放他的空间，使他能到大自然大社会里去取到更丰富的学问”。（《小学教师与民主运动》）不仅仅是自然环境，还有人文景观，纪念地呀，博物馆呀，历史遗址呀等等，教师有教育目的地带学生去接受教育，也是必要的。

但是，我们不能把这种教育功能庸俗化。在这个问题上有的教育者有一种认识误区，即总是希望每一次野外活动都应有“教育意义”。似乎每一次外出，都要有一个“名分”，比如不能叫“玩儿”，而必须叫作“活动”——“综合实践活动”“爱国主义教育活动”“参观考察活动”等等。似乎叫“玩儿”，

就不那么光彩，不那么理直气壮。其实，我始终认为，不必将每次外出郊游都赋予什么“教育功能”，也不用那么多的“精心设计”，更不必贴上各种各样冠冕堂皇的教育标签。何必一定要有“教育意义”？从某种意义上说，对自然的接近、对自然美的感受，视野的拓展，胸襟的开阔，就是教育。

成都有一个“素质教育基地”，每年都有很多学校组织学生去那里接受“素质教育”，其实也就是封闭起来搞拓展训练呀做游戏呀等等——当然是要按人头收费的。应该说有这样的基地无可厚非，偶尔让学生去接受一下训练也不错，收费也可以理解，人家是市场运作嘛。但每年学校一组织春游，就把学生往那里送，我就觉得不妥。成都平原哪里没有阳光？为什么舍弃大地上那一望无际的油菜花和原野上芬芳的阳光，却要去那高墙里面接受“阳光”？一问，有校长告诉我，组织学生去“基地”不是去玩的，而是去接受“素质教育”的。我笑了：“有什么比大自然原野上的阳光更值得我们去亲吻？师生追逐嬉戏，摸爬滚打，而且一分钱不花，还有比这更开心更奔放的吗？”那位校长摇头：“不不，纯粹的玩儿，这不是教育。组织学生外出，还是要有教育目的。”我无语了。面对这样太有“使命感”的“教育者”，我甚至想也许是“偏激”地对他说，对孩子的童年少年而言，浪漫，情趣，舒心，撒野，怦然心动，热泪盈眶，心旷神怡，灵魂飞扬……比“教育”更重要！

不要误以为我反对在郊游活动中有目的地进行某种教育，我反对的是每一次对大自然的亲近都带有浓重的功利主义色彩。动辄就强调活动的“意义”，甚至牵强附会地把郊游同什么“社会调查”“爱国主义教育”“热爱大自然”“了解家乡的巨大变化”“感受改革开放的伟大成就”捆绑在一起，而且每次临出发之前都要给孩子们打招呼：“要仔细观察呀”“要认真做笔记呀”“回来要写作文的”“每一个人都要交一篇调查报告”……这只能败坏孩子们口味：“老师们，我们还是写了作文再去吧！”对大自然的向往，被“写作文”的负担甚至恐惧所取代，这难道就是我们应该追求的“教育意义”？

如果一定要说“教育”，那我们也完全可以把教育的内涵理解得丰富一些广义一些。学生是否受到了“教育”的标志，不仅仅是提高了什么什么认识，或获得了什么什么启发，还应包括心灵更加宁静，胸襟更加旷达，眼睛更加清澈，耳朵更加灵敏，触觉更加细腻，体格更加健壮，感情更加丰富，幻想更加奇特，思绪更加飘逸，情怀更加浪漫……

不用刻意去追求什么外在的"教育意义"，因为大自然本来就蕴含着丰富的教育意义的："我竭力要做到的是，让孩子们在没有打开书本去按音节读第一个词之前，先读几页世界上最美妙的书——大自然这本书。……到田野、到公园去吧，要从源泉中汲取思想，那溶有生命活力的水会使你的学生成为聪慧的探索者，成为寻求真知、勤于治学的人，成为诗人。我千百次地说，缺少了诗意和美感的涌动，孩子就不可能得到充分的智力发展。儿童思想的本性就要求有诗的创作。美与活跃的思想犹如阳光与花朵一般，是有机联系在一起的。诗的创作始于目睹美。大自然的美能锐化知觉，激发创造性思维，使言语成为个人体验所充实。"（苏霍姆林斯基：《我把整个心灵献给孩子》）

在这里，苏霍姆林斯基把大自然比作一本书，那么我认为，如果不让孩子在童年和少年时代便打开这本书阅读，这不但是我们教育的缺失，也是孩子们人生的遗憾。

完整的学校教育，既应该有一些目的性甚至时效性很强的户外教育行为，比如类似中央电视台崔永元搞的"重走长征路"——这也是必不可少的，也应该有一些似乎没什么"教育因素"的野外活动。我说"似乎没有"，其实还是有的，只不过这些"教育因素"很隐蔽很自然，潜移默化，润物无声。因为无论是小桥流水的幽雅情趣还是大江东去的磅礴气势，无论是朝阳初升时小草上的一颗露珠还是暮色降临时原野的一缕炊烟，都能使我和我的学生深切地感受到："我们都是自然的婴儿，卧在宇宙的摇篮里。"（冰心：《繁星》）

给孩子们一个撒野的地方

近年来，参观过许多新建的学校和一些名校的新校区，校园一个比一个气派——豪华教学楼、现代雕塑、塑胶跑道，还有演讲厅、体育馆、

LED 显示屏，有的学校甚至还有天文馆、音乐喷泉。无论如何，政府现在舍得把钱花在学校建设上，是好事。可我总觉得这些豪华学校缺少点什么。缺少什么呢？缺少树木，缺少野草，缺少泥土……缺少一块让孩子尽情嬉戏的地方。

说实话，我倒更喜欢一些老校园。虽然面积不大，校舍陈旧，但那一砖一瓦，一草一木，都浸透着历史与文化，更不说那古树以及古树上曾经吊着的大钟，更是无数孩子少年的记忆。当然，时代总得进步，随着教育的发展，学校的扩建或迁址重建，都是应该的。人不可能总是生活在过去的记忆里。

但是，我还是想说，无论学校怎么发展，无论校园怎么现代，请给孩子留一片这样的荒芜的地盘——有泥土，有青草，有小树，而且这片荒芜角落永远都不会被“开发”，就一直那么杂草遍地，或灌木丛生，当然，如果有一棵或几棵参天大树那就更好了。在这里，孩子们可以丢手绢，可以捉迷藏，可以击鼓传花，可以打闹，可以斗鸡，甚至可以扭作一团地上打滚……总之，可以撒野。

学校的文化，并不仅仅——甚至在我看来主要不是——体现在教学楼上挂的诸如“以人为本”“一切为了学生”“今天我为学校而荣，明天学校为我而荣”之类的标语上，也不是体现在教学区走廊两边的各种图片和名言警句，而更体现在一代又一代老师的故事里，体现在一届又一届学生的记忆中。而这些故事和记忆往往和校园环境相连。

读苏霍姆林斯基的《帕夫雷什中学》，特别羡慕苏霍姆林斯基和学生种核桃树、苹果树，还有苗圃和菜畦。2008 年秋天，我来到了我心目中的圣地帕夫雷什中学，当年教育家留下的果树依然生机勃勃，还有校园的森林和森林里的阳光，以及泥土上的小草和落叶，都让我感到，这才是真正的学校！

现在我一想到我四十多年前读过的小学，首先想到的就是进门那个古老的巨大的黄桷树，以及我的启蒙老师杨老师在大树下和我们一群孩子排练童话剧的往事；在一个秋天，树叶发黄，但还没有凋零，杨老师带着我们在大树下玩老鹰捉小鸡的游戏，我们跑着躲着，最后又翻倒在地，杨老师一个一个地把我们拉起来，还给我们拍身上的泥土……我想，如果没有那棵大树，关于杨老师的记忆很可能就泯灭了。我又想，现在的学校建得富丽堂皇而没有了野趣，在满是水泥地面甚至水磨石地面的校园，孩子们到哪里去“老鹰捉小鸡”呢？

我所在的武侯实验中学校区，建于 2003 年，占地面积 80 亩。我 2006 年去做校长的时候，后面有一块近 20 亩的空地，长满灌木，还有一些半大的乔木，形成一个小“森林”——其中还有不少梅树。地上的野草一个劲地疯长，空中的树丫千姿百态，也没有人去修剪，一切都是原生态。春天草木萌发，夏天绿树成荫，秋天金叶婆娑，冬天红梅绽放。

我当时很奇怪，怎么有这么大一片空地呢？后来才知道这是预留的土地，是以后要搞修建用的。我问修什么，答曰修体育馆，修食堂。然而，由于种种原因，体育馆和食堂都迟迟没动工。于是，那里就成了师生的乐园。每天中午吃了饭，老师们都在那里散步。不止一次，我看到阳光斜射进那片小树林，老师们慢悠悠地穿行其中，或坐在草地上享受阳光的亲昵，真是惬意。孩子们更是喜欢那片土地，追逐跳跃，打闹嬉戏，尽情挥洒少年的天性。我多次和孩子们在那里做游戏，简直就像置身于世外桃源。记得 2008 年 12 月的一个下午，我和我班的孩子们在那里做游戏，孩子们以各种方式“捉弄”我，我们都非常开心。离开那里的时候，我们挤成一团照合影，在快门按下的一刹那，孩子们一起喊：“李老师，我们爱你！”当时，一轮夕阳正挂在树梢，特别美，特别美。

终于，体育馆和食堂动工了。我感到这块乐园即将消失，于是我给教育局领导一再要求：“请给我留一块空地，给孩子们留一片树林！”经过我的努力，建成后的体育馆和食堂之间，果真留了一大片郁郁葱葱的绿地，果真有小树林——我憧憬着，几年或十几年后，这里肯定是一片参天的森林！许多前来参观的领导和老师，走到这里，都会惊叹：这么一大片充满野趣的土地，真是“奢侈”啊！

我认为，如果一定要说我在武侯实验中学有什么“政绩”的话，那就是——我为老师们留下了一片散步和晒太阳的地方，为现在和以后一届又一届甚至一代又一代孩子留下了一块撒野的空间！

当然，在相当多的教育者看来，学校是文明机构，是培养文明人的地方，怎么可能让学校充满野趣呢？孩子应该举止文明，怎么能让他们撒野

呢？也许正是出于这样的理念，学校自然不能给孩子们留下“肆无忌惮”的地方。

相反，现在许多学校正在着力培养学生“文明休息”的好习惯呢。对孩子的要求是“轻手轻脚”“轻言细语”“轻拿轻放”……严禁孩子们课间狂打（“狂打”是四川方言，意为“疯狂打闹”）和喧闹。于是，在许多中小学，课间的孩子们果然变“乖”了，追逐打闹没有了，叽叽喳喳地喧闹也没有了。如此一来，校园是清净了，可是我要问，这是学校还是教堂，或是医院？我看应该是医院的住院部，而且还是重症监护室！

我始终搞不懂，为什么不许孩子们打闹？追逐，打闹，嬉戏，你蹭我一下，我推你一把，或者闹着闹着就升级了，变成冲撞，变成摔跤，本来是闹着玩的，但闹着闹着就弄假成真了，真的打起来了，以至在地上翻滚着，最后脸上擦破皮了，额头也青了，甚至还流了点血……这一切不正是我们小时候的校园休闲生活的常态吗？坦率地说，我从小就是一个温顺听话的孩子——按某些专家的教育理论，我这样的温顺听话的孩子长大后多半没有出息的，可就是我这么温顺听话的孩子，现在撸起我的衣袖依然能看见小时候打架留下的疤痕。因为我是男孩子，而打闹甚至打架，就是男孩子的天性。我还想“偏激”一点说，没打过架的男孩子，是成不了男子汉的！再“幽默”一点说，就算两个小屁孩互相打得鼻青脸肿，十年二十年后回想起来，那不过就是一件童年趣事而已，有什么不得了的？

“叽叽喳喳”地开心

有人会说：“现在的孩子太金贵了！万一打闹真出了点事怎么办？再说现在学校也反复强调学生的人身安全啊！”一般来说，打闹的孩子往往是小学生和初一的孩子（当然，也不排除个别高中生也爱打闹），十来岁的孩子如果是徒手，怎么“凶狠”地打，也不太可能出什么

“人身安全事故”。这是我的基本判断，也是已经被客观现实证明了的。不过，如果有人硬要拿出一个特例，说某地某个一年级的小学生也在打闹中把同学打成了残废，我也没办法。我这里说的是“一般情况”。当然，假如孩子拿着棍棒甚至铁器打闹，那可危险。所以我对我班上的孩子是这样说的：“打闹可以，玩玩嘛！李老师小时候也喜欢打闹呢。但是，第一，绝不能够拿着器械狂打；第二，教室里不许打闹，因为这是学习的地方，你在那开心地狂打，却影响了教室里学习的同学。”第二条要求也是必要的，因为一个人不能只顾自己玩却妨碍了他人。我给孩子们说：“到操场去，随便你们怎么疯！”

至少已经二十年了，我们不断地听到“呼唤男子汉”的声音，人们也越来越认为现在的男孩子缺乏阳刚之气，我想这和我们不许孩子打闹的要求有关。本来应该活蹦乱跳，应该野性放肆的男孩子，都成了“文明休息”的“好孩子”，你哪里还能指望他以后有男子汉气概？

这篇文字估计又要引起争议，但我还是要呼呼：教育，请还孩子撒野的权利，并给孩子提供撒野的地方！

“深刻”不是教育的唯一尺度

最近和学生一起读《青铜葵花》，读到作者曹文轩在序言中的几段话。他说，长期以来，评判文学的标准是西方的“深刻”，而且这“深刻”成了唯一的标准；但中国的文学评判标准是“意境”，是“情趣”“智慧”“格调”“滋味”“微妙”……曹文轩很激愤甚至有些极端地写道：“于是我们看到全世界的文学，绝大部分都在这唯一的维度上争先恐后地进行着。‘深刻’这条狗追撵得人们撒丫子奔跑……”

如果这个观点由我说出来，饱学之士们会笑话我“不懂文学”。但曹文轩我想不会有人说他不懂文学吧。他反对把“深刻”作为文学的评判标准，

而希望文学回归审美。我基本上是同意的。只是我没他那么极端，我认为，“深刻”是可以作为文学评判的一个维度的——最近莫言获诺贝尔文学奖，其实也是因为他作品的深刻性——只是不要成为唯一的维度。也就是说，文学，除了有“深刻”的思想元素，还应该有“妙趣”有“情调”等审美要素。

我想到了教育。

不知从什么时候起，我们的教育也越来越讲究“深刻”了——“前卫思想”“超前观点”“西方学说”“后现代理论”……我首先要郑重声明，我从来不反对教育实践的思想指导和理论关照，教育本身就是深入人的精神世界的，岂能没有思想？岂能远离深刻而堕入浅薄？但是，我们强调的往往是当下所缺乏或者被忽略的，这是杜威的观点。杜威在谈到教育目的时，曾有这样的论述：“我们并不去强调不需要强调的东西——这就是说，有些东西已经很受重视，就无须强调。……在一定的时期或一定的时代，在有意识的规划中，往往只强调实际上最缺乏的东西，这并不是一个需要加以解释的矛盾。”

深刻也好，思想也罢，对教育而言非常重要，也可以作为评判教育品质的一个尺度。这用不着我来强调。我现在想强调的是，我们的教育所缺乏或忽视的要素，那就是情趣，是浪漫，是感动，是诗意，是真，是善，是美。

一堂课，明明师生和谐，气氛欢快，潇洒流畅，欢声笑语，妙趣横生，也不乏思想的碰撞与燃烧……可是，到了评委那里，却被认为不符合这个“原则”，违背了那个“理念”。似乎不遵循某些“原则”和“理念”，就不是好课。

一篇课文，教师讲得痴迷，学生读得沉醉，会心处开怀大笑，动情处催人泪下，每一个字都散发着芬芳，每一句话都流淌着优美……可是，专家说，没有挖掘出“思想性”，分析得不够“深刻”，要讲究“深度语文”。

一次教育活动，师生都乐了，爽了，感动了，舒畅了，心灵飞翔了，情感奔涌了，而且——用比较文学的语言，叫作师生都赢得了彼此的心灵，感到了彼此的心跳，这样的教育活动还不成功吗？当然成功。可是专家说，教育岂能仅仅停留于感动？“理想”呢？“责任”呢？教育的“意义”在哪里？

一则教育案例或者教育故事，真实而细致地记录了教师转化某一个学生或处理某次突发事件的全过程，叙事流畅，思路清晰，且蕴含智慧，关键是最后获得了成功。我觉得挺好的呀！可专家非要作者提升到什么“理论”高度，要用什么“理念”来“关照”，或者非要从中提炼几条什么“原则”之类，否则就是停留于“感性”而不够“深刻”。

一份课题方案，教师根据自己教育实践中的难题，提出了一系列符合本班实际也符合教育基本常识的教育设想（步骤、方法、过程等等），但专家说“得有理论支撑”，而且还得“国际”“国内”。我想不通，诸如“让学生成为学习的主人”“发挥集体的作用促进每一个人的发展”等等，这些都是常识呀，还需要什么“理论支撑”呢？

一名教师，富有爱心，拥有智慧，善于思考，喜欢研究……而这一切都不是空谈，都是结合每一天的实践，体现在每一天的行动，无论上课，还是带班，都极受孩子们欢迎，考试成绩也相当突出。可是，在某些“思想深刻”的教育专家眼里，这样的老师“没有自己的原创思想”。

我们评价一位教师很优秀时，往往说他是一位“有思想的教师”，而很少说他是一位“有诗意的教师”“有情趣的教师”“有智慧的教师”“有人性的教师”“有故事的教师”……

上述教育评价，都是一个维度——“深刻的思想”。

年轻时，我也曾为自己没有“思想”而烦恼以至自卑。别人一开口就是这个“理论”那个“观念”，可我说来说去无非就是一些教育的基本常识——“爱心”呀，“人性”呀，“尊重”呀，“理解”呀，“平等”呀，等等。曾有我尊敬的教育大师对我谆谆告诫：“要有属于自己原创的教育思想，不要只是追随前辈教育家的思想。”于是，我也真诚地想“原创”，也想“第一个提出”什么什么“教育原理”或什么什么“教学法则”。但是，当我越来越深入地学习教育经典，越来越真诚地剖析教育实践，我就越来越感到，教育学不仅仅有科学的特点，它更有人文学科的属性。

或者更直接地说，教育的属性，更多的是“人文”，而不是“科学”。科学的每一项新成果都可以取代旧成果，说直接点，就是科学的物质成果都会过时；而人文则不然，一部不朽音乐，一篇经典小说，一幅传世名画，

一尊大师雕像……一旦问世，便历久弥新，不可超越，人文成果之间从来不会此消彼长，互相取代，而是孤峰卓立，交相辉映。教育也是如此。从孔子到卢梭，再到陶行知，再到苏霍姆林斯基，群星璀璨的教育家们一旦问世，就是不朽！他们的理论，永远不可能过时——这就意味着，也不是那么好“超越”的。既然如此，教育上所谓“理论的创新”，所谓“流派的创立”，所谓“规律的发现”，所谓“模式的发明”等等，哪那么容易呀！

明白了这个道理，我一下豁然开朗：其实呀，教育的真理就那么点儿，而且“那么点儿”几乎早被从孔夫子以来的中外教育家们说得差不多了。我们可以在新的历史条件下，将其或丰富，或完善，或当代化，或中国化，但所谓“创新”，呵呵，留给我们的空间不是一点儿都没有，但的确有限。这有限的创新空间留给少数专家去做吧，我，作为一个基层的教育者，就老老实实地实践着我敬仰的教育家们的教育思想，我这一生就满足了，不但问心无愧，而且还颇为自豪。

所以，前次有出版社在我的著作勒口里称我为“教育家”，并说我“提出了一系列”什么什么“教育思想”和“实践模式”时，我赶紧去信声明：“我没有任何原创的教育思想，我也没有提出什么实践模式！”我说，我就愿意忠实地追随陶行知，追随晏阳初，追随苏霍姆林斯基……朴素地做好每一天的教育。

关于理论，和许多人一样，我也特别欣赏恩格斯的话：“一个民族想要站在科学的最高峰，就一刻也不能没有理论思维。”同样的，教育的真正发达也不能没有深刻的理论指导。问题是——我再说一遍，“深刻的思想”只是教育的一个尺度，而不是唯一的尺度。

我们现在的情况是，理论过度，思想膨胀，观念泛滥，模式横行，同时常识缺位，情感凋零，智慧苍白，意趣荒芜，诗意匮乏——当人们追逐“深刻的思想”时，朴素的教育常识遗忘了，真诚的教育情感冻结了，丰富的教育智慧丢失了，优雅的教育意趣沉默了，美丽的教育诗意死亡了！

我在和挚友程红兵探讨这个话题时，他说：“我们今天不缺乏思想，思想也不缺乏深刻，现在我们缺乏的恰恰是把深刻的思想转化到具体的行动之中，我们恰恰是缺乏把平凡琐碎的事情耐心地慢慢做好，我们甚至于不耐烦去面对这些既不深刻，也不华丽，既不出彩，也不动人的平常之事；

我们不愿意去耐心解决这些剪不断理还乱的教育琐事，我们宁愿在旁边发点感慨，说点‘深刻’的理念，甚而发发牢骚，但我们不愿意去身体力行，去‘亲自’解决。”

有人只喜欢“深刻”只喜欢“思想”，那就让他去“高瞻远瞩”去“石破天惊”去“洞察”去“烛照”吧！我也愿意继续学习教育思想，思考教育理论，探索教育真理，但我希望我从教育中收获的不仅仅是“深刻的思想”，更有美妙的情怀——

我愿意继续守着我的梦想，看着我的田园；善待每一个日子，呵护每一个孩子；品味着生命的每一寸时光，享受着教育的每一刻浪漫；和学生编织着一个个跌宕起伏的生命故事，把这故事变成荡气回肠的成长传奇，再把这传奇导演成我和我孩子们共同的充满诗情画意的“青春大片”……

人才是学校“培养”的吗？

我曾经在乐山一中工作。这所学校创办于 1907 年——我在 1987 年还参加了学校建校八十周年的活动，当时还看到 1947 年政府要人给学校的校庆四十周年的题词。但是，前几年乐山一中又考证出学校创办的时间应该是 1903 年。不管是哪一年创办的，总之乐山一中是“百年老校”这是确凿无疑的。百年来，乐山一中最引以为自豪的，莫过于有校长对学生经常说的一句话：“我们学校培养了郭沫若！”其实，只要看过郭沫若回忆录的就知道，郭沫若在嘉定府中学堂（即后来的乐山一中）只读了两年多的时间，便因故被开除了（当然事出有因，这里不多说）。我在想，郭沫若如果没有就读于乐山一中，难道他后来就不会成为世界文化名人吗？在我看来，郭沫若到哪里都是郭沫若。不是说乐山一中的教育对他没有影响，但这种影响——说实话——远远没有我们想象的那么大。

无论人文巨匠还是科学泰斗，这些精英之所以出类拔萃，原因很复杂，

远不是“学校培养出来的”那么简单。在我看来，他们的成功除了其父母的遗传基因决定的优异天赋外，更重要的是良好的家庭教养，以及他们自己的刻苦勤奋。当然，社会条件也是他们成功的重要因素。这里的“社会条件”，包括所处的时代、所受的教育以及求学求职过程中所遇到的机会，也包括重要的事件和重要的人物。但无论如何，学校教育只是其中的一个因素——在我看来，连主要因素都谈不上。然而现在，几乎所有院士就读过的学校领导都爱说：“我们培养了谁谁谁！”或者说：“我们学校曾经培养了多少多少院士！”真让人不知说什么好。

19 世纪末 20 世纪初，中国废科举办新学，全国各地都涌现出一批新式学校。和现在相比，这些学校并不多，每个省有那么一所或者几所。这就意味着每个地区有条件读书的孩子只能集中于这些学校就读——用现在的话说，就是“生源好”嘛！一百年过去了，这些学校自然也成了百年老校，梳理校友后来的发展，结果发现其中不少人成了院士、科学家或各个领域的名人。于是，很多百年老校都“有资格”这样说：“我们学校培养了多少多少院士！”“我们学校培养了多少多少科学家！”

其实，正确的表述应该是：“多少多少院士在我们学校就读过。”

注意，我这里不是简单地否认学校在院士、名人、伟人成长过程中的作用，许多杰出的人物也经常回忆自己小学中学时代某一位老师对自己的教诲，表达出感恩之情。但学校对天才少年的所谓“培养”，主要是发现其天资，然后不压抑或者不过分压抑；如果遇到比较开明的校长或老师，便不干涉其爱好，不用一刀切的“纪律”去苛求他，任其自由发展。因势利导，顺其自然，天才便成了人杰。有人会说，这不就是培养吗？不对，如果是培养，为什么不多培养一些名人呢？百年之间，学生成千上万，为什么只“培养”了几个或几十个名人呢？不是还有那么多学生没有被“培养”出来吗？

原因很简单，因为更多的人不具备那份天赋。我们从小就知道一个常识：“外因是变化的条件，内因是变化的依据。”没那个“依据”，有再好的条件也没有用。鸡蛋（当然是经过受精的鸡蛋）加上一定的温度，便孵化成了小鸡，但如果是石头，无论怎样的温度，石头依然是石头而不会成为小鸡。所以我们从来不说“是温度培养了小鸡”。

人才是“生长”出来的，不是“培养”出来的。所谓“生长”，就是自己长出来。当然，“长”的过程需要土壤、阳光、空气和水，不然也“长”不出来的。学校教育以及其他促进人才生长的因素，便是为人才的生长提供合适的土壤、阳光、空气和水。要说学校教育对人才生长（不是“培养”）的重要性，就在这里。但前提必须是——我这话又说回去了——这个人得是“鸡蛋”而不是“石头”。

试问：孙中山是谁培养的？毛泽东是谁培养的？陶行知是谁培养的？莫言是谁培养的？钱梦龙是谁培养的？谁知道，拜托请告诉我。

名人不是学校培养的，优生呢？我认为也很难笼统地说“是学校培养的”。这里不能一概而论，我想从两个方面来说。一方面，如果这里的“优生”指的是高考上“一本”线以上的学生，那么老师的教育智慧和教学水平、学校的应试技能和训练还有良好的管理制度，等等，能够促使一大批本来也许上不了“一本”线的学生最后都考上了重点大学，这些学生换个学校也许就落榜。那么在这个意义上可以说，优生是学校培养的。

另一方面，如果这里的“优生”指的是出类拔萃的尖子生，比如各省的所谓“状元”，我认为尽管学校也不是没有一点作用，但主要还是学生自己的天赋与勤奋，对有的“状元”来说，还有家庭文化背景的因素（当然也不完全都是，但一般情况是这样）。学生的天赋越高，学习基础越扎实，对学校教育包括应试训练的依赖性就越小，这可以说是一条规律。从这个意义上说，也不好笼统地说：“我们学校今年培养了一个‘省状元’！”至于“状元”所在班的班主任和科任老师更不好意思说：“我培养了一个‘省状元’！”

从教三十年，我的班上后来参加高考的学生中，曾经有一位省级“文科状元”，但我很清楚这和我关系不大——人家天赋那么高，分到哪个学校哪个班都会成为“状元”的，所以，这么多年来，我无论在文章中，还是在著作中，或是在外面做报告，我从来没有提过。今天算是第一次“披露”——其实也不算披露，我有意连在哪个学校哪一届哪个班都没说，就是想淡化这个“状元”和我所谓“培养”的关系。尽管他后来也曾回校来看我，“感谢”我的“培养”，人家那是礼貌。

我估计，这篇文字会让一些重点中学的校长和老师不爽甚至愤怒，认为我抹杀了他们为国家培养并输送人才的丰功伟绩。那我想问这些校长和老师——

如果你们认为优生都是你们培养的，那么你们为什么要不惜血本也不择手段地搞什么“生源大战”？或者，如果釜底抽薪地去掉你们的“生源优势”，你们的学生还能所谓“成建制”地考上清华北大，那我就承认这些“优生”是你们培养的！

强调“名人”“优生”不是我们培养的，至少可以提醒我们更清醒地把握人才成长的规律，尽可能给他们更宽松的土壤。不是不可以对他们进行某些有针对性的教学，包括适当开设一些“精英教育”的课程，但我更强调给他们更多的“自由”——从某种意义上说，“不作为”就是“培养”。

其实，天赋极高的孩子和天资极差的孩子与学校教育的相关性都不大。一般来说，“优生”到哪里都是“优生”，“差生”到哪里都是“差生”——这里的“优”或“差”仅指学习能力和学习成绩。（当然，凡事都有例外和个别，如果有人举出一些特例说某某以前是差生但因为就读了某校就成了优生，我无话可说。）对“差生”，我主张不要在学业上苛求他们，学校对他们应该重在做人教育和生活技能培训，社会也应该为这类学生尽可能提供广阔的生存空间。

学校应该把更多的精力用于占学生总数绝大多数的中等资质孩子的教育。对于中等生来说，教育对他们的意义则相当重要——发现潜力，增强学力，拓展能力……让他们尽可能在原有的基础上得以提升，接近甚至在某种程度上进入优秀人才的行列，这是完全做得到的。

如果做到了这一点，学校才可以有底气问心无愧地说，这些“优生”是我们培养的！

把孩子放在心上

我也有一个梦想

我特别敬仰的陶行知先生说过一句话："先生之最大的快乐，就是创造出自己崇拜的学生！"我把这句话作为我的教育信念。让学生成为自己崇拜的人，这是我的梦想！

小时候，我曾梦想自己成为一个人格高尚、学识渊博、才华横溢、能力出众的人，但由于生长在"文革"时代，这一切都成为泡影。我有太多的遗憾：书读得不多，学问不高，修养不好，综合能力也不强……每当想起这些，我总是自卑而沮丧。但是，现在我是教师，所以我并不绝望，因为我可以通过我每天的工作，培养出一批又一批在各方面远远超过我的学生，我梦想我的学生都是值得我崇拜的出类拔萃的真正的人！

注意，所谓"值得我崇拜的出类拔萃的人"，并不一定是名声显赫的科学家、企业家、文学家或其他什么名人——当然也包括这些，但更多的是默默无闻的普通劳动者，正像多年以前我教过的一个学生程桦所说："任何一个有追求的劳动者，都可以成为普通岗位上的巨人！"

如果他们是科学家，他们会像杨振宁、邓稼先一样竭尽自己的才华，为中华民族的科技事业赢得世界声誉；如果他们是文学家，他们会以中国人民的欢欣和苦难作为自己创作的源泉，进而写出反映我们这个时代的真实的史诗；如果他们是国家公务员，他们绝不会以权谋私大搞腐败，而是时刻牵挂民间疾苦，把每一位受苦的劳动者都当作自己的亲人；如果他们是普通的商店服务员，他们会以自己的真诚善良，让每一个顾客感到春风扑面……

更重要的是，我希望我的每一个学生都是独一无二的最好的自己。在明丽的蓝天下，每个人都是一棵生机勃勃的树。我们生活的世界本身像一片森林，其中有的人是乔木，有的人是灌木；有的人是参天的白杨，有的人是婆娑的杨柳。我每一个学生将来所从事的职业肯定各不相同，但有一点我希望相同，他们都是自己所在行业的佼佼者。问题不在于做什么，而在于要成为最好的——

也许不是最美丽的，但可以最可爱；也许不是最聪明的，但可以最勤奋，也许不会最富有，但可以最充实；也许不会最顺利，但可以最乐观……因此，若是工人，就要当技术最出色的工人；若是营业员，就要当服务质量最佳的营业员；若是医生，就要当医术最高明的医生；若是教师，就要当最负责任的教师；甚至哪怕只是在街头摆了一个小摊经营杂货，也要当最受顾客赞道的劳动者！也许不能成名成家，不能名垂青史，但可以成为同行业中千千万万普通人里最好的那一个！

最后，我还要说，我崇拜的学生，无论从事什么职业，他们首先是共和国的现代公民，而不是现代顺民更不是奴才。他们具有民主、自由、博爱、平等、宽容等现代意识，并把这一些意识体现于生活的每一个细节。除了崇拜真理，他们不迷信任何权威；除了遵守法律和服从自己的良心，他们不屈从于任何强权的意志。作为普通公民，他们时刻关心着国家的命运，并用自己每一天的努力，推动着中国的进步。

由这样的公民构成的民族，必然迎来高度民主、高度文明和高度繁荣的现代中国！

在今天这个普通的日子，我写下我的梦想，也写下我对我的每一个学生的深深的期待。

我还能够走多远

最近接待了几批前来我校指导工作的领导或前来参观的客人。座谈中，他们总要问我为什么要来这个学校当校长，并希望我谈谈自己当校长以来的感受。有人还问我“能够走多远”。为此，我总给他们如下回答。

最近我在课堂上，看到孩子们被我逗得哈哈大笑，脸上绽放出特别天

真烂漫的笑容，总是很开心，那一刻我甚至觉得我很高尚，有一种发自内心的自豪感，因为我做了一件非常有意义的事，这就是让每一个处于弱势的孩子能够在精神上自豪而幸福起来！要知道，这些孩子大多是附近失地农民的孩子，还有许多是进城务工人员的孩子。他们的爸爸妈妈文化程度都比较低，家庭文化教养也不高。他们的许多同龄人，因为父母有能耐，都择校去市区“名校”就读。他们可能曾经眼馋那些去读名校的同龄人，因此也自卑。但是，在我的课堂上，包括在我校许多老师的课堂上，他们至少感到了骄傲，感到在武侯实验中学也能够获得同样的快乐，我就有了一种成就感，和我刚才所说的“自豪感”。

我曾经不止一次对我校老师说，我们是初中，我学校所处的区域决定了我们的生源不可能如市区学校那样整齐优秀。尽管我们学校也有不少有天赋的孩子，但总体上说，我们所面对的孩子相当多的是学习基础较弱，行为习惯欠佳，家庭教育也不是太好的孩子。教这样的孩子，可能有的老师会感到自卑，觉得自己不如城里的老师那么有成就感。可我要说，正因为我们教这群孩子，所以我们是非常光荣的。我们让这个社会的边缘弱势孩子感到了快乐，我们为他们和他们的爸爸妈妈在从农民到市民的文明进程中获得了更多的教养。这就是“平民教育”，这就是“民主教育”！在面对绝大多数普通劳动者的孩子进行民主素养提升的意义上，“平民教育”和“民主教育”是相通的。小时候，我听广播里经常播放一首歌《我们走在大路上》，里面有这样两句：“我们献身这壮丽的事业，无限幸福无限荣光！”每当我看到我的学生脸上绽放天真无邪的笑容时，我就会想到这两句歌词。我感到四十多年前的这两句歌词，就是为我现在的心情写的。

本来我似乎是可以不来这里带这群孩子的。2006 年夏天，北京、上海、苏州、珠海等地都给我发出邀请，希望我去做校长，或新建一所学校办学，但我执意要留在成都。我留在成都，当时的市教育局杨伟局长希望把我安排在重点名校任职，但我主动要求去农村中学任教。我之所以拒绝东部发达地区的邀请而留在成都，不是因为所谓“高尚”，而是因为第一，我母亲年迈多病，我不可能带着她到处奔波；第二，成都的火锅实在太诱人，我无法舍弃四川的麻辣烫。所以，我留在了成都。我之所以主动要求去城郊学校，是因为我不想重复自己走过的路。从 1982 年 2 月参加工作开始，我就一直在重点中学和全国名校工作，我想换一种口味做教育。其实，2003年我还在市教科所工作的时候，我就给杨伟局长写信要求去成都远郊的邛崃、大邑等地教书，甚至到成都以外的甘孜、阿坝等少数民族地区工作，我都愿意——当然前提是退休之前必须调回成都。我就是想找一个山清水秀而又远离闹市更远离“应试教育”的地方安安静静地教书。

这个想法，是我在读博期间形成的。当时，我读陶行知、晏阳初等人的著作，就想，20世纪前半叶，真正有理想有作为的教育家，几乎都是在中国的乡村做出一番事业的，如陶行知、晏阳初、梁漱溟等人。北京产生了政治家、文学家、科学家，上海产生了实业家、金融家、艺术家，但这些大都市却没有诞生真正的教育家。教育的胸襟要接纳所有的边缘人群，教育的目光要投向所有应该得到关注的孩子，这与其说是一种使命，不如说是一种良知。

是的，的确是“良知”。最近，我越来越认为，对于教育来说，最最重要的，不是“前沿理论”，不是“科学理念”，也不是什么“国际视野”，或这样那样的“先进模式”，而是良知，是人性，是博爱，是教育者应有的人道主义情怀！当年陶行知无情抨击中国旧教育是“走错了路”，因为这种教育教学生看不起工人农民，甚至最后欺压工人农民，去发工人农民的财，榨工人农民的血汗，陶行知把这种教育称为“吃人的教育”。他明确地说：“有人误会以为我们要在这里造就一些人出来升官发财，跨在他人之上。这是不对的。我们的孩子都从老百姓中来，他们还是要回到老百姓中去，以他们所学的东西贡献给老百姓。”陶行知先生这样想这样做，我看首先不是源于他的什么理论，而是源于他那颗真心诚意为老百姓服务的赤诚良心！可将近一个世纪过去了，我们现在的教育却还在教我们的孩子“出人头地”做“人上人”，一些学校不择手段去挖别人的“优生”，热衷于只培养少数“精英”，为“培养”了一个“北大生”“清华生”而奔走相告，大肆炒作，却忽略了学校绝大多数普通学生的尊严与发展……学校越来越功利，校长越来越势利，这是中国教育的倒退，是中国教育人的堕落！

我要特别声明的是，我决不反对学校培养未来的科学家、企业家、文学家、艺术家甚至政治家，一个国家如果没有相当数量的各行业各领域的天才人物，其前途令人担忧，学校培养“精英人才”一点错都没有。担负

培养这样人才的学校和老师也非常光荣自豪，能够为国家民族培养大科学家、大学问家、大政治家，也是为中华民族做贡献。像我所熟悉的北京十一学校、北京人大附中、上海建平中学，还包括我曾经任教过的成都石室中学，这些学校的地位，决定了他们的培养目标必须是高层次的杰出人才，否则就是失职。如果本来可以成为民族精英国家栋梁，最后经过教育者的“教育”却成为平庸之才，这也是我们的教育良知所不能接受的。问题是，所谓“相当数量”和全体学生相比，依然是少数，一个国家的发展同样需要数以亿万计的普通劳动者，培养这样的劳动者依然是学校的使命和光荣。总得有人去培养普通劳动者，总得有人去关注农民子弟、农民工子弟的成长，去教育这样的孩子，去陪伴他们成长。能够想到这点，就是良知。能够做到这点，就是光荣。而我和我的同事们，现在每天都在做这件光荣的事。所以——我再次说，我很自豪。

说实话，一个人能够成为科学家，学校教育当然很重要，但并不全是学校老师的功劳，更多的还取决于学生的家庭教育背景，更有孩子从父母那里继承的遗传基因，也就是他的天赋。从这个意义上说，能够把天才儿童送进清华北大，并没有传说或炒作的那么了不起。相反，像我们这样的学校，我们这样的学生，我们这样的老师，也能够提升教育质量，也能够将孩子的潜能唤醒，让尽可能多的孩子也能够成为优秀的学生，这就我们的本事，也就是我一再所说的“光荣”和“自豪”！

我所追求的“民主教育”既是理想，也是行动。在这里，“民主”首先是一种生活方式，其核心是对每一个人的尊重。那么，这个理想体现在课堂，就是我们经常所说的让每一个孩子参与，让他们动起来，当每个孩子都动起来后，他们就会感到一种精神的自信与尊严，自然也会感到学习的快乐。从某种意义上说，所谓“民主教育”必须体现于教育公正，而“教育公正”更多的是在课堂对每个孩子的关注、信任、唤醒、引领与提升！如果我们的课堂上只有少数几个“优生”发言，那么无论多么热闹，都谈不上民主与公正。只有让每一个孩子的脸上都绽放出笑容，让每一双眼睛都闪烁着求知的光芒，我们的“平民教育”才算是真正落到了实处。这也就是我们目前为什么要搞课堂改革的原因，也是我们把学校“以学生为主人”的课堂称作“民主课堂”的原因。也是为了让尽可能多的孩子能够学有所得并学有所乐，我们正在思考课程改革，初步考虑将课程分为四大类：文化基础类（现有国家规定课程不动）、生活技能类（结合学生生活需要的各类技能型课程）、公民教育类（包括礼仪教育、责任教育、权利与义务的教育等）、艺体特长类（包括各种艺体兴趣的社团活动）。通过课程改革，让孩子享受真正的素质教育。当然，这只是我的理想，也许最后只有百分之一的理想能够成为现实，我也愿意付出百分之百的努力。

何况我并不是一个人在战斗。虽然我在几年前曾经说过我在思想上很孤独，但这主要是指教育理想的孤独，而现在认同我的教育理想并愿意和我一起行走的志同道合者越来越多了。在我们学校，我不敢说 170 多位老师每一个人都和我在精神上契合，但有一大批老师愿意和我一起追梦，这是事实。我校有许多经常让我感动的老师，这更是事实。我特别想说的是，和我搭档的书记，越来越理解并认同我的教育理念，并在行动上给我以实实在在的支持，让我不再孤独。在有些学校，书记不过是个“退居二线”的象征性“正校级”干部，是比较轻松的。但我们的何书记，现在几乎承担了学校所有具体的管理实务，以自己的勤勉敬业和我一起带领老师们推动学校发展。现在别人一提起“成都武侯实验中学”，往往会想到“李镇西”，而其实在我的背后，何书记做得比我多。光环和荣耀我一个人得了，而何书记除了辛苦什么也没有。这是何书记经常让我感动的地方。

我是作为武侯区教育局引进的专家来做校长的，区委区政府和教育行政部门也常常把我作为“教育家办学”的案例来关注和研究。我真不认为我是什么“教育家”，但我承认我有教育理想和一些教育想法——只能说是想法，不敢说是什么思想。如果要说几年来区教育局对我的支持，我想说这么几点：第一，宽容个性。从教 29 年以来，围绕我的争议从没中断过。这是因为我本身就有不少毛病，再加上表达思想观点从来直截了当，容易得罪人；我的许多想法和做法比较超前，容易引起不同的看法。但武侯区教育局能够宽容我的个性，包括容忍我的缺点，接受我的表达方式。我是这样想的，一个有想法的人必然有些个性，如果扼杀了个性也就扼杀了想法。所以，对所有教育行政管理部门，我希望他们——我甚至呼吁他们，一定要像武侯区教育局宽容我一样，宽容所有富有个性的教育者！第二，配好搭档。当初雷局长邀请我到武侯区做校长时，我坦率地对他说，我只

有教育想法，却没有管理学校的经验，因为在那之前我一天校长都没当过，也没做过中层干部。我希望区教育局能够给我配备一个具有丰富管理经验的搭档，管理学校具体事务。雷局长正是这么做的。因为我不是党员，学校自然需要一个专职书记，于是他先后给我配备了张书记和何书记。无论是原来的张书记还是现在的何书记，他们对我都非常尊重，把他们所有的智慧都贡献给了我，协助我管理学校。这样，我便不至于陷于烦琐的学校具体事务。他们不但贡献智慧，还贡献时间和精力：我不想吃的饭局，他们去帮我吃；我不想开的会，他们帮我去开。我感谢两位书记，更感谢教育局的知人善任，用人长处。第三，减负松绑。现在校长各方面压力都很大，这些压力既有校内的，也有社会的，还有来自教育局的。我不能说自己一点压力都没有，但相比起其他校长，压力要相对轻一些。当然，一个学校要办好，必要的压力应该有，但那是主动的压力，而我这里说的是被动的压力。学校当然要讲教学质量，包括升学质量，但雷局长却多次给我“松绑”，他理解我校的区域位置和生源特点，要我看到孩子综合素质的提升。对于学校发展需要的经费，包括校园文化建设需要的经费，教育局总是尽可能满足。比如那年我对教育局提出，我想在校园里建立陶行知的雕像和苏霍姆林斯基的雕像，教育局爽快地答应了，马上拨款。上个月教育局开校长会，却通知何书记去参加，因为会议的内容是食堂管理和安全工作。我一下很感动——教育局领导太理解我体谅我了！对于一个有想法的教育者，如果手脚被束缚了，那什么都做不成！第四，支持改革。教育局领导非常理解我，我不是要“当校长”，而是要做事。对我来说，当校长是手段，做事才是目的。所以我是带着想法来做校长的，这个想法，就是改革，就是突破，就是创新。如果只图平平安安舒舒服服，那谁来做校长都可以的，我没必要凑这个热闹。既然我要做校长，必然有一些动作：新教育实验、平民教育、民主教育、提升教师、课堂改革……迄今为止，我所提的改革想法，教育局领导不但没有否定过，而且都给以强力支持，包括政策上的有力支撑。所谓“支持”还包括当我的一些做法引起争议甚至非议的时候，教育局领导旗帜鲜明地力挺我，帮我承担压力，或者向上一级领导做一些必要的解释说明。

当然，我也知道，别人会说我“运气好”，遇到武侯区的开明领导了。

是的，的确如此。如果换一个地方，我不一定能够得到这样的支持。所以我要说，政府、教育局对校长的支持，不应该是个人的“恩典”，而应该有制度的保证。这样，我所得到的支持不会因具体领导的离任而失去；更重要的是，只有制度才能够保证一切有想法的校长，都能得到和我一样的支持！

做了校长，说话做事自然得考虑“影响”，毕竟我现在是“代表学校形象”，有时候我说的话并不是代表我自己，所以作为校长有时候免不了会说一些不想说的话，甚至做一些不想做的事——但我会把这种情况减少到最低程度。相反，我总是尽量提醒自己不要做了校长就被“行政化”或者说“官员化”了，不要忘记自己作为教师的本色，不要失去书生本色，更不要放弃民间立场和作为知识分子的风骨。当初来做校长时，我写过一篇短文，高调宣扬自己的教育梦想，结尾说，我想通过自己的探索，给人们一个展示，一个教育理想主义者在现行体制下究竟能够走多远。现在五年过去了，宏观上我依然悲观，可我依然理想不灭，我依然还在路上追逐。我的信心显然比当初更足了——尽管我不会对未来抱什么不切实际的奢望，但我肯定能够走得比我当初想象的要远。

办适合每一个孩子的教育

一、从“人民满意”到“孩子满意”

通常政府给学校提出的要求是：“办人民满意的教育！”于是大家都这样说，好多学校还把这句话写在墙上。

可是，我一直对这话有些疑惑：谁是“人民”呢？

我这个朴素问题其实很深刻（自我表扬一下，呵呵），几十年来，我们在讲话中，在文章中，在各种场合中无数次使用过“人民”这个词，但这

个词太抽象，似乎包括了很多很多人，可似乎谁都没有包括。

既然不好说，那“办人民满意的教育”究竟是要让谁满意呢？

实际上，我们平时在说这句话的时候，心里想的“人民”多半是两类人，一是各级领导，二是学生家长。这样一来，所谓“办人民满意的教育”就成了“办领导和家长满意的教育”。

教育让领导和家长满意一点错都没有——难道我们的教育要让领导和家长不满意吗？对此，不用多说。我想说的是，我们的教育除了让领导和家长满意之外，还有一个群体被我们遗忘了，那就是我们的学生！我们为什么把孩子排除在了满意对象之外呢？是呀，我们每天都在面对孩子上课，可他们是否满意，却不在我们的考虑范围之内。我们喊了那么多年的“一切为了学生”“为了一切学生”“为了学生的一切”，可是思考办学目标时，眼睛里却只盯着领导和家长，而把孩子忘记了。

所以我觉得，是不是“办孩子满意的教育”要好一些？

当然要好一些，好就好在这样的理念目中有人——学生。我们教育的出发点和落脚点，都应该在孩子身上——他们现在成长的快乐，他们今后生活的幸福……这些都取决于我们每一天的教育。

二、从“孩子满意”到“适合每一个孩子”

但是，我琢磨了一下，感觉这句话还不能让我满意。因为很难或者说几乎不可能有一种教育，能够同时让所有孩子满意。凡是教过书的人都知道，面对五六十个学生，一堂课只能照顾大多数，那么，“前面”的少数和“后面”的少数显然就不会满意的。再有，根据多元智能，每一个人的智力都属于不同的类型，或者说，不同的人会有不同的智能组合。可现在，我们对所有不同智能的人都开一门课，提出同一个学习目标。这样一来，所谓“办让孩子满意的教育”也成了一句美丽的空话，“看上去很美”而已。

怎样才能真正让孩子满意呢？

我认为，只有适合于每一个孩子的教育，才能让每一个孩子满意。因此，我们提出“办适合每一个孩子的教育”！

问题又出来了:怎么才算是“适合每一个孩子”呢？“适合每一个孩子”

的什么呢?

这当然是一个有相当深度和广度的科研课题，如果交给博导或教授们，足以写成洋洋大观的宏文巨著。我只是一个中学教师，显然不具备高瞻远瞩的战略眼光，也不具备学贯中西的理论素养。但正因为我是一名基层的中学教师，我同样可以朴素地说:正视并尊重孩子之间的差距和差别，符合每一个孩子特点的教育，就是好教育。

必须先承认一个客观事实，那就是人与人之间是有差距和差别的。差距，指的是在同一领域不同的人所呈现出的不同接受能力和通过同等的努力所获得的不同效果。比如，同样是学英语，大家都很努力，但有人事半功倍，有人则事倍功半，这是因为人与人之间在语言学习或者说接受能力上是有差距的。差别，指的是不同人在不同的领域所呈现出的不同智慧或者说天赋。比如，有人学数学很吃力，但作文却特别好;有人则相反，学数学很轻松，而一写作文便痛苦不堪。著名的多元智能理论对此有相当令人信服的解释，这里不再赘述。

所谓“每一个孩子的特点”，通俗地说，就是每一个孩子精神上的独特之处。

三、让每一个孩子成为他自己

我所敬仰的苏霍姆林斯基有一句话经常在我耳边回荡，并震撼着我的心灵:“共产主义教育的英明和真正的人道精神就在于:要在每一个人（毫无例外地是每一个人）的身上发现他那独一无二的创造性劳动的源泉，帮助每一个人打开眼界看到自己，使他看见、理解和感觉到自己身上的人类自豪感的火花，从而成为一个精神上坚强的人，成为维护自己尊严的不可战胜的战士。……人的充分的表现，这既是社会的幸福，也是个人的幸福。”前几年，我偶然读到了法国现任总统萨科齐在2007年秋天写给全法教师的一封信，信中有这样几句话:“教育就是试图调和两种相反的运动，一是帮助每个儿童找到自己的路;一是促进每个儿童走上人们所相信的真、善、美之路。”

无论是苏霍姆林斯基所说的“帮助每一个人打开眼界看到自己”，还是萨科齐所说的“帮助每个儿童找到自己的路”，都是一个意思：教育必须针对每一个独一无二的孩子，并满足他“自己”无与伦比的精神世界——性格、志向、兴趣、智慧、能力……这方方面面的独特性，都是我们教育者应该也必须关注并满足的。其中任何一个方面，都可能成为“这一个”孩子的精神制高点，成为他一生的自豪所在，“成为维护自己尊严的不可战胜的战士”！

中国人有一句老话：“三岁看老。”但以我近30年教育实践的感受，真还不能简单地以孩子在校时的成绩判断其未来是否“有出息”。每次毕业多年的学生聚会，我总是感慨，当年在班上总有一些孩子属于尖子生，还有一些孩子是中等生，也有一些孩子是学习困难学生；老师虽然嘴上没明说，但心里其实都有“谱”：哪些是聪明的孩子，哪些是笨孩子……可现在，这些“定位”统统消失了！个个都那么聪明机灵，而且在各自的领域都有出息。包括一些当年成绩不好的孩子，有的成了房地产老总，有的成了大酒店的厨师，有的成了汽修店的小老板，有的成了保险公司的营业员，有的成了电脑维修员……虽然我尽可能地爱每一个孩子，而且我尽量营造一个良好的班风，让孩子们在我的班里尽可能体会到快乐，但是，说实话，对一些孩子来说，这种快乐是有限的。因为应试教育的大背景，因为“唯分数”的评价标准和方式，这些孩子当年在课堂上大多是自卑的，这种自卑实际上抑制了他们自身独有天赋的充分发展，因而他们并没有充分享受成长的快乐，更没有充分体验“人”的尊严。

四、不过是“因材施教”的白话表述

“办适合每一个孩子的教育”，这句朴素的话蕴含着我一直崇尚的“平民教育”价值、“民主教育”精神、“新教育实验”思想和“科学质量观”内涵——

“平民教育”是一种平和朴素的教育，实事求是的教育，从容不迫的教育，是为每一个孩子终身负责任的教育，是陶行知所倡导的“真教育”。“民主教育”坚信，每一个人都有着无可估量的潜能，每一个人不分种族、肤色、性别、家庭背景、经济水平，其天性中都蕴含着发展的无限可能性。

“新教育实验”者认为，教育的使命在于塑造美好的人性，进而建设美好的社会；人的完整性首先是建立在善的基础之上的；人应该是完整的，包括他自己个性的完整性；让人成为他自己，一个完整的自己，这才是教育的最高境界。“科学质量观”追求可持续的质量，既要重视学习成绩，也要重视人格塑造、能力培养和全面素质的提高；追求整体的质量：面向每一个孩子，着眼于每一个学生在原有基础上最好的发展；追求和谐的质量，学生的德智体美劳各方面不一定是均衡发展，但一定要协调发展；追求方法、过程与结果相统一的质量，方法科学，过程快乐，结果理想，让孩子现在就享受幸福。

有必要消除一个可能的误解。“办适合每一个孩子的教育”并非只是对“差生”的教育，绝不是排斥对杰出人才的培养。既然是“适合每一个孩子的教育”，理所当然地包括了对“超常儿童”的培养，正因为要“适合每一个”，所以我们应该理直气壮地培养学业优秀的学生，因此我们丝毫不会放松对教学质量的追求。如果一个学校只有少数中考或高考“状元”支撑所谓“质量”，当然不能算是这个学校教育成功；但如果一个学校不能培养出一大批能够考入重点高中或名牌大学的学生，也是学校教育的失败。我们并不反对“高分学生”，只是反对只盯着“高分学生”而无视其他孩子的教育！

“办适合每一个孩子的教育”，并非我的原创，甚至也不是当代任何一位教育家的首倡，它不过是两千多年前孔夫子“因材施教”的白话表述而已。“因材施教”在私塾时代也许容易实现，但随着现代学校的建立并实行班级授课制后，所谓“因材施教”就成了挂在嘴边写在纸上的口号，原因就是“一刀切”的教育，将不同个性的学生捆绑在一起齐步走，这样一来，搞“因材施教”几乎没有了空间与可能。

五、现在，追梦的时候到了

现在我们要真正落实“因材施教”，至少必须在课程、教法和评价上有所突破，大胆创新。以我校为例，我初步考虑进行这样的尝试——

首先从课程入手，在保证国家意志（主要是指完成九年义务教育）的

前提下，针对不同学生的个性，开设不同的课程，让每一个孩子学有所乐，学有所得。比如，可不可以建立公共课程（国家规定的基础课程）和选修课程（学校根据学生兴趣与爱好开设的课）相结合的课程体系？我还设想，这个体系的课程可分为四大类。

第一，文化基础类。保持现有的国家规定课程不变，以保证学生九年义务教育的完成，但严格按照国家规定设定每门课的课时（因为现在事实上为了应试，不少学校几乎所有课都加了周课时），以腾出时间实施其他课程。

第二，生活技能类。结合学生生活需要的各类技能型课程，如烹饪、理发、服装设计、礼仪接待等等。学生文化基础差异很大，如果一刀切地考重点高中，显然会让相当一部分学生成为失败者，因此，根据他们的特点，并结合将来的生活需要，有针对性地开设一些生活技能类的选修课，在此基础上，初中毕业前夕甚至可以开办一些职高衔接班，这体现了真正的“因材施教”。

第三，公民教育类。国家新课程培养目标提出了培养合格公民的时代要求，要求学生“具有社会主义民主法制意识，遵守国家法律和社会公德；逐步形成正确的世界观、人生观、价值观；具有社会责任感，努力为人民服务；具有初步的创新精神、实践能力、科学和人文素养以及环境意识”。我们可以通过一系列校内外实践活动，对学生进行包括理解民主的意义、增长公民知识、形成公民技能和养成公民品质、成为负责任的新公民等等的教育。

第四，艺体特长类。培养学生的艺体特长，开办一些相应的艺体课程（包括各种艺体兴趣的社团活动），力争使每一个孩子都至少拥有一门艺术爱好，并同时掌握一项健身技能，让学生成为身心健康、情趣高雅的新市民。

以上四类课程，着眼于并充分体现了学生德智体美劳综合素质的提升，但又打破了“德智体美劳”的机械划分，课程之间彼此交叉互相补充——很难说哪一门具体的课程究竟属于德育、智育还是体育、美育或劳动技术教育，应该说，我们的教育理想与学生的发展目标都在其中了。

配合课程改革，我还设想，能否尝试大胆改革现有的班级模式、教学方式和授课时间，以保证课程改革的成效？

班级模式改革：第一，拟采用大班和小班相结合的灵活的班级模式，以满足必修课与选修课的开设，即国家课程采用现有的班级教学，而选修课则跟学生自愿而分为不同的小班教学。第二，到了一定的年级，在学生及其家长自愿的基础上，根据不同学生的个性特点，编制不同类型的特色班，以满足不同学生的发展需要，更好地实施“适合每一个孩子的教育”。第三，大胆尝试，逐步过渡为“走班制”上课，充分调动师生的积极性。

教学方式改革：拟继续深入进行“民主课堂”（即充满民主教育精神、维护每一个孩子尊严的课堂）的探索。关键是变革课堂教学中的师生关系，一切教学活动都着眼于帮助学生学习。变教师教的过程为学生学的过程。结合我校实际，深入进行导学稿加小组合作的课堂教学模式。

授课时间改革：根据不同内容的课程，采用长短课的方式，将各类课的教学时间予以协调整合。

与课程改革和教学改革相配套，必须要有相应的评价改革。这又分为校内评价改革与校外评价改革。

校内评价改革：对学生的评价，我们希望将定性（成长记录袋）与定量（考试分数）相结合，技能测试与学分累加相结合，学业水平考核与综合素质评估相结合。对教师的评价，我们准备探索更加科学（既符合一般教育原则又符合具体的教学实际）且便于操作（忌烦琐）的教育教学评价模式。

校外评价改革：所谓“校外评价”包括教育行政主管部门与社会各界对学校的评价，但主要是前者。我们希望上级教育行政部门能够建立体现素质教育思想与科学质量观的全面评价体系，根据我校的特点与特色进行科学评价。

以上设想目前虽然仅仅是纸上谈兵，但并非空中楼阁。我曾经对朋友说过我的这些愿望，他说在现行教育体制下，这几乎是梦想。我笑了笑，没有反驳。但我想到了多年前我一篇文章中的几句话：“按某些世俗的观点，我至今书生气十足，不能算一个‘成熟’的教育者。但有一点我很自豪，那就是我至今还真诚地怀揣着我心中的教育理想，而且‘居然’还想一点一滴把这理想付诸现实。有人说我的理想不过是‘梦想’，但我要说，对于

教育者来说，有梦想和没梦想是不一样的，精神状态不一样，行动方式也不一样。我当然知道，我的理想（梦想）也许只能有百分之一成为现实，即使如此，我也愿意倾尽全力付出百分之百的努力！”现在，是追梦的时候了！

六、为各类“实验班”正名

写到这里，我必须为“实验班”正名。多年来，“不许以各种名义编‘实验班’”已经是上级教育行政部门的“铁律”了。只要媒体曝光，凡是编实验班的学校校长无一例外都要被“严肃处理”。因此，根据学生不同的特点而编各种“实验班”成了绝对不能碰的高压线。我理解上级教育行政部门如此三令五申的初衷，因为的确有太多（或者几乎都是）的学校打着“因材施教”的幌子，以“实验班”的名义简单按分数高低将学生分成三六九等，实质上是在冠冕堂皇地变相歧视甚至放弃“后进生”。但我要理直气壮地说，正如不能因为有“地沟油”就不许经营任何食油一样，我们也不能因为有人玷污因材施教的声誉，就放弃了真正的因材施教。按学生的个性，将学生组合为不同特色的“实验班”，真正让教育适合于每一个孩子，让所有孩子都学有所乐，学有所得，这有什么不好呢？“一刀切”“一锅煮”的

与青春同行，让我永远年轻

教育绝不是教育公平，而因材施教才真正把教育公平落到了实处。

每一个孩子是否满意，当然不是检验教育是否成功的唯一标准，但绝对是最重要的标准之一。只有每一个孩子满意了，各级领导和学生家长才会真正满意。因此，从这个意义上说，“办适合每一个孩子满意的教育”，同“办人民满意的教育”，一点都不矛盾。我越来越认为，做教育首先是做良知。每人只有一次生命，孩子只有一次青春，如果我们的教育没有让孩子生命更加活泼，青春更加绚丽，我们寝食难安，心受煎熬。对于教育者来说，满足孩子的个性发展，帮助每个孩子找到自己，成为最好的自己，是最大的功德；办适合每一个孩子的教育，让他们享受成长的快乐，是最大的良知。

把孩子放在心上

什么是好教育？这个问题如果让一些专家回答，他们可能引经据典，滔滔不绝，从这个理念谈到那个原则，还会有许多“性”。但我愿意用一句朴素的话表达我对好教育的理解——

所谓好教育，就是把孩子放在心上的教育。

我这样说当然是有针对性的。我们现在有的教育，是把领导放在心上，时时想的是领导是否满意；是把文件放在心上，教育的出发点是教育行政部门的“指示精神”；是把检查团放在心上，学校的工作重点是迎接各种各样的“验收”“检查”；是把时髦理论放在心上，思考教育是从抽象的原则、理念出发……如此种种，唯独没有或者很少想到我们每天面对的孩子——尽管现在“一切为了孩子，为了一切孩子，为了孩子的一切”的口号喊得比任何时候都响亮。

把孩子放在心上，就是怀着一颗童心和爱心，理解孩子，尊重孩子，为他们提供他们需要的服务，为他们现在的快乐和将来的幸福付出我们的

情感和智慧。注意，这里的“孩子”是指学校每一个孩子，而不是指部分成绩好的所谓“优生”。因此，如果要准确地表述，应该是把每一个孩子放在心上。

说说我们学校为此做的两件大事——

我们学校原来是农村学校，随着成都城市化进程的加快，现在地处城郊接合部，官方文件对我校的称谓是“涉农学校”。我校 88% 的学生都是失地农民的孩子和进城务工人员的孩子。生源复杂，成分斑驳。既有天赋很高，成绩特别好的孩子，也有天资平平，成绩比较差的孩子。如果仅仅要抓升学率，我们只需把主要精力用于那些“尖子生”就可以了。但是当我们看到课堂上还有孩子睡觉，听到有孩子中途辍学打工去了，我们的良知就不安。如果我们只把成绩好的孩子放在了心上，而冷落了其他孩子，这是典型的教育不公。于是，我们根据孩子们的意愿，开设了不同层次的特色班，开设了几十门选修课，让每一个孩子都能选择自己喜欢的课，以发展兴趣，培养特长。到了初三，我们对成绩优秀的学生强化升学训练，鼓励他们冲刺重点高中；同时我们有针对性地对部分学生进行职业规划和相关专业培训，让他们以积极主动的态度升入职高。“把孩子放在心上”，对学校来说，不应该只是一句动听的口号，而应该体现于课程设置，让每一个孩子在初中最后一刻，都有奔头。

我校孩子中午都在学校吃午饭，三千多人的伙食真不好办。有一段时间，不断有学生向我反映食堂饭菜不合口味，也有家长给我电话说孩子在学校吃不好。于是，我找学校有关部门商量对策。有老师说，三千多人的食堂无论如何不比家里面，大锅菜怎么炒也赶不上小灶，何况众口难调啊！这的确是事实。但孩子们连饭都吃不好，我们大谈学校发展有什么意义？因为人太多，食堂无法一次性容纳三千多人，我们很长一段时间都是由工人师傅把配好的饭菜送到每个班的教室，后来略加改进，让学生们直接到窗口领取统一配好的一荤两素一汤餐盘。学生提出，可不可以饭菜多样化？我想从理论上讲当然可以，但实际上操作起来相当难，难就难在还是人太多。但是，我对后勤部门说：“无论多么难，只要把孩子放在心上，我们就想办法克服困难去做！”于是，从这学期开始，不再统一配餐，而是让孩子们凭饭卡刷卡到窗口自己选择买饭菜。后勤的职工仅仅是为了给每一个孩子的卡上充费，就熬了两个通宵！为了让食堂座位能够“周转”，我们甚至调整了每个年级的上课时间，三个年级之间错开半个小时，这样避免食堂午餐过分拥挤。这一切，给学校工作带来多大的“麻烦”啊！但换来的是孩子们满意的午饭，值！

上面说的是课程设置和食堂改进，算是大事。那么，再说我亲历的一件很小很小的事——

几天前（2012 年 3 月 29 日），成都市教育局和武侯区教育局的同志陪着《中小学管理》杂志社的编辑曾国华来我校采访我。

我正在办公室和曾国华老师聊的时候，我看到门外有个女孩把头往里面张望，还有两个同学陪着她。她们看见我正忙着，就把脑袋往后缩，准备离去。我赶紧叫住她们：“小朋友，是找我有什么事吗？”

我一直把我们学校的孩子叫“小朋友”。

那女孩赶紧摆摆手，并准备走。我干脆起身走到门口：“没事，你说。”

原来她妈妈生日快到了，她希望我给她妈妈写几句祝福的话。我说：“你真有孝心！好，我写。进来吧！”

她和她的同学跟我走进办公室。她环顾了一下办公室，怯生生地看着满屋子的领导。

我拿起笔，然后问：“你叫什么名字呢？”

她回答：“杨苓。”

于是，我在她的本子上写道——

杨苓的妈妈：

你有一个好女儿，因为她很孝顺，她请我为你写几句话。我祝福你和你女儿身体健康、生活幸福。我坚信，你的女儿一定会给你带来幸福的！

李镇西

2012 年 3 月 29 日

她们高高兴兴地走了。

我继续和记者交流。市教育局的张艳说：“以前我们读中学的时候，特别怕校长。没想到李校长和学生这么亲密。”曾国华老师也说：“如果换一个校长，也许会对同学说，对不起，现在我正忙着，有什么事过一会儿再说。”

我说：“不对，对我来说，当学生来找你的时候，学生就最重要。所谓‘把孩子放在心上’，不是一句空话。”

的确不是也不应该是一句空话。经常收到一些教育会议或教育活动通知，往往这样开头：“为了进一步贯彻落实教育部最近颁布的什么什么文件精神”，或者是“××× 最近在教育工作会议上指出……”，我看后觉得很好笑：难道教育部门不发文件，××× 不发表讲话，我们就不做教育吗？我们做教育难道是为了“上面”吗？我曾经说过，说起办学，我们往往容易想到“理念”“模式”“规模”“国际化”等宏大概念，唯独忽略了每个在校园里笑眯眯地给你打招呼的孩子。只有把这些一个一个具体的孩子放在心上，我们的教育才是真教育，才有价值。

朝向完美，走向幸福

——我理解并实践的完美教室

新教育实验的发起者朱永新老师说——

“缔造完美教室”，就是在新教育生命叙事和道德人格发展理论的指导下，利用新教育儿童课程的丰富营养，晨诵，午读，暮省，并以理想课堂的三重境界为所有学科的追求目标，师生共同书写一间教室的成长故事，形成有自己个性特质的教室文化。

新教育实验的榜样教师常丽华老师说——

教室是我们的愿景，是我们想要到达的地方，是决定每一个生命故事

平庸还是精彩的舞台，是我们共同穿越的所有课程的总和，它包含了我们论及教育时所能想到的一切。

我说——

“完美教室”之“教室”，显然已经不同于我们一般所说的物理意义上的教室了。“教室”，在这里是一种借代，代指班级，或者说是一种象征，象征着一群人共同生活的一段历程。缔造完美教室，强调的是一种班级文化的建设，一种集体精神的滋养。这样的环境里，每一面墙壁，每一张课桌，每一把椅子，每一个物件，都打上了浓浓的主观性——表达着高远的追求，洋溢着高雅的气质，蕴含着高尚的灵魂，彰显着鲜活的生命。

全面地阐述完美教室的元素，我们可以罗列出诸如“自创的班级文化”“自订的班级制度”“自生的班级课程”“丰富的经典书籍”“多彩的班级活动”等等；说起完美教室，我们会自然想到班名、班训、班歌、班徽等一系列外在的文化符号——这些当然是需要的，但还不是完美教室的最核心的要素。

我想从另一个朴素的角度说：完美教室，有快乐，有收获，有故事，有成长……

一、完美教室有快乐

人们常用“金色年华”来描述孩子的童年和少年，描述孩子的学生时代。这个“金色年华”的含义，自然包括快乐。

但是，现在的学校生活，班级生活，对孩子来说快乐吗？

以前我住在学校，每年高考最后一天的晚上，我站在阳台上，总能看到操场对面学生宿舍前火光冲天，还伴随着阵阵欢呼。那是刚刚考完最后一科的高三毕业生们在烧书，他们以这种方式庆祝他们“赢得解放”与“获得自由”，欢呼那值得诅咒的日子终于一去不复返了！看着火光映照着的一张张年轻而狂喜得有些扭曲的脸，我不禁想，十二年前，同样是这样一群人，他们将跨进小学的头一天晚上，该是怎样的兴奋——明天就要进小学了，从此就是学生了啊！小书包放在枕边，看了又看，摸了又摸，就是睡不着。妈妈一遍遍地催促："孩子，快睡了吧！明天好早点去学校报名。"孩子可能才勉强闭上眼睛，可心里还憧憬着美好的明天。然而，十二年过去了，他们怎么如此仇视自己曾经那么向往的校园生活呢？难道孩子天生就不爱学习吗？我们只能说，是我们没有快乐的教育，让他们仇视教育。

很多年前，我曾写过这样一段话："对于一个具体的孩子来说，'教育'意味着什么呢？我认为，首先意味着让他成为一个现在就感到快乐的人。需要解释一下：这个'快乐'显然主要不是指吃得好穿得好，甚至也不仅仅是指成才以后将来谋得一份好职业以便过上好日子，而是孩子在受教育的过程中，不仅充分体验到求知的快乐，思考的快乐，创造的快乐，成功的快乐，而且还充分体验到纯真友谊的快乐，来自温暖集体的快乐，来自野外嬉戏的快乐，来自少年天性被纵情释放、青春的激情被随意挥洒的快乐……"

所谓"完美教室"，就是要还教室以这样的快乐。

教室里的快乐是多方面的，但我这里想着重强调活动的快乐。没有活动便没有集体。一间教室如果除了上课便是考试是不会让学生有任何快乐的。班主任善于组织（或引导学生自己组织）各种生动有趣、寓教于乐的活动，最能使学生心灵激荡，个性飞扬。班级活动，就内容而言可以涉及德、智、体、美、劳各个方面；就形式而言可以是学习交流、思辨讨论，可以是游艺娱乐、文艺表演，可以是体育竞争、劳动比赛，可以是社会调查、远足郊游……一次又一次花样翻新、妙趣横生的活动，使班级内始终充满生机并对学生保持着一种魅力。历届学生来看我，说得最多的是当年的各种活动，以及这些活动带给他们的永远的快乐记忆。

一位毕业多年的学生在其博客上这样回忆他在我班上生活的快乐——

我不知道怎样写才能最真切地诉说那段诗一般美丽的日子。毕业离开李老师这么多年来，那段日子常常在我脑海中浮现。李老师常常带我们出去郊游，每次郊游，他总是像一个大孩子一样坐在我们中间，女生们把花环戴在他头上，男生们跟他摔跤、扳手劲……在认识李老师之前，我只有在电视上看过这样欢乐的场景，从来没有想象过还有这么融洽而没有距离的师生关系，居然会出现在我的生活中！

这样的快乐，不正是我们应该给孩子留下的记忆吗？而这样的记忆，不正是我们的教育应该给孩子创造的精神财富吗？

二、完美教室有收获

刚才说了，完美教室必须有快乐，但仅仅有快乐又是不够的。校园毕竟不是公园，教室毕竟不是游戏厅。伴随着快乐，孩子必须还要有收获——知识的收获，能力的收获，人格的收获，阅历的收获……

孩子的收获，必须通过课程来实现。课程是实现教育最主要的载体。国家统一的义务教育课程，当然是孩子获取知识培养能力的主要途径。但针对不同地域，不同年代，不同学校，不同班级，不同学生，我们完全应该并且能够开发出更符合具体实际的课程。比如新教育实验已经比较成熟的“毛虫与蝴蝶”儿童阶梯阅读课程，晨诵、午读、暮省课程，读写绘课程，童话剧课程，等等。我们更提倡每一个完美教室的缔造者即以班主任为核心的教师团队，能够根据自己的教育理念、人文视野，科学素养、文化储备，针对学生的特点，开发“班本课程”。

回忆我上世纪八十年代的未来班，说实话，那时课程意识并不特别强烈，但我依然还是非常粗糙地为学生开设了“社会调查课程”“音乐欣赏课程”“旅游课程”“阅读课程”。那时候我并没有多么深刻的理论思考，只是觉得统一的课程还不足以表达我的教育意愿，或者说，相比起我认为的学生成长的需要，统一的课程还有不少缺陷甚至空白，于是，我便“缺什么补什么”地开设了上述课程。

社会调查课程，用现在的话来说，差不多就是“综合社会实践”课程。我有意识地设计了全班的社会调查内容、形式、规模，每个月都至少让孩子们利用一次周末的时间，以小组为单位走上街头，走进工厂，走向田野……关注改革热点，了解民意社情，采访市长官员，感受万家忧乐。每次回来都要写调查报告，并在班上交流。

音乐欣赏课程，分为三种形式，一是“每周一歌”，我精选一些经典的儿童歌曲，亲手刻印成歌单，发给孩子们，并教他们唱；二是“名曲讲座”，

我根据自己阅读的《中外名曲鉴赏辞典》，用老式唱机给孩子们播放名曲并讲解：《梁山伯与祝英台》《莫扎特小夜曲》《卡门序曲》等等；三是“口琴乐团”，我让每个孩子买一支口琴，然后我教孩子们吹奏，这样，我班的口琴乐团便诞生了，平时自娱自乐，每逢节日便登台演出。

旅游课程，通俗地说，就是我带着学生到野外玩儿：星期天、节庆日，还有寒假和暑假，都是我和学生一起玩儿的时候。近到郊外的一片山坡、一块草坪、一丛树林，远到云南、重庆、贵州，都留下过我们的足迹和笑声。我曾与学生站在黄果树瀑布下面，让飞花溅玉的瀑水把我们浑身浇透；我曾与学生穿着铁钉鞋，冒着风雪手挽手登上冰雪世界峨眉之巅；我曾与学生在风雨中经过八个小时的攀登，饥寒交迫地进入瓦屋山原始森林……每一次，我和学生都油然而生风雨同舟之情，同时又感到无限幸福。这种幸福不是我赐予学生的，也不是学生奉献给我的，它是我们共同创造、平等分享的。

文学课程，就是每天中午，我和孩子们共读一本书。《青春万岁》《烈火金刚》《爱的教育》《红岩》《钢铁是怎样炼成的》，还有舒婷的诗歌、路遥的小说、刘心武的报告文学……陪伴着我们度过了无数美妙的时光。这不是我语文课的简单延伸和补充，而是给学生打开一扇扇文化的窗口，文明的窗口。

这些课程带给孩子的是人性的滋养，心灵的擦拭，情感的陶冶，思想的点燃。——这就是“收获”。

三、完美教室有故事

那天和朱永新老师聊天时，他不经意说了一句话：“一个孩子，一个日子，这就是教育。”这让我怦然心动：是呀，呵护每一个孩子，善待每一个日子，不就是我们的教育吗？

孩子和日子，便构成了完美教室的“故事”。

美国 2009 年度教师托尼·马伦发表的获奖感言是这样的：“最优秀的教师有一个共同的品质：他们知道如何读懂故事。他们知道走进教室大门的每一个孩子都有一个独一无二、引人入胜，但却没有完成的故事。真正优秀的教师能够读懂孩子的故事，而且能够抓住不平常的机会帮助作者创作故事。真正优秀的教师知道如何把信心与成功写入故事中，他们知道如何编辑错误，他们希望帮助作者实现一个完美结局。”

我曾在拙著《每个孩子都是故事》一书的序言中引用这段话，并做了这样的阐释——

在生命的河流里，教师走进了孩子的故事。这个故事如河流一样不可逆转，而且每一天的风景都不可预知——或令人欣慰，或令人惊叹。故事的原创是孩子，但编辑是教师。如托尼·马伦所说，教师帮助孩子“把信心与成功写入故事中”，为孩子“编辑错误”，并“帮助作者实现一个完美结局”。

在这里，孩子和教师已经通过教育融为一体——帮助孩子成长，也是帮助自己成长；丰富孩子的生命，也是丰富自己的生命；成就孩子的未来，就是成就自己的未来。这种师生之间的互相依存又是以故事的方式呈现出来的。从某种意义上说，教育就是和孩子一起编织师生的生命故事，并追求一个“完美的结局”。

孩子每一天的故事不可复制，教师每一天的生命也不可重现。教育的严酷与责任都在于此。读懂孩子，并和孩子一起愉悦而谨慎地编织故事，让教师和孩子的生命互相映照。这是教育的意义和幸福所在。

在一间教室里，围绕着一个个孩子，将会有多少故事发生啊！一桩桩，一件件，便汇成了一个班的“青春大片”，或扣人心弦，或催人泪下，或妙趣横生，或耐人寻味……主演是孩子，导演便是教师。

回忆我三十年的班主任经历，我的脑海里闪过一个又一个幸福班级，一间又一间完美教室。那个周末，我和孩子们背着背包，用我们的双腿丈量美丽的成都平原，我设计的代号为“南下风暴”的军事游戏，让孩子们青春的身影越过竹林，越过田埂，越过一片又一片金色的油菜花；那个周二，我带着孩子们把语文课搬出校园，走进农贸市场，让他们用笔描绘往来行人的举手投足，音容笑貌，后来突然下暴雨了，孩子们躲在街边屋檐下，继续观察着雨中的街景；那一次全班同学瞒着一个贫困同学悄悄为他捐款，然后我和同学们翻山越岭，来到他家所在的小山村，我们远远地看着他在地里干活，便在田埂上站成一排，突然呼喊他的名字，然后看着他惊讶地抬起头，继而眼泪夺眶而出；还有那一个晚上，我们在大渡河畔支起帐篷，点燃篝火，唱歌跳舞，彻夜狂欢，为三年的初中时代画上了一个辉煌的惊叹号……每每想起这些人，我便心潮澎湃；常常记起这些事，我便热泪盈眶。当然，还有一本本班级史册，一张张黑白照片，以及一直传唱到现在的班歌《唱着歌儿向未来》……这一切便构成了孩子们的故事和我的传奇。

没有故事的教室，便如同没有色彩的花朵，没有树叶的森林，自然谈不上完美；没有传奇的教育，如同没有情节的电影，没有冲突的戏剧，当然谈不上幸福。任何一个普通教师，如果能够把平凡故事变成一部不朽的传奇，他便成了一个伟大的导演！

四、完美教室有成长

在完美教室里，一个又一个日子在不停地流逝，当一千个日子或两千个日子过去之后，生命便丰盈起来。这里的“生命”，显然不只是指生理，更是指精神。如果只是指前者，那是一个自然过程，有没有教师，孩子都会一天天长大；但对精神成长而言，这便直接和教师有关了。

我们经常用“善待”“呵护”“陪伴”“引领”“关怀”等词来表述教师对孩子成长的态度。其实，这里的成长不但是师生共同的，而且是互相促进的。也就是说，“善待”“呵护”“陪伴”“引领”“关怀”这些词同样可以用来描述孩子对老师成长的作用。只不过教师对学生的成长促进是主动的，有意识的，而学生对老师的成长促进是被动的，无意识的。但成长本身是共同的，而且是同时发生的。

我有一个叫胡夏融的学生，毕业十年后，在网上写了一篇文章，题目是“善良：李老师对我最大的影响”。文章这样写道——

现在回忆起来，那段时光是我人生中非常宝贵的经历。是李老师改变了我，告诉我，也告诉大家，“让人们因我的存在而感到幸福”，是李老师告诉大家，让我们的心中充满爱与关怀，孝敬爹娘，爱护弟妹，关爱他人，乐于奉献……

在我的记忆中，初2000届3班就是一个家，同学们就是这个家的孩子，李老师就是这个家的父亲。在这里，没有冷漠，没有孤独，没有自私自利，没有钩心斗角，处处充满了帮助，充满了温馨，充满了真心的祝福和鼓励，充满了团结和友爱，大家同甘共苦，共同进步……

李老师既是我们的好老师，更是我们的好朋友，他对我们很好很好，我们所有人都喜欢他，那个时候在我心中，这个世上没有比他更好更温暖的人了……一直以来，我都以作为李老师的一名学生而感到自豪，甚至后来我还一度质疑自己从事科研工作是否真正有意义，因为我一直认为，做科研所发表的论文和承担的项目比起李老师对人的成长关怀来讲显得太微不足道了。

孝敬爹娘，爱护弟妹，尊敬师长，友爱同学，让人们因为我的存在而幸福，这是李老师十年来给我留下最最宝贵的精神财富。李老师对我的教育已经融入了我的血液，不论这个世界如何改变，我始终相信，爱和善良是世间最美好的品质，真挚的情感永远值得我们去歌颂……

十多年前，胡夏融是我班上的一个学生，当时我正在写《心灵写诗》，该书有一节题目叫“从胡夏融处学宽容”，我有这样真诚的文字——

两年来，胡夏融多次对别人说他“非常崇拜我”，但我实在愧对这份“崇拜”。我不止一次地在班上真诚地说过：“胡夏融是我的老师！”的确，胡夏融以他的正直、善良，更以他的宽容，不但感动着全班同学，凝聚起大家对集体的感情和责任心，而且也感染着我。作为他的班主任，我常常以他为镜子，由衷地向他学习。每当遇有同学犯错误而忍不住想大发雷霆时，我就提醒自己：如果是胡夏融遇到这样的事，他会怎么处理呢？

每带完一个班，看着孩子们在知识、能力、人格等方面的进步，我会问自己：我有什么进步呢？我的教育智慧是否更加丰富？我的教育技能是否更加娴熟？我的教育情感是否更加充沛？我的教育思考是否更加深刻？

我的教育良心是否更加纯净？我的教育视野是否更加开阔？等等。

陪伴着孩子们成长，同时自己也在成长，才是真正的教育幸福，这是完美教室的最高境界。

有快乐，有收获，有故事，有成长，便构成了完美教室的生命。

因此，所谓“完美教室”，就是师生共同度过的一段快乐生活，一起走过的有诗意的日子。“完美教室”的核心理念是“幸福”。完美，是一种朝向；幸福，才是目的。

因此，“完美教室”也可以叫作“幸福班级”。

请降低教师成长的门槛

收到一位朋友在博客上给我的留言：“请关注今年教育局、人社局评选市学科带头人文件，居然要工龄二十年！如果您当年也遇到这样的情况，会怎么样？请您为年轻教师的发展关注和呼吁此事。”

其实，这个问题我已经关注很久了。一直有话要说，但不知对谁说。今天，我就在自己的博客上说说吧！

不知从什么时候开始，各种评优选先有了许多“槛”，比如，几乎所有职称评定的条件都有“必须在国家级刊物上发表专业论文”之类的规定。注意，这是“专业论文”，那就得有理论性，得有高度和深度。有老师写作并发表的教育随笔、教育故事和教育案例，无论多么真实生动，多么有血有肉，多么贴近校园和课堂，统统不算！许多老师本来其他方面都很优秀，可就是过不了这个“论文关”。

除了“论文关”，还有“年龄关”。比如，35 岁就是一道槛，好多有关青年教师的荣誉称号的评选条件，都规定候选人不得超过 35 岁，尽管按国际惯例，青年的年限应该是在 40 岁；好，说到 40 岁，这又是一道槛，参加校长助理考试的人就不得超过 40 岁，中层干部竞聘者也不得超过 40 岁；在一些地方，还有着成文或不成文的规定，对过了 40 岁的老师，评高级职称基本上就不在考虑之内……这种“年龄关”把多少渴望上进的老师拒之门外啊！

除了“年龄关”，还有“年限关”，即对教龄（工龄）的要求，也就是上面那位朋友说的，市学科带头人的参评者，必须要有 20 年以上的教龄；与此类似，参评市优秀青年教师，必须要有 10 年以上的教龄；同样，参评“教坛新秀”，必须要有 3 年以上教龄。我估计这个“年限关”最早源于职称评定，多少多少教龄才能评上中级职称，然后又必须积累多少年的教龄，才能参评高级职称，等等。

除了“年限关”，还有“台阶关”——这是我临时杜撰的一个词，是想说明这种现象，在不少地方，要评上某一荣誉称号，必须有前一个台阶作为基础，比如，只有评上“教坛新秀”，而且是多少年后，才能参评“市优秀青年教师”；只有评上“市优秀青年教师”，并在一定的年限后，才能参评“市学科带头人”，等等。又如，只有“区学科带头人”，才能参评“市学科带头人”，继而才能参评“省学科带头人”，等等。这样一个个的台阶，是一个也不能越过的，一般来说必须按部就班。

还有其他我不好命名的各种“关”，比如，必须担任班主任多少年多少年，或者必须支教多少年多少年；又如，作为主研人员参与研究的课题获得过市级及以上教学成果一等奖；再比如，必须取得市以上课堂大赛一等奖，等等。

也不能说这些条件一点道理都没有，只要评选或评定，总会有标准。单独地看，某道“槛”也许就是一种导向，比如，做班主任年限、支教经历等等，就是为了通过制度来引导老师们勇挑重担，不畏艰苦。又比如，关于论文和课题的规定，就是为了引导老师们做研究型教师，而不仅仅做教书匠。

问题是，一旦这些条件绝对化，或者一刀切，问题就出来了。

比如关于教育科研与论文写作的要求，现在在相当多的老师那里就已经变味。本来教育科研是“做”出来的，而不是“写”出来的。即使最后的课题报告或论文，也是科研实践瓜熟蒂落之自然结晶。然而现在有许多

论文是闭门造车硬写（甚至抄）出来的。为什么？因为评职称需要发表论文呀！于是，为职称而写作成了教育科研的全部内容。我认为，中小学教师结合自己的工作实践写出并发表教育论文，当然是一件很有意义的事，但这只能是提倡而不能通过评职称时的"一票否决"来强制。即使要将论文与职称评定挂钩，也只能是"在同等条件下有论文者优先"。因为一旦强制便极有可能弄虚作假，而这样的虚假论文现在实在是太多了：有的剽窃别人的论文拿去发表，有的请人代写论文然后投寄报刊，有的通过托关系"走后门"在报刊发表文章，有的干脆就花钱买"论文"——各种收取"版面费"的报刊或"论文选编辑部"因此便应运而生。

我觉得比"论文关"更不合理的是"年龄关"和"年限关"。是的，教师的教育技能、素质、水平等等，需要实践的积累，但这个积累的时间，却不可以"一刀切"。达到同样的高度，有人需要十年，有人可能八年、五年甚至三年就行，为什么一定要让所有人都熬十年呢？曹禺 22 岁写出《雷雨》，肖洛霍夫 26 岁写出《静静的顿河》，他们都创造了在一般人看来和他们年龄不相称的杰作。胡适 26 岁就当上北大教授，朱自清 27 岁就从春晖中学直接到清华大学任中文系教授。如果在今天，无论胡适还是朱自清，要评教授，年龄和教龄就过不了关。现在，我们的老师申报"市优秀青年教师"必须有 10 年以上的教龄，申报"市学科带头人"必须有 20 年以上的教龄，我觉得实在不妥，极不利于人才的快速成长并脱颖而出。

说到年龄限制，还有一点不合理。就是诸如"40 岁以下的老师才能报考校长助理"以及过了 40 岁有些职称和荣誉就不再考虑之类的规定——也可能是不成文的规定。我曾给一些有管理欲望的年轻人说，先沉到课堂潜心教学，40 岁以后再当校长也不迟。可人家说："过了 40 岁，什么都没我们的事了！"最近我校有位年过四十的老师，各方面素质非常不错，我很想推荐他担任中层干部，可按有关文件的条件，他早已超龄。还有一位女教师，也非常优秀，本来想申报省级骨干教师，可也是因为超过了文件规定的 40 岁，只好望而却步。

在所有关卡中，我觉得最最不合理的是"台阶关"。一个老师，如果年轻时没评上"教坛新秀"，以后要"向上进"基本上什么都没戏了！他因此不可能评上"市优秀青年教师"，依次接下来的什么"市学科带头人"等等，

“我们的事业并不显赫一时，但将永远存在……”

也不可能了。同样，如果没有区的相关称号，想评市级省级的荣誉也是做梦。

在上面种种貌似合理实则荒唐的规定面前，什么“活到老，学到老”，什么“终身学习”，什么“艺无止境”……都是苍白的！那么多的限制，上进？还有什么劲啊！

我也不知道从什么时候起评优选先变得如此苛刻。相比之下，我倒属于幸运的。我没评上过“教坛新秀”——当然，那时还没有这个称号，但“市优秀青年教师”“市学科带头人”等称号早就有了，但我也从来没评上过。在我评上特级教师之前，我几乎什么荣誉都没有。同样，我是从班主任直接当校长的，在那之前，我连一天中层干部都没当过。而那年我已经46岁了！如果我年轻时候，也遇到这样“年限”那样“条件”，那我还不死定了？

我特别想给有关部门说的是，能否把各种评优选先的“门槛”降低一些？我尤其希望能够放宽甚至取消年龄和教龄的限制。只要达到了师德和教艺的标准，无论30岁还是50岁，无论教龄3年还是30年，也照样可以评上相关职称或获得荣誉称号！

想想高考吧！连十二三岁的小孩都可以成为少年大学生，为什么20多岁的年轻老师就不可以申报“学科带头人”呢？连六七十岁的老人都可以跨进高考考场，为什么40多岁的老师就不可以报考校长助理或竞聘中层干部呢？

减少刻意教育

苏霍姆林斯基在其《给教师的一百条建议》中，给教师提的最后一条建议是:“保密……”

教育家这样写道:“我在本书中所提出的一切建议，仅供教师知道，不必让学生知道。学生了解教育，懂得教育，一般说来，是有害而无益的。这是因为，在自然而然的气氛中对学生施加教育影响，是这种影响产生高度效果的条件之一。换句话说，学生不必在每个具体情况下知道教师是在教育他。教育意图要隐蔽在友好和无拘无束的相互关系气氛中。”

没有人会否定教育有着鲜明的目的性，也就是教育要给人以积极的引导、转变和影响，这是我们的教育使命使然。否定了这一点，就否定了教育本身。但是，教育目标没必要天天挂在嘴上，或者唯恐学生不知道而不停地宣告。无数优秀教师的成功经验已经证明，教育的意图隐蔽得越好，教育效果就越佳。不动声色、不知不觉、了无痕迹、天衣无缝、自然润物、潜移默化……这些都是教育的艺术，也是教育的境界。苏霍姆林斯基将其称为“自然而然的气氛中对学生施加教育”，我将它姑且简称为“自然的教育”。

与这种“自然的教育”背道而驰的，便是“刻意的教育”——大张旗鼓，声势浩大，旗帜鲜明，开门见山，直截了当，声泪俱下……生怕学生不知道是在教育他们，教师毫不隐瞒自己的教育意图，甚至公开说:“我是为你们好哇！”班会比赛，演讲比赛，征文比赛，演讲比赛，板报比赛……都是“刻意的教育”的形式。当然，“刻意的教育”不一定都是说教式的，有的“刻意的教育”还设计成活动或游戏，也颇为生动呢！

比如，有老师为了对学生进行感恩教育，让孩子知道妈妈十月怀胎之不容易，便让孩子腹部负重一周，以体验怀孕的感觉。比如，有老师为了让学生孝敬父母，便让孩子回家给妈妈洗一次脚。又比如，为了对孩子进行磨难教育，便在暑假把孩子带到农村住一个月，让孩子下地干活，体验农民的艰辛。

这些教育形式都很有创意，很新颖，也容易引起孩子的兴趣，这样的教育形式偶尔用用也无妨。但关键是，切不可高估这些教育的效果——这种“刻意教育”的效果肯定是有限的。当然，活动之后，孩子会写作文纷纷说自己如何如何“深受教育”“体验到做母亲的不容易”“尝到了乡下劳动的艰苦”云云。但这些表白并不能作为教育实效的真正的依据。过了几天，不孝敬的孩子照样不孝敬，不劳动的孩子照样不劳动。孩子在当“孕妇”时，在给妈妈洗脚时，在乡下生活时，始终知道这是游戏，好玩，有趣，哪怕在乡下待一个月的确很艰苦，孩子也会对自己说：“不要紧，反正也就一个月嘛！”教育有时候需要游戏，但游戏本身并不完全等同于教育。

我们现在的教育，就是如此这般地太刻意了，甚至太做作了。

我们所提倡的“自然的教育”，通俗地说，就是培养孩子一种良好的生活习惯。爱的教育，就是培养学生懂得爱表达爱并传递爱的生活习惯；学习教育，就是培养学生酷爱知识勤奋读书乐于探索的生活习惯；劳动教育，就是培养学生在班级在家庭乃至以后在社会勤劳的生活习惯；吃苦教育，就是培养学生在平凡的日子不畏艰辛以苦为乐苦中寻乐的生活习惯，等等。这样的教育，同时又是一种自然而然的生活，而且是师生共同的生活——要求学生做到的，教师当然也要做到，或者说，教师以自己自然而然的品行，感染着学生。这是“自然的教育”的最高境界。

比如关于感恩孝敬的教育，这么多年的班主任工作中，我都是这样做的：我就特别注重让孩子们在每一天的生活中随时想到父母，随时想到不要让父母为自己焦虑担心，并力所能及地为爸爸妈妈做点什么；让孩子们每天下午按时回家，不要让爸爸妈妈一次次在阳台上忧心忡忡地张望；回家后，第一句话是给爸爸妈妈说：“爸，妈，我回来了！”出门时，不忘记给爸爸妈妈说：“爸，妈，我走了！”在饭桌上多和爸爸妈妈聊班上的事，还有自己感兴趣的事；每天晚饭后帮着爸爸妈妈收拾碗筷，并洗全家人的碗；如果可能，每天早晨起来给爸爸妈妈做早点……这些都不是一次两次老师规定的“作业”，而是持之以恒的生活，最后变成习惯。20多年来，我不敢说我的每个学生都做得非常好，但的确有相当多的孩子学会了在平

凡的日子里体谅父母关心父母，并从生活中一点一滴之处回报父母。

我女儿也是这样。她从小学二年级开始每天晚上洗碗，无论中考日还是高考日都没中断，一直坚持到现在——现在她已经工作了，但只要在家吃饭，肯定是她洗碗。无论我的学生还是我的女儿，都没有体验过妈妈怀孕，也没有被我要求给妈妈洗过脚，但他们在生活中自然而然学会了感恩与孝敬。这是一种自然的教育。我们自然而然地营造了一种爱的家庭氛围，这种氛围必然滋润着孩子的心。小时候，女儿曾天真而认真地说："我长大了要挣好多好多钱，让爸爸妈妈过上好生活。"昨天，她说："如果我现在去挣大钱不是没有机会，但那就会常年在外不停奔波，时不时给你们寄好多钱回来；现在我没挣大钱，却天天和你们在一起，哪种生活更幸福？"我说当然是现在，因为幸福就是一种愉悦温馨的感觉。女儿说她"挣大钱不是没机会"可不是吹牛。她留学国外，后来在香港读硕士，完全可以在国外或境外找工作，即使回国也可以去北京上海，但她执意回到成都。理由就是一个："爸爸妈妈老了怎么办？"

自然而然的教育，培养的是孩子自然而然的善心与善行。

当然，我知道，有时候学生也需要一些"专门的教育"，比如我前面提到的主题班会啊演讲比赛啊什么的；有时候针对学生中出现的普遍问题，我们可能会也应该给他们开设一些专题讲座，比如青春期教育啊，还有其他励志教育等等，甚至在某些特定时候，教育也需要一些声情并茂，慷慨陈词，震撼心灵，催人泪下。所以，"刻意的教育"也不是绝对可以排除的。

我只是说，要尽量"减少"这种"刻意的教育"。

因为，"我坚信，把自已的教育意图隐蔽起来，是教育艺术十分重要的因素之一"。（苏霍姆林斯基）

人人都可以成为教育专家

过去“专家”可是个很神圣的称号，现在“专家”几乎成了贬义词了。过去如果你要说谁是专家，他会受宠若惊，内心得意但嘴上会说：“哪里哪里！不敢当不敢当！”而现在你要是说谁是专家，没准会招来这样的回击：“你才是专家！你祖宗十八辈都是专家！”

这怪不了普通百姓。因为每当老百姓遇到什么大事了，总会有专家出来提醒，这些提醒都是一些空话，而且是“万能”的空话，比如面对投资啊，买房啊，整容呀，包括抢盐呀等等话题，专家的提醒往往都是那么几句话：“不要盲目跟风”“要理智对待”云云。更有一些专家，专门帮着某些部门忽悠老百姓，比如什么东西涨价了，老百姓怨声一片，总有专家站出来论证涨价的“合理性”。

在这种情况下，专家贬值并且被嘲笑，也就不足为怪了。网络上，专家被称为“砖家”，“百度”如此定义：“所谓文化大师，光环下疑窦重重；所谓养生达人，学说却毫无科学依据；所谓权威人士，言论往往自相矛盾。这些人被网友统称‘砖家’。‘砖家’不以求真知为目的，说话也不负责任，他们最终目标就是利益，而相关监管的缺失，导致假专家的泛滥。”

“教育专家”（注意，我这里打了引号）也好不到哪里去。常常有一些“教育专家”没有在中小学上过一天课，却常常在各种培训会上对每天都在课堂上辛勤劳作的老师们进行“专业培训”；没当过一天班主任，却对台下富有班主任经验的老师进行“专业指导”。他们的所谓“培训报告”大多纸上谈兵，天马行空，隔靴搔痒，似是而非。更要命的是，许多话语老师们听不懂。因为听不懂，便觉得高深；因为觉得高深，便对专家崇拜起来；因为崇拜，便“陶醉”起来——打瞌睡也。有些“专家”总是认为，培训报告嘛，当然要有“学术性”，不然怎么能够显出自己比一线的老师高屋建瓴呢？而所谓“学术性”就是罗列学术词语，构建理论框架，别人越听不

懂就越深奥，“学术性”就越强。于是，我们听过不少这样的“学术报告”：没有新观点却有新术语，没有新见解却有新概念，晦涩难懂，故弄玄虚。这是学术的堕落，是教育的悲哀！

但我们不能否认真正的教育专家——至少在我看来，中小学教育专家是不少的。这样的教育专家当然也出自教科院所，甚至出自高校，但主要不在书斋，而在中小学校园的课堂上，是我们无数一线的老师。

我曾撰文批评过“教育家”泛滥的现象。我在微博上这样写道：“我始终认为，‘教育家’这个称呼要慎用。有人说，现在唱首歌就叫歌唱家，办个厂就叫企业家，我们搞教育的不能轻贱自己。我认为，搞教育和唱歌办厂不一样，是千秋之业，对教育家的要求应该高一些。不能把这个称呼给玷污了。何况，我们的学养比起老一代人差远了！和老一辈大师相比，我们连学者都谈不上！”

这是我的肺腑之言。对“教育家”的定义应该有高度有深度，但对“教育专家”的考量，我则主张应该降低门槛，让每一位教师都可以达到，进而感到职业的尊严。

有人不同意我的主张，认为教育专家不能泛滥。我说，是否泛滥关键是标准怎么定。那么教育专家的标准应该是什么呢？我觉得还是应该参照权威的《现代汉语词典》对“专家”的定义：“对某一门学问有专门研究的人；擅长某项技术的人。”教育专家是对教育有专门研究的人，擅长教育教学技术的人。我认为，从逻辑上说，上面对教育专家的定义是没有错的。因此，对教育有一定思考研究，并拥有教育教学技能的老师，就可以称之为教育专家。

好，以此打量我们的中小学校园，这样的教育专家还少吗？

估计我还不能说服许多人，包括一些中小学老师。因为在人们心目中，教育专家一定要有前瞻的眼光，要有系统的理论，要有等身（至少也要“等膝盖”）的著作，要有这样“性”那样“性”的原则，要有诸如“528 法则”或“331 模式”之类的“原创成果”……

其实这些东西都是我们附加上去的，专家的定义或含义本身并没有这些，是我们自己把专家神秘化了，神圣化了，高不可攀化了。

我还是坚持那个朴素的定义：只要对教育有研究并且拥有教育技能——

带着一颗思考的大脑从事每天平凡的教育工作，既有理论修养又有实践经验，既仰望星空又脚踏实地，既视野开阔又聚焦课堂，既勤于阅读又乐于笔耕……就是教育专家！

有人会说：“只要教一段时间的书，谁都会有技能。那岂不所有普通教师都是教育专家了？”是的，技能人人都有，但并不是人人都对教育有思考有研究的。比如，两位师范大学同专业的学生，都大学毕业分到同一学校，都当班主任。其中一位每天都在实践，同时每天都在思考；另一位每天都在实践，但几乎没有思考。三年过去了，前者因为边做边想，工作三年等于是工作了一千天，因为思考使每一天的工作都是新的，他对教育的理解更为深刻，对孩子的研究更为细致，同时教育的智慧也更加丰富，他可以称为教育专家。后者只做不想，工作三年，对他来说，只相当于工作了一天，因为每天都机械地重复着昨天的故事，被动地应付各种工作，教育没有给他思考，也没有给他智慧，最多有一些简单的技能。显然，他不能称作教育专家。

当然，不思考的老师是比较少的。一个教师，只要有起码的爱心和责任心，他都会在工作中思考、研究、探索、创新……几年下来，绝对可以成为教育专家。所以我说，成为教育专家是一般老师都能达到的目标。

“教育家”成了讽刺，“专家”成了贬义，这是时代的悲哀。但教师自己不能自卑更不能自贬。一次，一个当环保局长的家长对我校一位年轻的女班主任横加指责，说这老师的教学方法不对，应该这样，应该那样，小姑娘哭了。我走过去当即正色道：“您虽是局长，对环保是内行，是专家，但您对教育是外行，她虽年轻却是师范大学本科毕业，受过专门的职业训练，而且已经教了三年书了，就教育而言，她比你强，在您面前她就是教育专家！”局长尴尬，年轻女班主任扬眉吐气。

隔行如隔山，你一个环保局长对教育说三道四，我当然不客气。别说环保局长，就是其他领导者，在我看来，治国他们是专家，但如果论上语文课，论当班主任，对不起，我才是专家。

我觉得这话真的没错。斯霞、李吉林、杨瑞清等一辈子都扎根于小学课堂，正是因为他们不停地思考研究，不停地总结经验积累智慧，后来成了公认的著名教育专家。还有无数不著名的呢，比如我最近准备请到我学

校做报告的两位“新教育实验”种子教师，两位非常普通的老师，一位是湖南桃源县山村小学教师敖双英（网名“桃花仙子”），一位是河南中原油田子弟小学的侯长缨（网名“快乐小荷”），她俩都不过三四十岁，却有着丰富的教学经验教育智慧，她们所做的，不过就是认认真真带好每一个班，认认真真上好每一堂课，认认真真善待每一个孩子，但关键是“认认真真”背后有一颗思考的大脑，且思且行，执着在自己的班里搞“新教育实验”，于是便成了名师，现在被许多学校请去做专家报告——是的，“专家报告”！两位普通老师能够成为真正的教育专家，无他，唯潜心耳。

我说过我不是“教育家”，这真不是谦虚，而是我没有资格承受这个称呼。但“教育专家”这个称呼我坦然接受。专家者，在某一领域有专门的研究和能力也。我从教三十年了，如果在教育方面居然还没有一点专门的研究和能力，那我这三十年岂不白吃饭了！我认为，任何一个有几年以上教龄的教师，都应该是教育专家。

别人看不起我们中小学教师，我们自己可不能自卑更不能自轻自贱。教育专家不是谁任命的，也不是谁投票选举的，而是我们自己做主自己提升自己成长起来的。干吗要先把教育专家捧得那么高，然后仰望他们，最后自己恐吓自己：我怎么可能成为教育专家呢？结果是自己看不起自己！

亲爱的同行们——特别是年轻的同行们，挺起咱们的胸膛，在咱们的地盘上，在咱们的课堂上，人人都可以成为教育专家！

教育家的品质与土壤

对中国来说，20 世纪上半叶显然是一个教育家群星璀璨的时代：严复、蔡元培、陶行知、晏阳初、张伯苓、陈鹤琴、叶圣陶、黄炎培、经亨颐、钱穆……六十多年过去了，这些教育家的思想一直还影响着我们，他们思想的光辉至今还照耀着中国教育。比如陶行知的“创造教育”，比如晏阳初的“平民教育”……

相比之下，中国20世纪下半叶则是呼唤教育家的时代，这种呼唤一直延续到现在。今天，全国上下都在呼唤教育家，连国务院前总理温家宝也多次呼吁“教育家办学”，于是各级教育行政部门也推出了诸如“人民教育家培养工程”之类的举措。

蔡元培、陶行知们当然不可再生，所以，人们呼唤教育家，其实是呼唤更多具有教育家品质的人。说到教育家的品质——也可以换一个词，叫素养——这当然又是一个见仁见智的问题，很难统一，更不可能通过“红头文件”来规定。但关于教育家，总还是有一些约定俗成的公认标准的。

在我看来，教育家首先是教育者但又不是一般的教育者，也就是说，他除了应该拥有爱心、理想、激情、责任感、扎实的学科知识、过硬的教学技能等一般教育者起码的素质之外，还应该具备成长为教育家所特有的一些品质。纵观大家所公认的教育家，我认为，他们至少应该有以下几个品质——

有超越世俗的高远追求。把教师当作职业还是事业？这是教育家与一般教育者最根本的区别。教育家对教育有一种宗教般的情怀。“人生为一大事来，做一大事去。”陶行知不但是这样说的，他更是以自己身体力行的实践，向孩子们也向他所热爱的老百姓捧出了他的一颗心。作为曾师从杜威的留洋学生，他本来已是一位大学教授、教务主任，但为了要改造中国的教育，为了“要使全中国人民都受到教育”，他毅然脱下西装革履，抛弃大学教授的优裕生活，穿上布衣草履，奔赴乡村，面向中国最广泛的社会生活为中国最下层的劳动人民从事着他最神圣的教育事业。他说：“只要是为老百姓造福，我们吃草也干。”这种面向社会底层而又超越世俗的精神，正是陶行知之所以成为教育家的原因之一。

有富有创见的教育思想。无论是严复、蔡元培，还是张伯苓、晏阳初，可以说所有真正的教育家首先是思想家。创新是教育永恒的主题，而“创新”首先是“思想创新”。只有个性才能造就个性，只有思想才能点燃思想。让没有思想的教师去培养富有创造性素质的一代新人，是不可思议的；而没有自己的思想的教育者要成为教育家，更是不可能的。作为教育者，我们在尊重并继承古今中外一切优秀教育理论与传统的同时，理应以追求科学、

坚持真理的胆识，辨析其中可能存在的错误之处。即使是向当今公认的教育专家学习，也不应不加分析地盲目照搬，而应经过自己的头脑，结合自己的实际情况消化、吸收，甚至对一些似乎已有定论的教育结论，我们也可以根据新的实际、新的理论予以重新的认识与研究，或修正，或补充，或发展。乐于思考，敢于怀疑，不迷信权威，是教育家不可缺乏的思想素质。

有百科全书式的学识素养。由于种种原因，我国现在的中青年教育者普遍存在着知识结构和文化底蕴先天不足的弱点，无论是对传统的国学精华还是对当代的世界文化，都缺乏深厚的功底。的确，就学养而言，我们现在很难找到一位蔡元培式的校长、朱自清式的中学教师或叶圣陶式的小学教师了。这也是我国六十多年来至今没有涌现出一流教育家的原因之一。一位真正的教育家，同时应该是一棵“文化大树”。回望民国时期的教育家，他们的学养堪称“百科全书”。他们往往能够担任中小学几乎所有课程的教学。那时候，一个小学教师去教大学，或者说一个大学教师去教小学，进退自如——一来不存在知识的障碍，二来社会也不会认为有什么怪异。因此当时所有大教育家无一不是百科全书式的知识巨人。因为只有站在人类文化的高峰，才可能有恢宏的视野、开阔的胸襟和创新的平台。

有长期的第一线教育实践。我们往往把教育学家或者说教育理论家与教育家混为一谈。客观地说，中国不缺乏教育学家，几十年来，特别是近二十年来，涌现出的各种教育观点、教育理论不可胜数。但是，教育家首先是身体力行的教育实践者，他往往有属于自己的教育实践基地——学校。因此许多教育家往往总是与一所学校相联系，比如严复与北洋水师、蔡元培与北京大学、张伯苓与南开学校、陶行知与晓庄师范、经亨颐与春晖中学、陈鹤琴与鼓楼幼稚园、黄炎培与中华职业学校……即使没有自己固定的学校，也必须有丰富的一线教育实践，比如晏阳初的平民教育实践、钱穆的小学中学和大学教育生活等等。书斋里也许可以产生教育理论但是绝对产生不了教育家。没有和教育对象——学生面对面地接触、心与心地交流，是不可能成为真正的教育家的。

教育家的品质当然还不止这些，我们还可以说出更多，但至少包括了这四点。

那么，为什么1949年以后，中国再没出现大教育家呢？——当然不能说一个教育家都没有，但我说的是像蔡元培、陶行知、晏阳初那样的大教育家，的确至今没有诞生。顺便说一下，近几年，人们爱用“教育家”来称呼一些教育专家，还说既然办了个厂的人都可以叫“企业家”，唱红了一首歌的人都可以叫“歌唱家”，为什么我们不能把办好一所学校的人叫“教育家”呢？对不起，在我心目中，“教育家”这三个字，其含金量远远高于“歌唱家”“企业家”。一个国家最根本的希望和所有事业兴旺发达的可持续动力在教育，因此“教育家”的标准或者说门槛，就是应该比其他“家”要高一些。

好，还是回到刚才的问题，为什么中国现在出不了大教育家？原因可以找到很多——政治的、经济的、文化的、社会的等等。我这里只想说一点，那就是自由的社会环境。

自由，是教育家产生的第一社会土壤。

有个现象似乎难以理解。20 世纪上半叶的中国，据说是“万恶的旧社会”，经济凋敝，战火不断，国力衰弱，民不聊生，却教育家辈出。其实，那个时代，对于蔡元培们来说，办学条件虽然艰难，但相对而言——只能说是“相对”，他们却拥有一个可贵的条件：自由。当然也有反动政府干涉学校的时候，但总体说来，那时的校长可以独立办学——可以自己设计校舍，可以自主开设课程，可以自由聘请教师，可以不看“上级教育行政部门”的脸色决定学校一切事务，可以……这是不争的事实。现在哪个校长能够有这样的自由？

所以我说，今天的中国，如果要让更多未来的教育家健康成长，还有比投入巨额经费提供物质条件更重要的，就是为一切有教育家追求的教育者提供宽松的土壤、自由的气息和创造的天空。

在教育家所拥有的所有的自由中，思想自由是第一位的。教育家无一不是心灵自由的人，培育教育家就应该尊重教育者的心灵自由。创造性总是与个性相联系，没有个性，就绝对没有创造性。凡是具有创造性实践精神与能力的教育者往往都是个性鲜明的人，他们有自己“标新立异”的思想，有自己“与众不同”的做法。如果我们扼杀了教育者的个性，也就扼杀了教育者成长为教育家的可能。

从这个意义上，请允许我“偏激”一点说，只要尽可能给教育者以思

2007 年，我在学校“陶园”给孩子们讲陶行知的事迹

想和创造的自由，中国的教育家自然源源不断，层出不穷。

多年前，我写过一篇《我的“春晖梦”》，谈经亨颐和他的春晖中学。文中，我深情地呼唤着今天的“春晖”——

校舍完全按我的想法设计，典雅朴素，依山傍水，晨跑的孩子们每天都能看到日出，而傍晚，他们能够在倒映着夕阳的湖畔一边散步一边捧读自己喜欢的书。到了春天，我们能够和孩子一起到野外上课，或躺在草坪上，看着风筝在蓝天写诗。到了暑假，我们打着赤脚走在田埂上，一直走到森林里。晚上住在小木屋里面，听着淅淅沥沥的夏雨，从树叶上滴落下来，敲打着屋脊的声音……

学校的老师，都能按自己的想法上课，甚至自主开一门自己喜欢的课，就讲自己最拿手的内容。没有烦琐的评比，没有细碎的量化管理，没有刚性的“一刀切”，让教师的个性在课堂上充分施展，让他们从心里感到，上课真是一件非常开心的事，因而每天早晨醒来，一想到上课便有一种抑制不住的冲动，而每次走出教室，脸上都写满了舒心与惬意。

学生有修养有礼貌，懂得尊重他人，但没有强迫必须每天都穿的校服，没有规定的发式；他们有着强烈的求知欲和上进心，但学校没有频繁的考试、排名，更不会根据学习成绩排列座位；学生每天下午四点以后（也许还可以更早一些）就是他们自由安排的时间——到图书室去，到实验室去，到计算机房去，到足球场去……这些地方都无条件为他们开放。有晚自习，但时间不长，最多两节课，然后不超过十点他们都能上床睡觉，然后盼望第二天同样有意思的生活。

全国各行业一流的专家学者大师，都是这个学校的客座教师。也许我们可以请杨振宁来给孩子们上半天的物理课，可以请流沙河来给孩子们开设一周的中国文化讲座，可以请钱理群来学校讲一学期的鲁迅（他不是去过南师大附中讲课吗），请傅聪给孩子们演奏钢琴并开设音乐讲座，甚至——如果运气好的话，我们还可以请到贝克汉姆来给孩子们侃侃世界杯……

这个学校不张贴什么领导人和校长的合影或为学校的题词，也不会把从本校出去的“名人”巨照挂在学校墙上，因为这个学校不只为少数杰出人才而得意，更为绝大多数学生成长为普通劳动者而自豪。

这个学校的校长没有必要成为社会活动家而有开不完的会，并且四处喝酒应酬；这个学校的老师工资不一定很高，但衣食无忧，更主要的是心情舒畅，因为这里除了上课就没有其他规定必须做的事儿了，没有论文要求，不评职称（不需要），没有评优，但是，就像当年的春晖，几乎每一个教师都是著名的学者大师一样，这所学校的老师，也绝不仅仅是教师，同时也是某一领域的专家，比如语文教师可能同时又是作家，数学教师同时又在为攻克某个世界级猜想而冲刺，物理教师同时又获得了某项发明奖，音乐教师同时又在国际音乐大赛中载誉而归……

这个学校绝不去提什么“三年打造名校”之类的口号，更不会追逐什么“国家级重点中学”什么“校风示范校”什么“创建……先进单位”之类的招牌，也不刻意“打造品牌”和“彰显特色”，更不会为一个或一批学生进入哈佛耶鲁（更别说什么清华北大了）而喜出望外地四处广而告之。校长愉悦，教师幸福，学生开心，这就够了！

这样的学校，难道不令人神往吗？

什么时候，中国教育能重现这一抹绚丽的“春晖”？

我的“春晖梦”，就是我的“教育梦”。而梦圆之日，就是真正的教育家诞生之时。

我愿和所有关心中国教育未来的人一起期待着。

请把教育当作教育

“99.75 分”

这几天放寒假，我回老家了。云南的表弟表妹也回来了。表妹的女儿特别伶俐可爱，上小学一年级——刚读了一学期。问及学习，侄女天真烂漫地告诉我：“我语文考了 99.75 分！”我一惊：还有这种分数？小学一年级的期末考试分数居然精确到了小数点后面两位数！

“这 0.25 分是怎么扣的呢？”我问侄女。她说：“因为我错了一个字。”

可是，一年级一册的语文期末考试为什么要考那么多的字呢？——当然，这话我没对侄女说，说了她也不懂的。

表妹说起女儿的学习便叹息：“作业太多太多，数学还好一些，语文作业每晚要做到十点半。最后实在做不完，我和她爸只好帮她做。苦啊！”

简直是骇人听闻！才一年级啊，哪有那么多作业呢？我问都是些什么作业，表妹说：“抄汉字笔画，比如一横，就要抄好几页，一竖也要抄好几页，还有撇，还有捺……这么一下来，有二十多页！每天的作业除了老师在教材上勾画的题，还有统一订购的教辅书上面的题。”

我的天啊，才小学一年级的孩子啊，就跌进了“题海”。

我问侄女：“教辅书是老师叫你们买的吗？是不是小朋友们都买了？”

侄女非常天真地回答：“不是我们买的，是老师发给我们的。”

表妹苦笑说：“老师要我们都交钱，然后老师买来发给学生！”

我终于明白孩子的学习兴趣是怎么被败坏的了。

想到我一个广东的朋友，他的孩子也是刚读小学。有一天回来对爸爸说：“爸爸，我们今天上数学课，上了一半，老师说让我们出去玩，我们都好高兴哦！”又一天中午回家吃饭时很开心地对爸爸说：“爸爸，今天下午老师都要开会，我们不上课，好爽哦！”

孩子之不喜欢学习，溢于言表，毫不掩饰。

可怜的孩子也许还不知道，未来还有漫长的“苦日子”——比如小学毕业迎考，还有初三补课，更有高三“一模”“二模”之类——等待着他呢！

我又想到二十多年前，我在乐山一中工作，我宿舍下面是操场，操场对面便是学生宿舍。每年七月九日晚上，学生宿舍前面的空地上火光冲天，映着刚刚结束高考的学生们兴奋的脸，隐隐约约还传来他们的欢呼声。他们在欢呼什么呢？在欢呼终于度过了十二年牢狱般的中小学时代！终于结束了那一段值得诅咒的四千个日子！每当这时，我这个当教师的就感到内疚：我们的教育给孩子的少年留下如此印象，我们有愧啊！

然而，难道学生们天生就痛恨读书学习吗？想象一下十二年前他们要进小学前的晚上，该是怎样的憧憬与兴奋：明天，我就是学生了！他们一定把书包看了又看，把文具盒擦了又擦，就盼着明天"高高兴兴上学堂"。

十二年过去，孩子还是这些孩子，学校还是那个学校，憧憬变成诅咒。

这就是我们的基础教育！

经常看到一些老师写文章谈"如何培养学生的学习兴趣"云云，我就想，孩子的学习兴趣还需要培养吗？在我看来，人天生就有好奇心，有探索的欲望，这实际上就是学习兴趣。以语文为例，任何一个幼儿，稍微懂事，便开始念儿歌，唱童谣，听妈妈讲故事，再大一些便看连环画小人书……这不都是语文学习吗？可为什么进了小学，孩子对学习失去兴趣了，进了中学更是厌学呢？我们与其去研究"如何培养学生学习兴趣"，不如研究研究"学生的学习兴趣是如何丧失的"。

我以前是喜欢吃羊肉的。但是2000年的一次吃羊肉让我后来一想起羊肉就想吐。那次去西安讲学，主人特意请我到钟楼附近据说是最正宗的一家羊肉泡馍馆。当时我肚子挺饿，就盼着羊肉汤赶快上来。服务员终于端上了热气腾腾的羊肉泡馍，我怀着极大的食欲往嘴里狠狠地刨了一大口羊肉泡馍时，我顿时感到我走进了羊圈——腥膻味呛得我喘不过气来，我直想吐！最后实在吃不下了，只好放弃。从此以后不再吃羊肉。

我对羊肉感情的变化，几乎就相当于无数孩子对学习兴趣的变化。当初，我肚子的饥饿感，就好比是孩子原有的学习兴趣或者说求知欲；服务员端来一大碗热气腾腾膻味浓郁的羊肉泡馍，就相当于老师一下子对孩子猛灌知识，包括海量作业；不能说服务员有什么恶意，但我从此不再吃羊肉，同样，老师也是好心，但结果是败坏了孩子的学习口味，甚至厌学。

那次吃羊肉，让我不堪回首——这话当然有些夸张。想起我那侄女，我就心痛——这可一点都不夸张。

关于“不孝敬父母者不得推荐上北大”

北大近日发布2012年中学校长实名推荐制《中学名单和实施细则》，“细则”中增了一条“不孝敬父母者不得推荐”。我的第一个反应是，很好呀！我想，一般人的反应都会和我一样，觉得理应如此。

结果不是。我真没有想到，这条在我看来理所当然的规定，居然引起了激烈的争论，居然还有人持反对意见。

到网上看了一看，反对者大多认为，此条规定缺乏操作性。他们质疑道：谁来认定学生不孝敬？父母吗？可哪个家长会主动“举报”自己的孩子不孝敬呢？那不是坑害自己的孩子吗？

我认为，质疑者混淆了两个问题，一是该不该规定不孝者不能被推荐，一是如何界定并考察被推荐者“不孝”。第一个问题属于价值层面的，也就是说，是表明学校的一种态度。第二个问题属于操作层面的，是需要具体的事实认定。不能因为“缺乏操作性”（其实未必），就否认应该倡导的价值观，这关系着教育的导向。

《论语》说：“孝弟也者，其为仁之本与。”徐复观先生对此解释道：“孝是出于对父母的爱，即是仁的根苗。孝的实践，即是对仁德初步的自觉，初步的实践；也即是对仁德根苗的培养。”所以中国有“百善孝为先”的古训。的确，无论爱祖国爱人民，归根到底都必须先爱自己的父母。苏霍姆林斯基说过，爱祖国是从爱母亲开始的。作为中国最著名的高等学府之一，北京大学明确表示不欢迎不孝敬父母的考生，其意义，与其说是消极地拒绝不孝之子，不如说是积极地表明一种教育理念：只有孝敬父母的学生，才可能成为真正有爱国心有社会责任感的公民！

对此，居然还要反对，我真不知道这世界怎么了。

真的缺乏操作性吗？我看未必。实际上，不孝敬父母应该是有很严重的行为与后果，这不是一般意义的不尊重父母，不体谅父母——那只能说是孩子“不懂事”。既然是很严重的行为和后果，怎么会无迹可寻呢？只要认真起来，没有不可“操作”的。生活中，把不孝儿女告上法庭的父母还少吗？

何况，北大有关部门已经明确回应质疑者：“‘不孝敬父母者不得被推荐’，这是一个禁止性的规定。它不能被反过来解读。”如此一来，如前所说的有严重行为和后果的不孝子女，自然失去了推荐资格。这还需要什么“操作性”吗？

北大招办负责人还说：“北大不比较谁更孝敬父母，但孝不孝敬父母是能否获得推荐资格的一条底线。一个对父母感恩的人，相对而言对他人、对单位、对社会也会比较容易培养出责任感。如果一个不孝敬父母的人也可以被中学校长推荐到北大来就读，我们就没有尽到教育者应尽的责任。”说得太好啦！我想到吉美坚赞说的话：“我们这个学校就是要培养好人，培养善良的人！”而“孝”就是最大的善良。因此，在“分数才是硬道理”的今天，北大在招生时旗帜鲜明地提出“孝”的要求并把这作为不可突破的“底线”，我也旗帜鲜明地为之叫好。

有感于“最美女教师”张丽莉

尽管类似舍身救学生的故事已经不是第一次见诸媒体了，但我感动的心似乎还没有麻木。这次被舆论冠以“最美女教师”张丽莉的事迹，依然震撼了我的心。说实话，我真不敢保证在那一刻我能够像张老师那样冲上去，但这不妨碍我崇敬张老师。个人的道德行为是一种自我选择，而不是强迫的社会规范。张老师做到了许多人可能做不到的，那些做不到的人（包括我）不能说是可耻，但张老师在那一刻无疑是伟大的。和许多人一样，这些天来我也关心着张老师的伤情，在心里默默祝福着张老师。

在祝福的同时，我有些想法，可能是从另一个角度去思考，想要在这里探讨一下。

在铺天盖地的关于张丽莉老师的报道中，2012年5月12日《广州日报》A14版上的几句话引起了我的注意——

据一名学生家长介绍，由于初三属于毕业班，学生上课上到比较晚，第十九中学为此找来大客车接送学生，每个月接送20天，每位学生收费140元，而在事发时，第四中学校门口光线比较黑暗。

在张丽莉老师出事后，有自称佳木斯第十九中学学生的网友在网上发帖回忆事故发生的过程："不久前，学校说我们的校舍是危楼。我们被迫迁至第四中学上课。我们来到四中后，学校说要加晚课。教育局来查，我们就早放学，教育局不查，我们便加课，加到很晚很晚……学校为了我们的安全，租了一个叫××巴士公司的大巴车来做校车。"

从这两段话中，我们至少可以知道，第一，这和学校的安全环境不佳有关系："事发时，第四中学校门口光线比较黑暗。"第二，这次出事，和学校违规加课有关系，"学校说要加晚课。教育局来查，我们就早放学，教育局不查，我们便加课，加到很晚很晚"。

作为也是校长的我，有足够的却摆不上桌面的理由，理解学校安全隐患防不胜防的困境，我也能够理解学校违规加课的苦衷。其实，有些板子是不应该简单地打在学校的"屁股"上，但是无论如何，这些导致张老师双腿截肢的间接因素，不应该被"赞歌"掩盖。

试想一下，如果张老师没有受伤，而受伤的是学生，甚至假如还有学生死亡，这将是震惊全国的学校安全特大事故。然而，因为张老师成了英雄，人们在赞美英雄的同时，似乎把悲剧的根源淡化了。当然，肇事司机已经被拘，但对其他相关部门失职的调查处理呢？是不是被"淡化"了？而这有意无意地"淡化"，意味着新的悲剧还将发生。

张丽莉老师的优秀是不言而喻的，还是这张《广州日报》说"为了带好初三毕业班，张丽莉选择先不要孩子，每天把大量的时间都花在了学生身上"。

张丽莉老师的优秀还不止这些。我从《黑龙江晨报》《光明日报》等媒体中了解到——

入校五年，各种赛课、教学比赛，张老师都名列前茅。她所带的班级名次遥遥领先。

丽莉和学生们的关系好得让同事们有些“嫉妒”。同一个办公室，教师节她收到的礼物最多，小礼物、小食品每次都能在办公桌上堆成小山。“看到学生扣子没系好，她会上去整理；看到学生衣服脏了，她会帮着拿去洗。”张老师的同事王玉文说，“学生哪会不喜欢这样的老师？”

然而，这么优秀的老师，这么受学生爱戴的老师，居然是还没有“编制”的代课教师！我不知道怎样的老师才能有“编制”。那天看中央电视台的《焦点访谈》，得知张丽莉老师每月收入仅 1000 元，还要拿出 100 元资助困难学生。我在心里这样“假如”：假如张老师没有双腿截肢，伤好之后还能够回到学校，上级一定会“破例”给她编制转正的。出事到现在不过十多天，张老师还躺在重症监护室等待再次手术，组织上不是已经突击授予了诸如“全国五一劳动奖章”等荣誉了吗？因此，上级给她破格转正完全是可能的。问题是，如果她没有舍身救人呢？难道她就不优秀了吗？为什么获得“编制”一定要付出如此沉重的代价？

我更想说的是，全国还有无数像张老师一样优秀却没有因舍身救人而截肢的代课老师，为什么就不能转正呢？我是校长，我的学校也有不少和张老师一样优秀的没有编制的老师，面对制度我无能为力。我至今记得，二十年来，我不止一次给学生全文朗读中篇小说《凤凰琴》的情景，作品中大山里的几位代课老师围绕“转正”而发生的故事，让我和我的学生泪流满面。我深知现行教育体制的严格，特别是人事制度的保守，但我还是想天真地向教育主管部门乃至教育部发出一声微弱的呼呼：请让千千万万和张老师一样优秀的代课老师转正吧！据说中国改革开放三十年经济已经有令世界瞩目的发展，已经成为世界第二大经济体了，拿出一点钱来解决张丽莉们的“编制”，这不算苛求吧？

我的朋友小易老师在我博客上的留言，引起了我的强烈共鸣——

太沉重了，任教二十多年来，对教育对教师，我的感受就是见证。中国的教师太苦了，中国的学生太不幸了。苦苦支撑，饱受不公不幸，目睹学生苦教师苦，教育工作到底为了什么？谁在真为学生为教育负责？

绿领巾和红领巾

一

西安市未央区第一实验小学让成绩不好、成绩差的孩子戴绿领巾，引来全国一片讨伐之声。

我当然也认为这样做是对孩子的一种精神伤害。别说孩子，就是成人，带着这样类似于差生标签的绿领巾也会无地自容，何况心灵比成人脆弱得多的孩子？但是，我不同意甚至很反感一些人对此事的评论："残忍教育""严酷等级制""教育软暴力""拿无知当创新""无异于古代给犯人脸上刺字！""是犯罪！""脑残！""应该给老师戴绿帽子！"……

尽管客观效果不好，的确给孩子的心灵造成了创伤，但应该说，教育者的初衷是好的，还是希望能够激励孩子。这和古代给犯人刺字还是不同的。一个是无意伤害，一个是有意侮辱。怎么能说"无异于古代给犯人脸上刺字呢？"至于"脑残""应该给老师戴绿帽子"之类，则是赤裸裸的辱骂，已经不是严肃的批评了。

事情发生后，未央区第一实验小学便立刻承认错误，且马上撤销了绿领巾，这样的态度还不够诚恳不够端正吗？应该允许任何人犯错误，包括教育者。如果一有问题，就全民口诛，破口大骂，谁还敢搞教育？教育是有很多问题，但是，如果一味用恶毒的语言骂老师，有用吗？不但无助于教育问题的解决，反而会让老师无所适从，让教育问题更多更复杂。

我再重申一遍，给孩子戴绿领巾无论如何是不对的，教育者无论如何应该吸取教训，转变观念，给孩子更多的尊重与爱，让教育有更多的民主与平等。

但是同样“无论如何”的是，出此“馊主意”的教育者是没有恶意的，劈头盖脸地谩骂，这对呕心沥血的教育者同样不公平。请社会给教育者一点宽容，无限上纲，穷追猛打，恶毒咒骂，欲置之死地而后快……只会让教育环境更糟糕。步步惊心，谁还愿意当老师？

二

由此次“绿领巾事件”，我稍微往深处想了想，由绿领巾想到了红领巾。

如果说戴绿领巾表示“差生”，那么戴红领巾又表示什么呢？当然是“好学生”啦。问题又出来了，既然戴红领巾表示“好学生”，那没有戴红领巾的孩子自然就是“差生”了，对这样的孩子来说，不依然也和戴绿领巾一样是一种歧视吗？只不过歧视的形式不同而已：戴绿领巾，或不戴红领巾。

曾有一位年轻的妈妈给我在网上留言，说她儿子没有第一批入队，很受伤。她不理解为什么入队要分批次，尽管最后所有孩子都会戴上红领巾。按我们的惯性思维，红领巾代表“先锋”，分批次让孩子戴红领巾是为了激

我和可爱的学生们在一起

励啊！不然，都同时戴红领巾，还有什么“先锋”“后进”之分呢？但是，我想说的是，既然红领巾是“国旗的一角”是“先烈鲜血染红的”（我小时候真还相信呢，当时我只是不理解，我手指出血后滴在衣服上，干了就成了黑褐色，可红领巾上的“烈士鲜血”怎么一直都那么鲜红呢），为什么不能让所有孩子都同时佩戴呢？如果先戴后戴能够起激励作用，那么一旦所有孩子都戴上红领巾后，一直到十四岁，这种激励作用显然就消失了，因为孩子不可能不犯错误，难道我们会因为孩子犯错误便取消其佩戴红领巾的资格吗？

事实上，红领巾的激励作用是有限的，最多对小学生甚至低年级学生有点效果。随着孩子年龄的增加，到了小学高年级和初中，许多孩子都不愿意戴红领巾了，谁也不会认为那是什么“荣誉”。把红领巾放到人生的长河看，它除了代表幼年（我没说是“少年”）时期的一种纯洁的梦想，其实什么都不能代表。一个人长大后是善是恶，和红领巾完全没有关系——那么多的各类犯罪分子，包括腐败分子，哪一个小时候没戴过红领巾？因此它对人生的意义几乎可以忽略不计。

如此说来，红领巾戴与不戴有什么关系？不如取消。

与此相类似的，还有“三好生”之类的“评优选先”。既然戴红领巾或绿领巾、戴红领巾或不戴红领巾都是一种把同等尊严的孩子分为三六九等的歧视，那么凭什么有一部分孩子能够当三好生，而另一部分孩子不能当三好生，就不是一种歧视？

因此，我再次建议，取消所谓“三好生”的评比。

可能会有人说：“那怎么激励表彰学生呢？”我说，很简单，取消了统一标准的“三好生”之后，代之以符合每一个孩子个性特长的评价方式，让每一个孩子都有尊严，这不更好吗？

难道取消了红领巾，取消了“三好生”，中国教育就会崩溃，一代又一代中国少年就会迷茫而堕落吗？

洗脚不如洗袜子

我从《重庆晚报》上看到一张场面壮观的照片：大操场上，成百上千的人排得整整齐齐，粗看去，横看竖看斜看都宛如大型体操表演；仔细看，是孩子正给家长洗脚——母亲（或父亲）坐着，脚伸进盆里，孩子蹲着，双手正搓着一双成人的脚。

这是最近几年比较时兴的一种“教育方式”，准确地说，是培养“孝心”的方式。在有的学校，校方还要求学生给父母洗脚时必须跪着。

看到这样的照片，我很自然想到几个问题——

第一，类似活动的组织者——也就是教育者在家里是否给父母洗脚？尽管我没有对此做过详尽的调查，但根据自己的生活经验，目前在中国（国外我估计也差不多）子女能够给父母洗脚的“孝行”并不普遍。所以现在当老师的——包括笔者本人——给父母洗脚的也不多。自己没做到的，偏要孩子做到，这是什么教育？

第二，就算组织者本人每天都回家给父母洗脚，于是想把这种美德推而广之，然而是不是有了这么一次声势浩大的“洗脚秀”，孩子们从此每天都会给爸爸妈妈洗脚了？教育不会这么简单吧？要养成一个好习惯，需要训练，而训练就不是一次两次的事。那么，为了让孩子养成给爸爸妈妈洗脚的习惯，是不是学校还要经常如此“操练”呢？

第三，中小学生的爸爸妈妈们，大多四十岁上下，都是中年人，有的小学生的爸爸妈妈也不过三十来岁，还只能算年轻人呢！这些身强力壮的人需要孩子给自己洗脚吗？当然，如果爸爸妈妈身患重病甚至身体残疾，的确需要儿女帮着洗脚，那另当别论。可对绝大多数健康的父母而言，你好意思把脚伸出去让孩子给你洗吗？你不觉得别扭吗？

第四，孩子今天在学校操场上给父母洗脚了，但他回家给自己洗袜子吗？洗内裤吗？他每天早晨起来收拾自己的床铺和房间吗？他每次吃了饭

面对童心

都洗碗吗？在家扫地吗？周末帮着妈妈做饭吗？如果这一切都做不到，只是按老师的“规定作业”回家天天给父母洗脚，又有多大意义呢？

如果追问，问题还会有很多很多。

但是，我估计“洗脚秀”的组织者是不会这样想问题的，他们只关心他们组织的这次活动是否抢眼球，这样的场面通过报纸和电视台展示出来是否有画面感，是否有视觉冲击力，是否有轰动效应。然后，年终进行德育总结评比时，这样的活动是否能够获“德育创新奖”。

类似的简单化作秀般的“德育创新”还不少。比如，为了让孩子体验妈妈怀孕的不容易，便让小学生在肚子上绑一天或一周沙袋；为了让孩子体验亲情，便将全校学生集中在操场上，拥抱爸爸妈妈；为了让孩子感恩，同样是在操场上让孩子们一起喊“爸爸妈妈，我爱你”，然后齐刷刷地给爸爸妈妈下跪……

我知道教育必须通过一定的形式，或者说，一定的形式总是表达了一定的内容。而且我也相信，类似的活动之后，孩子们的作文中，一定会有许多诸如“通过这次活动，我真切感受到了……”之类的语言，但是如此一次性的“感人肺腑”，一次性的“震撼人心”，一次性的“催人泪下”，一次性的“强烈反响”……就真的能够收到持久的实效吗？

教育哪有这么简单？

教育的功能有很多很多，但我认为其根本或者说最重要的任务，说到底就是教育孩子懂得爱，并传递爱。但是，爱的教育，主要不是演讲，不是征文，不是班会，也不是给父母洗脚之类的作秀，而是让学生学会从平凡生活中感受爱，同时付出爱。再说得明白一些，就是要培养孩子爱的生活方式。

我曾经读到过一篇农村孩子写的关于“六一节”的作文，文字朴素，内容朴实。作者说他曾经在电视里见过城里孩子过儿童节，但那时正是农忙季节，“六月的庄稼有的要收割，有的要下种，幸福的城里孩子欢度儿童节的时候，我和弟弟陪着爸爸、妈妈在地里挥舞着镰刀，顶着骄阳，滴着汗水”。

在这里，“挥舞着镰刀，顶着骄阳，滴着汗水”可不是老师布置的“孝心作业”，而是小作者的生活本身，是他早已习惯的生活方式。帮着爸爸妈妈挑起生活的重担，是他从小就不知不觉形成的自觉意识。

作文中有两个细节让我特别感动——

爸爸外出打工，回来时带来一台电风扇，我好奇地把手指伸向转动的扇叶，一声粗暴的呵斥唬住了我：“割断你的手爪子！”这样的温情只有我能听懂。上学的路上有段河滩，雨水多时，要在水里蹚走好长一段，担心鞋子淹湿了，就脱下来拿在手里，脚底板经常划出口子。但是妈妈每次做鞋的时候，总会被针扎到手，我也帮不上忙。

第一次读到这里，我的眼睛湿润了。爸爸的“呵斥”，儿子却读出了“温情”。舍不得穿妈妈做的鞋，不惜蹚水过河滩，脚底划出口子，首先想到的却是妈妈做鞋时被针扎到手。这样懂事的孩子，现在还有多少？作者有一颗细腻柔软的心，他能够随时感受来自父母的爱，并随时准备回报这份爱——帮着爸爸妈妈做农活，带好弟弟，等等。他可能从来没有给父母洗过一次脚，也没有拥抱过父母，但他那颗懂事的孝心，是那些在学校导演下在操场表演“洗脚团体操”的孩子所没有的。

培养爱的生活方式，意味着孝心不是一次性的作业，而是每天的生活习惯：早晨起来，自觉叠被褥，收拾房间，然后自己做早餐，出门时对爸爸妈妈说：“爸，妈，我走了！”下午按时回家，如果有特殊原因不能按时回家，一定会给爸爸妈妈打个电话说明，以免爸爸妈妈在家着急。晚上回家后第一句话说的是：“爸，妈，我回来了！”然后走进厨房很自然地帮妈妈做饭。吃饭时，主动和爸爸妈妈聊天，说自己一天的见闻，或同学间的各种趣事。吃完了饭，自觉把全家人的碗都洗干净。做完功课临睡前，一

定要给爸爸妈妈道声“晚安”。每次洗完澡，自己搓洗袜子内裤，如果可能还自己操作洗衣机把换下来的脏衣服洗了。每当“父亲节”“母亲节”和爸爸妈妈生日的时候，总会送上一句祝福，或一份小礼物。这一切，都不是做给谁看的，是爱的习惯。

而爱的习惯，这才是对爸爸妈妈真正的孝心。

前几天又听说，某地举办的一个培养小孝子的工程近日启动。该工程将吸收孔子、孟子、曾子等圣贤有关孝行教育的思想精华，结合国内外青少年专家和成功培养孩子成才的优秀家长的先进理念和经验，计划用五年左右的时间，在全国培养百万小孝子，为全国亿万孩子树立道德榜样，云云。

我又笑了，“孝子”居然可以通过“工程”培养出来，而且这“工程”还精确到时间（“五年左右”）、数量（“百万”），真是又一伟大“创新”了！只是，我眼前浮现出了一个车间流水线，“孝子”们正源源不断被“打造”出来——规格相同，大小一样，批量生产，质量上乘，实行三包……

培养工程的发明者无疑有着良好的初衷，但因为思维简单，结果把一个庄严的教育设想弄成了笑话。那就请允许我也继续“笑话”一下：如此奇妙的“教育创新”是不是应该拿一个“创新奖”呀？

让班干部与名利脱钩

“童话大王”郑渊洁是我真心喜爱并敬重的作家。他的成长与成功的经历从某种意义上说，是对现行教育体制的讽刺——不能设想，如果郑渊洁按传统的小学—中学—大学的模式与程序接受“教育”，他能否成为现在的“童话大王”？或者直接一点说，正是因为他没有经受各种名为“培养”实为摧残的“教育”，他的灵气、天赋、想象力、创造力才得以原生态地保留下来。因此，他对现行教育弊端的许多批评，往往一针见血。

但坦率地讲，最近郑渊洁关于“小学生干部制度是培养汉奸”的说法，我是不同意的。我理解郑渊洁的激愤的心情，也理解他说这话的具体指向——他可能是想说，现在的班干部制度，往往培养了许多小人。但把“汉奸”二字加在中小学生头上，有点过分。什么叫“汉奸”？我没查词典，但凭一般人的理解，所谓“汉奸”应该是指出卖民族利益的人。就算小干部们有这样或那样的不足和问题，恐怕也很难说他们出卖了什么民族利益。一些教师的确也存在着素质低下甚至师德恶劣的情况，但要说他们是在有意“培养汉奸”，这话恐怕难以让人信服。应该说，无论小学老师还是小学生，绝大多数还是单纯的，没有郑渊洁想象的那么复杂世故，更没有那么阴暗与邪恶。我还相信，千千万万的小朋友担负起班干部责任时，心地是善良、纯真与神圣的。对此，我不想过多论证。把“汉奸”二字强加在万万千千小朋友头上，我很难想象，这是热爱儿童的郑渊洁所说的话。

当然，目前中小学的学生干部制度的确是有问题的，从小学、中学到大学，学段越高，问题越严重。最近有人说“大学学生会是藏污纳垢的地方”，语言有些极端，但基本意思我是同意的。在这方面我多少有些感受，我的不少学生考上大学后来看我，都谈到了大学学生干部种种不正常现象。我女儿高中以后基本不再担任班干部，到了大学更是毫无兴趣，因为她对一些学生干部赤裸裸的功利心很是鄙夷。

社会问题不能简单归咎于教育，但教育的确是有问题的。其中，学生干部制度与班干部培养的确值得我们好好反思。

议论最多的是关于打“小报告”的问题。其实我倒认为，小干部们给老师反映情况，不一定有什么阴暗心理，相反孩子们给老师“反映情况”时，心中是充满正义感的。只是如果教师总是依赖小干部们“汇报情况”来了解班级动向，同时对小干部们的“及时汇报”总是予以鼓励并给予种种“好处”，久而久之，孩子们便养成了“告密”的习惯和能力，其纯洁的人品往往就是从这里开始被玷污的。

在我的班上，我从来都反对学生干部给我打小报告。我总是对学生干部说，遇到同学违纪，你们应该当面批评，自己学会应对处理，而不应该动辄给老师反映。当然，如果班里发生重大违纪事件，面对老师的调查，你们应该直言。需要说明的是，我的调查从来都是在班上公开进行，让犯

错误的同学自己承认错误，只有在极少数情况，可能出现同学们公开站起来当面批评违纪同学的情况——而这，显然不是打“小报告”了。

若班干部真的成了班主任的“卧底”“眼线”，或在其他同学面前趾高气扬，颐指气使，而且掌握有决定同学荣辱的权力，并因此获得继续“进步”的机会或评优选先的“优先权”，那么，班干部制度真的就是在培养不折不扣的小人，这将是我们教育的悲哀。

顺便说说，我当校长第一天给老师们讲话时，特别强调：“我这个校长，坚决反对任何老师到我这里来打小报告。看到同事有什么问题，当面指出。要当君子，不要当小人。”

1997 年，我曾在拙著《走进心灵》中这样写道——

在中国传统文化中，最腐朽也最发达的内容之一，便是“告密文化”！历代封建统治者，为了维持自己的统治，都要豢养一批给自己打小报告的小人。这是人治社会必然产生的现象。这种“告密文化”登峰造极的时代，便是那至今让每一个中国人不堪回首的“无产阶级文化大革命”：父子之间、母女之间、夫妻之间、恋人之间……演绎了多少“大义灭亲”的人间悲剧、人性悲剧啊！发展到最后，无密可告干脆自告其密——所谓“向组织交心”！

这样的悲剧当然不能再重演了。可如果我们在教育中自觉不自觉地鼓励或者只是默认学生打小报告，谁又能保证在 21 世纪能够不再重演这样的悲剧呢？

十多年过去了，我至今依然坚守“决不培养和纵容告密者”的底线，无论是当班主任，还是做校长。

还有人主张取消班干部，这是不现实的，也是不应该的。只要有人群有团体，总有服务需求，也就总有担任服务的人。班干部就是服务者，这点很重要。班主任要设法强化班干部的服务意识，淡化管理功能，让孩子们确立“干部就是服务”的认识，干部不是管理者而是服务者。这样的服务者不应该由少数人垄断，而应该提倡彼此轮流服务。因此，我刚参加工作的上世纪八十年代，我班上的班干部就是轮流担任，班委干部一学期换一次，加上小组长课代表之类的职务，三年下来，所有学生都有专职服务的机会。另外，每届班干部都必须选举产生，已担任过班干部的同学没有候选资格，这样能够保证尽可能多的孩子担任班干部。我反复对班干部说：“你们不是我任命的，是同学们选的。你们首先是同学们的代表，包括代表同学们监督我，而不是我的所谓得力助手。”让一套民主机制，保证学生干部不成为权力的代名词，甚至腐败的苗子。

经常看到一些人批评“人人当班干部”，他们对学校的“班干部泛滥”表示忧虑，认为这样是在助长学生“官本位”的思想。恕我直言，这种忧虑源于忧虑者本人对“官”的传统认识。是的，长期以来，在相当一部分中国人心目中，“官”就是“管”，“当官”就是“管人”，哪怕是一个小组长或课代表都成了权力的标志，身份的象征，而不少孩子的纯洁的童心正是在所谓“追求进步”的过程中被逐渐玷污了。于是，人们一看到现在一个班居然绝大多数学生都有官可当，自然忧心忡忡。但是，让我们看看许多班级的“官”都是怎样的“官”呢？除了有班长、学习委员、生活委员等，还有专门负责班级图书馆的馆长，专门管理班级报刊的“社长”以及专门负责关灯的管理员，专门负责保管粉笔的管理员，等等。他们无非是学生之间互相服务的召集人或组织者而已。

当然，“班长”“馆长”“社长”之类的具体称呼是否妥当这另当别论，但这样的“官”所代表的更多的是一种责任，一种义务，一种权利（注意：不是权力），其核心内涵是服务。孩子们在“当官”（我也暂且借用这种很不准确的说法）的过程中体验的不是管人的乐趣、征服的快感和权力的满足，而是自主的欢乐、服务的幸福和创造的喜悦。因此，“人人有官当”，与其说是互相管理，不如说是互相服务。

苏霍姆林斯基说：“真正的教育是自我教育。”学生的自我管理与自我服务，正蕴含着自我教育；同时，在一个集体中，绝大多数孩子都能拥有服务的权利与机会，这本身也体现了现代民主教育的精神。提高中国官员的素质，我看也应该从娃娃抓起。学生长大以后当然不一定都会当“官”，但从小当过公仆的学生长大后当了“官”更容易成为真正的人民公仆。

这些“官”与传统的班干部有一个十分重要的界限：他们不是老师的助手或傀儡，而是有着独立意识的服务者和创造者（虽然在服务与创造的过程中，正在成长的孩子们离不开教育者的指导，但他们绝不是教育者脑和手的延伸）。

在这里，我特别强调，有必要重新思考一下学生干部和班主任的关系。在传统观念中，学生干部就是班主任的左臂右膀，是班主任的耳目，是“亲信”。正是这种定位，导致了班干部品质玷污，人格受损。我认为，班干部是学生利益的代表者，是集体意志的体现者，通常情况下，他们代表学生和老师真诚合作共建良好的班集体；某些情况下，他们代表学生对老师进行监督评议；特殊情况下，他们作为学生权利的代表，和教师沟通、交涉甚至谈判。在我从教三十年中，学生通过制度通过规则，对我的教育教学进行监督评论，是一种常态。我和学生从没因此而成为“仇敌”，相反我们因此而建立起一种真诚民主平等的师生关系。

班干部之所以在家长眼中成了某种程度的“名利场”，是因为我们赋予班干部太多的“优惠”：评优获奖、升学加分以及各种“优先”等等。一旦沾上利益，任何本来非常单纯纯洁的服务岗位都会变质，都会诱发人性深处的恶，变得十分虚伪而肮脏。因此，要维护班干部纯正的本质，关键是让班干部与任何名利脱钩。让教育回归朴素，从改革班干部制度开始。

请把教育当作教育

昨晚在新浪微博上，我读到这样一段话——

当班主任的过程，就是一场和学生斗智斗勇的战争，是一场敌众我寡、力量悬殊而且你还必须赢的持久战。大凡班主任，一定都有一些独门秘籍，才能把几十个经历不同性格迥异的孩子治得心服口服。

其实，我完全能够理解希望“制服”学生的年轻班主任的心情，他们未必就真的把学生当敌人，但他们在潜意识（甚至“显意识”）里的确是把教育当作军事当作战争的。是的，现在的学生实在是太“复杂”太“狡诈”，老师不得不使出浑身解数，恨不得有诸葛亮的无穷妙计和孙悟空的无边威力，尽快把班级“摆平”，把学生“搞定”。于是，“秒杀”“一招致命”“闻风丧胆”之类的说法和做法便流行起来，一些班主任包括所谓的不少“名班主任”还颇为此扬扬得意呢！

什么是教育修养中起决定因素的品质？也许有人会想到观念——我们不是经常说“关键是转变观念”吗？有人也许会想到理念——现在我们不是经常爱把理念挂在嘴上吗？有人也许想到细节——不是常常说“细节决定成败”吗？当然，现在许多年轻老师会想到“智慧”以及类似的表述：“绝招”呀，“谋略”呀，“兵法”呀，等等。今天，我就听到了“独门秘籍”一说。

但是，请听苏霍姆林斯基怎么说——

对孩子的依恋之情，这是教育修养中起决定作用的一种品质。

当然，仅仅有爱还不够。我一点都不否认这些老师中的绝大多数人是真心爱学生的，甚至还深受孩子们喜欢，课余照样和孩子们打成一片呢！但是，爱并不是教育的一切啊！人们常说，没有爱就没有教育。这当然是对的，因为爱是教育的起点。但我们不能反过来说，有了爱就有了教育的一切，因为仅仅有爱还不是教育的全部。爱只是教育的情感，教育除了情感，还有思想，还有价值观，还有人文精神。如果思想、价值观和人文精神出了问题，再多的爱都不能成为真正的教育。我想，教师对学生的爱，一般来说，无论如何超不过这个学生父母对他的爱吧，可为什么孩子的父母还是要将他送到学校来呢？可见父母还追求孩子教育中能有超越爱的东西。另外，那么多的家长对孩子粗暴的“教育”，甚至是野蛮的“教育”，酿成了许多家庭悲剧，哪一个不是因为父母“恨铁不成钢”的爱？难道我们的学校教育也要这样？

有的老师也许会驳斥我说：“我这一套秘籍的确管用啊！那么难对付的孩子无一不被制服，那么乱糟糟的班也被我治理得规规矩矩。而且学生和

1998年出版的《爱心与教育》受到读者好评

我的感情依然很深。”我想说的是，如果教育只是行为的规范，只是对顽劣孩子的制服，用现在比较流行的说法就是“搞定”或“摆平”，实在是把教育理解得太肤浅了。教育当然要对孩子进行行为的规范，这是文明社会所必需的规范，但教育除了面对孩子外在的行为，还要面对孩子的心灵，还必须给孩子更重要的东西。这“东西”是什么呢？我理解就是作为一个人，或者准确一点说，作为一个现代公民所需要的一切现代素质：全面的知识、丰富的文化、强健的体魄、文明的行为、自由的思想、独立的人格、丰富的情感、高贵的尊严、柔软的爱心、坚强的意志、正义的情怀、民主的胸襟……这一切远不是靠“秒杀”靠“秘籍”靠“兵法”靠“三下五除二”靠“不战而屈人之兵”之类所能达到的。

至于说孩子“吃这一套”，因此更加“敬佩”班主任，而且班主任也因此而有了“威信”——用有的班主任的话说，就是“我在人格上征服了他们”。我不得不说，这是真正的教育不应该产生的可悲结果。孩子还小，世界观远远不成熟甚至还没完全形成。他们会认为“只要老师为我们好，做什么都对”。十多年前，一个班主任因为学生上课说闲话，一堂课居然用透明胶封住了十七个学生的嘴。舆论哗然。但当记者前去调查时，不少学生认为老师做得对：“老师是为了课堂纪律，是为了我们好。”强权只能在他们心中播下专制的种子——臣民就是这样培养起来的。

我想到了心理学中著名的“斯德哥尔摩综合征”。所谓“斯德哥尔摩综合征”，是指犯罪的被害者对犯罪者产生情感，甚至反过来帮助犯罪者的一种情结。这个情感造成被害人对加害人产生好感、依赖心，甚至协助加害于他人。1973年8月23日，两名有前科的罪犯在意图抢劫瑞典首都斯德哥尔摩市内最大的一家银行失败后，挟持了四位银行职员，在警方与歹徒僵持了130个小时之后，因歹徒放弃而结束。然而这起事件发生后几个月，这四名遭受挟持的银行职员，仍然对绑架他们的人显露出怜悯的情感，他们拒绝在法院指控这些绑匪，甚至还为他们筹措法律辩护的资金，他们都表明并不痛恨歹徒，并表达他们对歹徒非但没有伤害他们却对他们照顾的感激。

对此，心理学家分析研究的结论是，人性能承受的恐惧有一条脆弱的底线。当人遇上了一个凶狂的杀手，杀手不讲理，随时要取他的命，人质就会把生命权渐渐付托给这个凶徒。时间拖久了，人质吃一口饭、喝一口水，每一呼吸，他自己都会觉得是罪犯对他的宽忍和慈悲。对于绑架自己的暴徒，他的恐惧会先转化为对他的感激，然后变为一种崇拜。

我可能扯远了一些，但当看到一些班主任津津乐道于自己的“计谋”与学生对自己的“崇拜”时，我不得不想到“斯德哥尔摩综合征”。我甚至不无忧虑地担心，这样的孩子“规矩”倒是“规矩”了，但长大后是不是能够成为真正的现代公民呢？

请别误会我反对班主任工作中要讲智慧。我多次说过，对班主任而言，情感、思想、智慧三者缺一不可。离开了智慧的班主任工作同样是苍白的。但是我愿意再次重复一遍我在《班主任：“兵法”用来对付谁》中的话——

是的，教育者不可能不讲智慧，这里的“智慧”就包括了技巧与方法，但技巧和方法绝不是“兵法”。教育智慧饱含着民主的思想，散发着人性的芬芳。教育有时候甚至离不开善意的“欺骗”与必要的惩罚，但即使是所谓“欺骗”与惩罚，出发点依然是对孩子的爱与尊重。如果说教育方法是“术”，那么教育思想就是“道”。离开了“道”，所谓“术”的功效是有限的，有时候甚至是苍白的。对教育来说，爱、民主、尊重、信任……永远是最根本的“道”。只有教育之“道”，才能赋予具体的“术”以生命。而且我还要强调的是，“道”是普遍的——科学的教育理念古今中外都是相通的，而“术”是特殊的——任何有效的方法都是因时而异、因地而异、因事而异、因人而异的。班主任工作乃至整个教育，首先是发自内心对学生的爱和现代民主思想，方法、技巧从来都是第二位的，而且这些方法与技巧从来都是在特定条件下才有效，绝没有“放之四海而皆准”的什么“万

能钥匙”。

年轻的教育同行们，请把教育当作教育，请把孩子当作孩子！教育的对象是尚未成熟但正在走向成熟的孩子，而不是必须消灭的敌人；我们和孩子的朝夕相处，是互相学习、共同进步的成长历程，而绝不是“一场敌众我寡、力量悬殊而且你还必须赢”的“战争”。把学生当敌人把班主任工作当战争的教育是令人忧虑的，把学生当敌人的教育是令人不安的。

这张照片有什么不好呢？

昨天的博文《为普通老师树碑立传》末尾，我配了一张照片。画面上，老师们叼着烟（有位老师的烟还夹在耳朵上）正在打扑克。那是去年春天的一个周末，我带领老师在成都郊外农家乐玩的时候，我给老师们拍的。

博文题目是“为普通老师树碑立传”，所以我最早是想用这张照片作为压题图片放在文章前面的，因为画面上的老师状态最能体现出“普通”二字。只是由于这张照片的构图不好压缩成长方形，放在最前面视觉效果不是太好，所以我用的是那次在农家乐的另一张照片，我将其压缩成长方形放在了文首，就是大家已经看到的那张老师们在高台上站成一排挥手的照片，而这张打扑克的照片我就只好放在文末了。

万万没想到，这张照片居然引起了争议，有老师对我这张照片表示了不同看法，认为老师们在办公室打扑克，而且还是赌博，对学生无论如何影响不好，云云。我早就说过，不同看法展开争论是好事，我也不希望我的博文后面只是一种声音。

问题是，这样的“误读”，真让我有点哭笑不得。

当然，有老师产生误会，我也有一点点责任，因为我没有在照片后面说明这是在郊外农家乐。没有说明是因为我认为没必要说明。我在贴照片的时候，没有想到有老师会以为是在学校办公室——怎么可能呢？而且我也以为老师们是会理解我这张照片与题目中“普通”二字的高度吻合的。结果我失算了，还真有老师想成是在办公室而且是上班时间打扑克。后来我便赶紧在照片下面加了几个字说明。

我想，即使我没有加注说明，有的老师又是凭什么就一口断定这是在学校办公室打扑克呢？仔细看照片，这间屋子，有半点办公室的特征吗？可见，思维定式有时候所产生的偏见是多么厉害。

非常感谢小易老师对我这张照片的理解：“文末这张照片真好，教师的另一面。这才是生活，或者说全面的生活。生活的东西，最感染人。”

如果仅仅是为这张照片做解释，我没必要专门写这篇博文。今天写这篇文字，是因为我由对这张照片的误解，想到一个问题：老师们该不该有富有个人特色而又丰富多彩的业余生活？

教师，从来都和“为人师表”几个字连在一起，颇为神圣。后来还有人称教师为“人类灵魂工程师”，哎呀呀，更不得了了！不是哪一个人的“灵魂工程师”，是“人类”呢！当然，工作时间内，在学校，在教室，教师的

老师们的轻松时刻

言行的确应该和自己的职业和教育相符合，但这是不是就意味着老师只能有一种形象呢？

作为校长，说实话，我一直提倡教师的教育生活要丰富多彩，包括在学校的工作时间里，也应该有适当的放松。比如我校的体育馆，老师们上班期间只要把工作安排好，就可以去打乒乓球打羽毛球的。有时候学校工会还组织一些文体活动，目的就是希望老师们能够适当放松。每学期，学校都要组织一次全校性的外出郊游活动，有时候是和读书活动结合在一起。春天，百花盛开的时节，我们来到田野，来到山坡，来到桃花林，来到梨花沟，来到农家乐……老师们呼吸新鲜空气、踏青、聊天，当然许多老师也打麻将、斗地主，都很开心。这有什么不好呢？新教育实验的追求，就是让师生过一种幸福完整的教育生活。只有一种形态的生活，显然不是完整的幸福。现在我最大的遗憾之一，就是因为教学压力大，学校为老师组织的文体活动还不够丰富，这是要继续改进的。

我不会打麻将，但我不反对别人打麻将，我爱人，还有我家里其他人都爱打麻将，这没有什么可耻的，也谈不上低俗。业余时间我喜欢读书，喜欢写作，喜欢摄影，喜欢旅游……但不能说这些爱好就比打麻将高尚。不同的兴趣纯属个人爱好，没有高下之分。你能说喝咖啡就比喝茶高尚吗？显然不能。老师们除了教书，在业余打打麻将，斗斗地主，有什么不好呢？

在我的相册中，还有许多老照片，比这张照片更“不像话”——我和学生摔跤，和学生打扑克（而且脸上还贴着纸条），学生在郊外将我五花大绑……如果哪天公布出来，按有的老师的观念，我这“人民教师”的神圣形象岂不彻底给毁了？

搞教育的人，一定要对这个世界充满热爱，他的生活一定要色彩缤纷。没有爱，少有情趣，缺乏浪漫，其教育就不会充满诗意，而没有诗意的教育，很难说是真正的教育。

所谓“博士”

教师节前，某媒体就博士当校长当老师的现象对我进行采访。记者说，现在成都市中小学教师中仅有四五位博士，当校长的也就我一个。记者要我对此谈谈看法。我如是说——

也许在别人看来，博士当中小学老师或者校长，是一件很了不起的事。读了博士，居然还在中学任教，令人敬佩。但在我看来，博士真的没有什么。我的名片上从不印“博士”二字。在外讲学，我也不说自己是所谓“博士”。我多次说，我不好意思说自己是博士，这不是虚心，而是心虚。不客气地说，包括我在内的相当多的博士，最多相当于民国时期的本科生；而现在许多硕士，也就相当于民国时期的高中生。是社会把博士神化了，好像一个人有了博士学位，就多么有学问一样。至少对相当一部分有博士学位的人来说，不是这样的。比如我，名不副实。我的博士文凭当然是真的，当年考博士我还考了两年呢！第一年外语没过关，第二年才通过。我是完全脱产攻读学位，是国家统招的，真正是读了三年书，因此我不是说我没读多少书，和许多老师相比，我的确也多读了一些书，但完全达不到真正意义上的“博”学之“士”的水平。钱梦龙只是初中毕业，流沙河只有高中文凭，面对他们，我敢说自己是“博士”？最近读了好多关于民国知识分子的书，我不得不再一次感慨，和老一辈大师相比，我们连学者都谈不上！

现在的文凭普遍有水分，本科也好硕士也好博士也好，好多人——不是所有人，往往名大于实。现在中学教师都本科化了，城里的小学教师也基本上本科化了，但现在的中小学教育质量有过去强吗？过去的中师生，那可了得！现在整个民族的文化素养在降低，这是不争的事实。当然，民间也有许多真正的读书人，倒不一定是博士。比如，我知道的新教育实验人干国祥、魏智渊，文凭不高，但读的书不比一些博士少，至少比我多。

他们以读书为乐，不在乎那一张文凭。所以我说，“博士”不一定有学位，有学位的不一定是“博士”。我招聘老师从来不看你是本科还是硕士，只看真才实学。有一年，两位应聘者来我这里考核，一位某重点大学的新闻硕士，一位是普通师范学院的本科生，她俩竞争语文老师。我就出一道题：“请给我背诵一首你能够背的最长的古诗词曲赋。”那硕士傻眼了，憋红了脸，只结结巴巴地背了几个字：“十年生，生，生死两，茫茫，两茫茫……”就背不下去了；而那本科生，脱口就是：“豫章故郡，洪都新府。星分翼轸，地接衡庐。襟三江而带五湖，控蛮荆而引瓯越……”《滕王阁序》一气呵成。我当即就决定要这位本科生。现在我们学校也有硕士生，当然更多的是本科生，但我真还看不出硕士生和本科生在教育教学上的差异。硕士生中有教学优秀的，也有一般的；本科也是，有一般的，也有优秀的。反正博士生也好，硕士生也好，我现在一点都没看出和教育水平教育成效之间有什么关联，至少我没看出任何规律。

所以我说，有没有这四五位博士，对成都中小学教育影响不大。没这几个博士，成都教育不会因此而衰落；再多几个甚至几十个博士，成都教育也不会因此而更加兴旺。还是那句话，不要神化也不要迷信什么博士硕士。

坦率地说，在现行教育环境和教育体制下，中小学没必要进什么博士硕士。因为现在搞“应试教育”——当然，任何一所学校都不会承认自己搞“应试教育”，而都说自己是在搞素质教育——真正的博士完全无用武之地。所谓“应试教育”，对教师的要求，无非就是应试的技巧，反复训练，模拟，包括猜题押题。只要认真教一遍或几遍高三初三，任何一个教师都可以成为“专家”的，这是熟能生巧的技术活儿，和是不是博士一点关系都没有。真的。

我举一个极端的例子，这个例子是真实的。十年前，有一个朋友和我一起复习考博士，这个朋友教物理，我知道他物理课上得特别糟糕，学生成绩也老提不上去。校长拿他很头疼，还不好批评他，因为我这朋友人很好，忠厚朴实善良，工作特别卖力，可就是不会上课。后来他还真考上博士了，而且他的专业就是课堂教学方面的专业。十年过去了，现在我这朋友成了课程教学方面的博士后，到处以专家的身份给人开讲座，专讲“上课的艺术”！呵呵，因为不会上课，后来成了博士，于是便成了教学专家，教别人怎么上课。真是搞笑。

一般人总是认为，中小学的博士硕士多了，说明老师的素质高，总归是好事。这在理论上是对的。问题是现在的教育体制，教不出真正的博士。就算他拿到了博士文凭，也最多是他的专业书籍读得比一般老师多一些，却不能说是真正的博学之士，因为他缺乏人文素养，缺乏知识分子的胸襟与视野。只有专业知识不能算是有学问。只有既有专业知识，又有人文素养，才算得上博学的知识分子。什么叫有学问？不是说你懂生物化学，熟悉金融，会计算机编程，精通几国外语，或者有 MBA，就算是有学问了。不是的，那只是专业知识。真正的学问在文史哲中。中国古代把文史当作真正的学问，哲学概念从近代才由西方传入中国，可以说哲学是文史的升华与总括。我们一直认为中国落后的原因，就是只重人文而轻视理工，而西方之所以发达，是因为人家更注重科技。其实不然，大多数西方人跟中国传统的看法是一样的，把文史哲才看作真正的学问。西方几乎所有的科学大师，无论他是生物化学、天文地理、音乐美术，等等，最后都献身哲学研究，到头来都是哲学家，如柏拉图、亚里士多德、苏格拉底、达·芬奇、卢梭等等。当代世界最伟大的科学家当属爱因斯坦，可正是这位物理学家说过这样的话，在全世界所有的学科之中，最有价值的，就是历史学。对此我非常有共鸣，而且很震撼。在爱因斯坦看来，自然科学还不算真正的学问，只有具备了历史的学识与眼光，才算有学问。这是知识分子应有的眼光。所有的知识、技术都是工具，而历史关系着我们整个人类从哪里来，又要到哪里去。文史哲，关系着人类的灵魂。可现在，有多少博士有这样的灵魂呢？太多的博士硕士只注重专业，而没有人文情怀。而中小学教师，最根本的任务是点燃孩子的精神之火，如果教师没有人文素养，没有对生命的情感，没有对这个社会的思考，是难以胜任真正的教育的。

在现行教育体制下，老师的学问和学生的成绩并不成正比。你把胡适、钱穆、朱自清放在中学教高三，都不一定管用。他们满肚子的学问未必能够应付高考，说不定其高考成绩还不如一个二级教师呢！我不主张中小学直接从博士毕业生中招人，他们来了会很难受。他一肚子的这个理论那个观念，一下子要他带高三，琢磨考点，研究试题，他会很痛苦的。你把博

士要来放在你学校，你让他干什么呢？他读那么多书，用得上吗？还不把他给憋死呀！

如果校长真有思想有眼光，立志要提升学校的教育境界，决心让学校有博士，那我建议让有丰富教学实践经验的老师去考博士。有了几年的一线经验，再去读教育方面的博士，这样比较好。不过，也要注意这样一个现象，现在好多中小学教师之所以要去考博士，他恰恰是想脱离中小学教育，而不是读了博士又回到中小学。所以，校长想培养的博士，必须是热爱中小学教育，读完博士之后，真诚愿意回到原来讲台的教师。

你问我为什么读博士，呵呵，纯属偶然。当年我应邀去苏州讲学，时任苏州市副市长同时又是苏州大学博导的朱永新听了我的报告，便让我考他的博士生。最初他和我都以为凭我当时的“知名度”，也许可以有什么“绿色通道”，结果没有。主要是因为英语，我考了两次。考上后，成都市教育局还不让我去读，以为我不回来了。这也难怪，因为的确有些老师去东部发达地区读书的目的，就是不回来了。可我反复给教育局领导说，我是纯粹地去读书，肯定要回来的。三年后我也真的回来了。其实，这个博士并没有给我带来什么实惠，比如，我工资没有涨一分。因为读博之前，我已经是高级教师了，这在中学已经到顶了。而且读博之前我已经被别人认为是所谓专家了。所以读不读这个博士，就物质利益而言，对我没有丝毫影响。当然，我因此而被别人尊敬，别人叫我“李博士”，这点虚荣心我是享受了的。博士毕业后回到成都，市教育局杨局长把我安排在市教育所教育发展研究室当主任，这在旁人看来，太正常了，读了博士了嘛，自然应该搞研究。但我待了两年就不习惯，觉得还是教书好，所以三番五次找杨局长谈，强烈要求回学校去。他当时问我，你回学校去干什么呢？我觉得他这问题很奇怪，我回答：“当班主任呀！”本来我就没有想过读了博士就不回学校教书就不当班主任了，所以我回去教书，不很正常吗？结果杨局长理解了我，放我回到学校。记得我回到学校见到校长的第一句话是：“让我当班主任！”

我这样说，不是说我很高尚，因为我的兴趣就是教书，就是读书，就是写书。我多次说过，一个人出于兴趣做事，和高尚没有任何关系。当然，我读了博士，对我的教育还是有意义的。主要是视野更开阔，对教育的思考更深入，站得比过去高一些，知识分子的使命感责任感更加自觉一些。

我刚才说在现行的教育环境中，中小学没必要进那么多的博士硕士，并不意味着教育环境较好的地方不能大力引进博士。实际上，在北京上海等地，有的学校博士很多，学校的教育境界的确不一样。比如，北京的十一学校，是我的一个好朋友叫李希贵的在那里做校长。他的学校，有二十多个博士，因此他搞教育改革，包括开放课程，还有学校文化建设，等等，有声有色。

我希望我们有越来越多的真正博学的博士，而且这些博士又真正热爱教育并精通教育，尤其擅长当班主任，课也上得特别棒；我同时希望，我们的教育土壤，能够让博士们在学校里如鱼得水，大显身手。这是中国基础教育的希望所在。否则，为了提升学校的所谓“品位”，而简单进几个博士，没用的。

不停地反思写作，是我的生活方式之一

滑稽

昨天，接到一个自称是某杂志编辑的电话，说要把我写的那篇《谁有资格做“人类灵魂工程师”》收入什么什么杂志。我一听就知道这和牟利有关。但我还是很客气地说:“谢谢！这篇文章是我十多年前写的一篇小文章，已经有杂志发表过了。”

但对方依然希望我让他们发表，说“好文章不怕多次发表”。

咦，这就怪了。一般的编辑都忌讳“一稿多投”，所以我也特别注意不要“一女二嫁”，有时候由于种种原因，我的同一篇文章被不同杂志用了，我都很惭愧地表示歉意。可这家什么杂志居然愿意要“二手货”，还公开说“好文章不怕多次发表”。

于是，我干脆直接问她:“你们这是要收费的吧？”

她回答也直率:“是要收费的。现在的杂志都是自负盈亏，您是知道的。”

我说:“那我就更不愿意了。本来这篇千字文就是陈货，我都不好意思再投寄报刊了，何况你们还要收费！”

这位女编辑坚韧不拔:“李校长，您听我说，现在哪有不收费的报刊呢？都是这样的……”

我有些不耐烦了:“三十年来，我在《中国青年报》《光明日报》《中国教育报》《中国教师报》《人民教育》等报刊发表文章从来没有听说付费一说！中央电视台多次为我做节目，也从没收我一分钱。你真是让我开眼界了！”

她的脾气真好，依然柔和而执着地给我说种种理由，要我把文章给他们，并且付费。

我说:“我不懂，你为什么要这样劝我付费给你们发表我不愿发表的文章呢？请尊重我不发表文章的自由，好吗？谢谢你们，谢谢！这事就不说了，好吗？”

她还是那么顽强，依然喋喋不休，说如果我的文章在她那里发表了，她就会给“贵校”一个什么什么课题实验基地的名额，还可以挂牌的。

我说：“我不要这个牌子，可以吗？这样得来的所谓科研课题和实验基地牌子，有价值吗？我给你说，我当校长六年来，一直坚持三个原则，第一，绝不让我们的老师付所谓版面费发表文章，好文章我自会为他们找杂志发表的，甚至开辟专栏，而且都有稿费；第二，绝不会让老师们买书号出版著作，我已经为老师出版四本著作了，每本书都没花一分钱，而且老师们都有稿费；第三，绝不花钱做任何有偿宣传。”

她说：“李校长，你听我说……”

我打断她的话：“我再说一遍，请尊重我不发表文章的权利！”

然后毅然把电话挂了。

作者不愿发文章，居然还要一而再再而三地说服作者自己掏钱发文章，天下还有比这更滑稽的事吗？

我想，之所以现在这样的滑稽如此防不胜防——我几乎每天都要接到这样的电话骚扰，是因为有“市场”，这“市场”就是老师们的需求，而老师们的需求，又和教育行政部门的某些晋升考核评价方式有关，比如评职称非要论文、专著不可。这必然催生“市场”的应运而生。

多年来，有老师居然确信，发表文章是一定要付费的，还有一些老师对出版著作也有糊涂认识。前段时间，我贴出《牢骚》的博文，说我为老师出版著作从不花钱买书号，居然就有老师在后面跟帖问：“不花钱买书号，那么著作的版权是谁的呢？”在这位老师看来，好像花了钱，就把版权买回来了，就属于自己的了，否则，著作的版权就是出版社的。我的天！居然还有这样的糊涂认识和糊涂人士。

我要告诉大家，所有报刊——我可以把话说得这么绝对，就是所有报刊，发表作者文章都不应该收费！凡是收费的报刊，都是不正规的，无论打着什么旗号，都不要上当。道理很简单，如果报刊是公开发行的，那必然要销售，既然要销售，肯定有利润，给作者付稿酬不是理所当然吗？如果不付作者稿费，这是侵权行为，作者完全可以依法维权。如果不收作者的费用就无法维持报刊的生存，那这样的报刊早就没必要办下去了！

出版著作情况复杂一些，不可一概而论。从严格意义上讲，出版社卖书号是违规的，但好像有“协作出书”一说。这分几种情况，一是事实上的买书号，即作者花钱出书，没有稿费，印出来的书都由作者包销。二是不花钱买书号，但也没稿费，作者同样要自己销书。三是一些教育行政部门出资赞助名师或有培养前途的老师出版个人专著。可能还有其他情况。无论哪种情况，著作的版权天然就是作者的，这和收费不收费一点关系都没有。

我有一个朋友，出书心切，写了一部书稿，我看了看，真的没有什么创新之处，文笔也不好，但他花了四万元把书出版了，可三千册书自己包销，至今大部分书还堆在家里。我很同情他，想，这样的著作花费作者大量财力，却没有读者，出版的意义何在?

写到这里，我担心有老师会不以为然：“您现在功成名就，哪里知道我们年轻老师的苦衷？真是饱汉不知饿汉饥，站着说话不腰疼。”其实，我也是年轻老师过来的，二十年前也有过出版著作的愿望。我的第一部专著是《青春期悄悄话》。出版该书时，我就没有想过要自己花钱。我想，如果要我花钱，自然就没有人读，这样的书我出版它干啥！实际上后来这本书多次再版，证明它是有社会价值的。至于后来的《爱心与教育》等著作的畅销，让我坚定地认为，好书总会有出版社看中的，也一定会有读者市场的，这和是不是名人、名师没有关系。坦率地说，我现在出版著作是很容易的，这可能和我是特级教师有关，但二十年前呢？我写《青春期悄悄话》时，我连高级教师都不是呢！写《爱心与教育》时，也不是什么名师。我觉得关键是不要为出书而出书，只要对教育真诚，只要做得精彩，只要忠于自己的心灵，把这一切自然朴实地记录下来，这最真诚的文字一定能够打动编辑，打动读者。

我所接触过的严肃的报刊，如前面提到的，都是不会收作者的费用的。我还要提到《班主任》《班主任之友》《校长》等杂志，他们公开声明，发表文章从来只看稿件质量，绝不会收作者一分钱。《班主任》杂志社赵福江社长对我说：“我们做的封面人物，也不会收费，只看人选是否优秀！”我向这样的杂志表示由衷的敬意！

我还听说，有的报刊对所谓“专家”和普通作者区别对待，对普通作者不付稿费。这是“欺负”普通老师。也许在有些编辑看来，我能给你登文章就不错了，你还奢望什么稿费！我对这种不尊重作者的行为，表示强烈的谴责。

前几年，我曾和北京某教育报有过合作，他们还给我开过专栏。但几年后该报编辑以各种方式牟利，严重败坏了该报的声誉。我也就不再和该报打交道了。后来我曾公开给该报主编说过这个问题，我说你们这样做，是欺诈行为，老想着掏老师们的钱，是与普通老师为敌。但是，另一方面，他们之所以一再得逞，和一些老师的“自愿上钩”不无关系。

我和武侯实验中学将继续坚持“三不原则”：不发有偿文章，不出有偿著作，不做有偿宣传。请有关报纸、杂志和各种名目的《大词典》《名录》以及种种号称是“中宣部”“教育部”“人民日报”“全国人大”的什么什么机构的衮衮诸公们，不要再“关心”我和我的学校了。这样的“厚爱”我承受不起。我也不愿和你们配合演这出滑稽剧。

中国的基础教育比美国好吗？

今天我参加了武侯区举行的一个教育国际化学术报告会。来自美国马里兰大学的一位戴博教授做了报告。

他的中文好得令人目瞪口呆。对了，顺便说说，二十多年前，他还曾经在著名的电视剧《中国人在纽约》里出演一个比较重要的角色。他的报告生动幽默，妙语连珠。比如他说，中国教育培养学生做一颗永不生锈的螺丝钉，这是不可思议的。还有，他说，他看到中国一些中学挂着激励学生的大幅标语：“除了奋斗，别无选择！”他说我的天！怎么除了奋斗就别无选择了呢？人生的选择太多了，怎么可能只选择奋斗呢？再如，说到自由，他说自由就是允许人们说错话，做傻事的自由。如果只能允许学生说正确的话，做正确的事，就谈不上自由。他又说，中国家长总喜欢说，也

2006 年 11 月广州讲学

是这样做的，为了孩子愿意付出一切。每一代人都这样对下一代人说，那哪一代人才能享受呢？如果每一代人都为下一代人付出一切，却没有任何一代人享受，这样的付出有什么意义呢？

这些观点，都引起了我的共鸣。但对他有的观点，我也不敢苟同。

他比较了中美基础教育的各自的特点，说美国注重创造力培养，但忽略基础，所以基础教育不行，这点要向中国人学习；中国人虽然高端创造性教育不如美国，但基础教育非常好，学生做题的能力远远超过美国学生。

这个观点，其实不是他的观点，已经很多年了，我们常常听到类似的对中美基础教育的比较评价。但我很不以为然。

他赞美中国教育，说：“三十年来，中国经济飞速发展，很多人忽略了教育的原因。正是教育助飞了中国经济的腾飞。因此，中国教育创造了奇迹。”

对此，我还是不以为然。

在问答阶段，有校长问他，美国核心的价值观是什么？他说是个人主义，是个人自由。这激发了每一个人的创造力。

有人问，美国学校是如何进行道德教育的？戴博说：“美国学校从来不进行道德教育，这不是学校的事。道德教育是家长的事。学校只管学生违纪违法没有。他联系到政府管理，说美国是个法治国家，只是依法管理。没有文化部，也没有宣传部。谁也没有权利去做别人道德的评判者。”这个我理解，许多美国人都信奉基督教，许多孩子很小就在家长的教育下按基督教的教义规范自己的言行。从某种意义上说，美国是用宗教代替“德育”。他们从不学雷锋，也不评选什么“感动美国十大年度人物”，但毋庸讳言，美国公民的文明素养高于当今中国。

我几次举手想提问，但因为提问者太多，没轮上我。

报告会结束后，我陪戴博在食堂吃盒饭。我把刚才准备提的问题提了出来："人们都说，中美基础教育要互补，比如美国教育不重基础，而重创造性，说中国的基础教育很好。刚才您也这样说。可是，不争的事实是，美国教育培养了一大批有创造性的人才，不但在顶尖级的科学领域取得了成绩，而且也推动了美国整个国家的发展。而中国，所谓基础教育好，不过是培养许多缺乏创造性的解题高手，到各类学科奥赛中拿国际金牌而已。所以，我就在想，所谓'基础教育'是用来做什么的？这样的'基础教育'拿来有何用？不知戴博先生怎么看这个问题。"

这个问题把戴波先生问住了。他大概真没有想过这个问题。但他说他会好好想想这个问题。

我继续和他探讨："您刚才赞美中国教育，说中国教育为中国经济的发展创造了奇迹。我不同意这个评价。三十年来，中国经济的飞速发展，主要得益于中国经济的制度创新，具体说，就是引入了市场经济。这和教育不能说一点关系都没有，但关系实在不大。因为打开经济改革大门的，正是老一辈革命家，而不是 1978 年以后中国教育培养的学生。以前的经济体制把人管得太死，束缚了人的活力，更压抑了人的欲望，大锅饭，人民公社，等等。经济改革的主要秘密，在我看来，就是尊重人的私欲，尊重人的本能，尊重人性，引进了竞争，引进了奖金，多劳多得，等等。人的活力一旦被激发，经济当然会高速发展。而且，中国三十年来的经济发展，主要得益于廉价劳动力，做发达国家高新技术的加工厂，所谓只有'中国制造'，而没有'中国创造'。没有'中国创造'，怎么能够说中国教育创造了奇迹呢？"

戴博非常诚恳地说："对，你说得对。我要修正我的观点。"

其实，我理解他来中国站在中国的讲台上，说几句中国教育的好话，更多的是出于客人对主人的礼貌。作为中国教育工作者，千万不要因此而扬扬得意："连美国人都公认我们中国的教育比他们先进！"如果这样自以为是，自我陶醉，只会阻碍中国教育改革的进程。我要说，作业多得让学生严重睡眠不足，更没有时间看课外书，没有时间做自己感兴趣的事，没有时间去野外郊游，号召学生"只要学不死，就往死里学"，甚至逼得学生

跳楼的基础教育，无论如何是毫无先进可言的！缺乏人性的中国基础教育，有什么值得夸耀的！

交流时间很短，但大家都感到畅快。他希望读我的书，我说没带，但我下半年要去美国访问一个月，也要去马里兰州的，到时候我给你送去。他说："那好，咱美国见！"

话说教育的“艺术”与“技术”

我们今天比孔子高明吗？

据考证，孔子诞生于公元前551年9月28日。那么明天，将是孔子诞生2562周年的纪念日。

孔子的思想当然不止于教育，但他的教育思想无疑对中华民族影响最大，他也因此被誉为“万世师表”。

在许多人爱说“创新”的今天，在许多人动辄就爱说自己“第一个提出”了什么什么的今天，在不少学校爱标榜自己创立了什么什么“新模式”的今天，我想问问，我们今天真的比孔子高明吗？我们真的在孔子教育思想的基础上有什么实质性的创新吗？

不必查阅任何资料，几乎每一个中国教师都能随口说出孔子的教育思想：什么“有教无类”呀，什么“因材施教”呀，什么“启发诱导”呀，什么“言行一致”呀，什么“克己内省”呀，什么“温故知新”呀，什么“学思结合”呀，等等等等。

这些思想（理念、原则、主张、方法等）至今还有着鲜活的生命力，因为对比孔子的这些思想，我们的教育真的有点“不好意思”。

比如“有教无类”，这其实就是说教育公平，或者说教育均衡，我们现在做到了吗？表面上看，似乎做到了。因为我们早已普及九年义务教育，但这只是表象，而实际上现在许多地方的中小学早已被分为三六九等，择校之风屡禁不止。这叫“有教有类”。这比起孔子的主张，是进步还是退步？

比如“因材施教”，这其实就是个性教育。孔子承认人与人之间是有差别的，每一个人都有其独特之处，因此应该尊重学生的个性，并根据不同的学生施与不同的教育。我们现在做到了吗？和“有教无类”相比，我们连表面上都没有做到。教材统一，教法统一，评价统一……用一个模子去框定所有学生。

比如“启发诱导”，这点似乎正是我们现在所倡导的，但其实我们现在很多时候是假启发。过去的满堂灌，现在成了满堂问，而且反复追问——因为学生的答案不是教师所期待的，自然要一问到底，直到学生说出老师心目中的答案，老师才表扬道：“说得真好！”

比如“言行一致”，孔子认为言行不一，是不道德的。他认为花言巧语、伪装和善，这种人是很少有仁德的。然而我们现在的教育，言不由衷，大话假话，何其多也！老师在课堂上讲的，有多少是连老师自己都不相信更不可能去践行的？可怕的是，说假话成了常态，不但老师不脸红，学生演讲作文也习以为常了。

比如“克己内省”，即与人相处时重在严格要求自己，约束和克制自己的言行，使之合乎道德规范，是谓“克己”；而“内省”就是遇事多反思自己。严于律己，宽以待人。我认为孔子的这个主张，用今天的话说，就是还学生以成长主动权，让学生成为德育的主体，就是自我教育。而我们现在做到了吗？

比如孔子教授学生的“六艺”——礼，即礼节，也就是今天的德育；乐，即音乐，也就是今天的美育；射，即射箭的技术；御，即驾驭马车的技术；书，即书法，包括书写和识字；数，大体相当于今天的数学……这不就是今天我们所倡导的“素质教育”吗？然而，孔子并不认为这是“素质教育”，他认为这就是“教育”。只是两千多年过去了，教育已经越来越远离教育，于是我们不得不“创新”一个术语叫“素质教育”来表明我们的教育追求。但其实不过是让教育回到朴素的原点，这哪里是什么创新呢？一点都不新呢！

有一次孔子和弟子聊天，曾点说：“莫春者，春服既成，冠者五六人，童子六七人，浴乎沂，风乎舞雩，咏而归。”他的意思是说，在暮春三月的时候，穿上春天的服装，相约上五六个成年人、六七个小孩，在沂水河里洗洗澡，在舞雩台上吹吹风，一路唱着歌儿走回来。孔子情不自禁长叹一声说：“吾与点也！”他的意思是，我赞同曾点的想法啊！在这里，我间接地感受到了孔子所追求的一种教育模式（境界？），这就是人与人（师生之间）的和谐以及人与自然的和谐。我甚至想象到了这样一幅图景：在春光明媚的原野上，孔子和他的学生们或席地而坐谈经论道，或迎风而跑歌咏

面对媒体，我反复言说朴素的教育

舞蹈，他们的歌声在春风和阳光之中闪烁，他们的笑声在蓝天和白云之间飘荡……

这么一幅令人神往的教育图景，对于我们现在的教育来说，真是一种奢望。从人与大自然的关系看，今天的孩子已经越来越成为笼中的金丝鸟。从这个意义上说我们的教育退步了至少两千年，不算夸张吧？

这是一个喜欢大谈“教育创新”而毫不脸红的时代。“理念”层出不穷，“模式”花样翻新，“特色”眼花缭乱……而实际上，把这些“肥皂泡”挑破之后，其实我们的教育并不比孔子新鲜多少高明多少。我们实在是没有资格奢谈什么什么“创新”。

真理总是素雅的，教育也总是质朴的。在纪念孔子诞辰的今天，让我们擦去教育的油彩，褪去教育的口红，抖去教育的脂粉，回到教育朴素的起点。

尊严来自高贵的心灵

我理解所谓的“尊严”，通俗地说，是一种被人尊重的权利。既然是“权利”那就人人拥有，教师当然也不例外。但是，拥有权利和权利的实现是两码事。

一次在飞机上，和邻座一名医生闲聊。当他得知我是教师后，说：“我俩的职业有两个共同点：第一，都是和人打交道；第二，社会声誉都不佳。”我笑了，心想“都和人打交道”并不准确，我每天面对的“人”充满活力，你每天面对的“人”能和我比吗？但他说医生和教师的社会声誉都不佳，我是同意的。平时听听周围人的议论，打开报纸看看那些负面新闻，真是没几个说医生好老师好的。相反有人把医生、警察和老师相提并论比作不同的蛇——“白蛇”“黑蛇”“眼镜蛇”！这说法当然既片面又偏激，但这三类职业的社会声誉远不如过去，这是不争的事实。

可见，相当一部分（不是所有）教师和医生、警察一样，并没有获得普遍的社会尊重，虽然有被人尊重的权利实际上并不被尊重，拥有的权利并没有广泛实现，因此谈不上“尊严”。尽管政府花了大量精力宣传“人民教师无上光荣”，还设立了教师节，但老百姓依然看不起一些老师。“尊重”是一种发自内心的情感倾向，是无法强迫的。

我想，一门职业要受人尊重至少有三个原因：政治地位、经济待遇、个人素养。且让我稍微回顾一下历史。民国时期我不了解，至少从我记事起，我就从我当老师的父母身上感觉到，教师这个行业并不是那么“令人自豪”。原因还是从我刚才说的三方面去找。

1949年以后很长一段时间里，包括教师在内的知识分子被当作“改造对象”。“镇反”“肃反”“反右”……每一次政治运动，教师无一例外都会被冲击。无论大学还是中学小学，教师队伍面临劫难：侮辱、批斗、殴打以致迫害致死的老师不计其数。成都市龙江路小学的特级教师袁丽华，因为不堪忍受曾经叫她“袁老师好”的天真无邪的孩子伴随着谩骂吐唾沫的批斗，而饮恨自尽，年仅38岁！在我少年的记忆中，我亲眼看见我的老师在被批斗时惨遭毒打，从台下向他砸去的一块石头击中他的头部，鲜血一下子从额头流下来，整个面部顷刻间成了鲜红！当然并不是每一位教师都被批被斗被毒打，但在那个年代所有教师头上都悬着一柄达摩克利斯之剑，时时刻刻都战战兢兢，惶惶不可终日，这是事实。他们都有一个共同的称号：“臭老九”。如此“臭老九”，哪里还有什么“尊严”可言？

教师职业的经济待遇不高，似乎自古而然。尽管老祖宗有“天地君亲师”的排列，但到了元代便有了“九儒十丐”之说，教师的地位仅在乞丐之上。这里当然更多的是指经济状况。当教师从来就不可能发财，古今中

外概不例外。所以就有了“家有五斗粮，不当孩子王”的古训。不过，在运行正常的社会，教师虽然不可能成为富翁，但生活充裕是完全可以做到的。现在已经有不少资料显示，民国时期大学教授的收入是相当丰厚的，中小学教师的收入也绝不可能仅比乞丐好一点。即使上世纪50年代中前期，中学教师的收入也颇为可观。我说这话是有依据的。我岳父上世纪50年代初便开始在中学任教，当时他一个人的工资要养活一家大小十几口人，而且生活还算比较富裕。这在现在是不可想象的。但到了后来，教师的工资便渐渐衰落了。上世纪60年代初，我的一个叔叔（父亲的同事）平时在学校上课，周末则回到农村的家。一次回家前想给家里老小买点吃的都没钱，最后脱下自己的毛衣换了一个大南瓜带回家。我从小就听惯了“穷教书”的说法，却从来没有听谁说过“穷当官的”。因此，便有了公社书记对小学老师说“你好好干，以后我提拔你当售货员”的真实笑话。

教师在旧时被人称作“先生”，这个称呼包含着人们对教师学识和人品的认可，或者说期待。过去，哪怕是一位乡村小学的教师，都会被周围的乡亲们视为一方神圣。因为“先生”就代表着学问。逢年过节，主持各种礼仪，大家都要去请“先生”。现在我们所熟知的许多大家乃至大师，年轻时都有过当小学老师的经历。比如叶圣陶，当年师范毕业后，就是在苏州郊外的甪直镇以小学老师的身份开始了他的教育生涯。可以想象，当年学识渊博、人品高尚的叶圣陶会给孩子们怎样的启蒙。当然，叶圣陶是名人，可是我们完全还可以从大家熟知的魏巍《我的老师》中了解一位名叫蔡芸芝的普通小学老师对孩子心灵最初的滋润。这样的老师，是值得孩子们感恩一辈子的！写到这里，我不禁想，在现在的中小学中，究竟还有没有叶圣陶这样的大学问家？究竟有多少像蔡芸芝这样充满爱心的老师？孩子们每天见着我们都要叫“老师好”，但如果孩子仅仅是出自礼貌而不是像魏巍对蔡芸芝老师那样发自内心的尊敬与感恩，这礼节性的“老师好”三个字是没有多少尊严的含金量的。

好了，我们来看看，现在有的老师（注意，我一直说是“有的老师”而非全部老师）为什么没有尊严。

是政治地位依然低下吗？当然不是。改革开放以来，教师作为一个群体已摆脱了政治上的歧视，一般情况下，更不可能无端遭受政治迫害。相反，“尊师重教”“尊重知识，尊重人才”“百年大计，教育为本;教育大计，教师为本”等口号已经写进了党和政府的各类文件。尽管有些口号并不见得就不折不扣地落实到了学校，落实到了教师身上，但毫无疑问，整个社会氛围对教育和教师的重视，比起几十年前简直不可同日而语。当然，就个体而言，也许还会有辱骂甚至殴打老师的现象，但就整体上说，教师在政治上已经翻身，这不会有太大的争议吧。

是经济待遇依然不高吗？恐怕也不是，至少不完全是。是的，在相当长一段时间，教师的工资偏低，我在上世纪八九十年代教高三毕业班的时候，要动员学生报考师范是一件很吃力的事。原因很多，但收入低是重要的一点。就在前几年，在职教师辞职下海做生意的也不是个别。然而现在情况已经发生了较大的变化，随着绩效工资的落实，绝大多数教师的收入在当地应该还算过得去——当然，我们不能和大款富翁比。“比上不足，比下有余”，算中等水平吧，而且教师职业相对还比较稳定，收入自然也比较稳定。这也是近几年师范院校出现报考热的原因。现在每年大学生毕业，包括一些非师范专业的学生也纷纷参与学校招聘的竞争，经济待遇绝对是一个重要原因。

现在有的教师不被人尊敬，既然主要不是因为政治地位，也不是因为经济待遇，那我们只有到教师个人素质上找原因了。按说教师也是知识分子，那么知识分子应该有着怎样的人格与学识？换句话说，我们应以什么去赢得社会的尊敬？

读《南渡北归》，我实在震惊于上世纪上半叶知识分子的人格与学识。一边读我一边想，当代知识分子和那一代知识分子在学识与人格上的差距究竟有多大？

先说学识。

1924 年清华学校（当时还不叫清华大学）拟办国学研究院。校长曹云祥邀请 1917 年因新文化运动而“暴得大名”的胡适担任院长，胡适很有自知之明，立即推辞。他认为，当时大师如云，他算几斤几两？曹云祥说，院长你不愿当，那就退而求其次，担任国学研究院的导师吧！胡适依然觉得自己学问肤浅，哪敢冒充“国学导师”？他谦虚而真诚地对曹云祥说:“非一流学者，不配做研究院导师，我实在不敢当。”他还向曹云祥推荐了几位

大师。

最后，根据胡适的推荐，曹云祥正式聘请的“四大导师”是：王国维、梁启超、赵元任、陈寅恪。

特别让我感慨的是，那年头真的看重的是真才实学，而非虚名，更不轻信文凭。“四大导师”之中，只有赵元任是美国哈佛大学的博士，而王国维、梁启超和陈寅恪三位学贯中西，却均无博士、硕士文凭。陈寅恪海外留学十几年，分别在柏林、哈佛等欧美名校攻读，却终没拿回一张博士文凭。

再说人格。

上面所说的清华学校国学研究院的“四大导师”指的是以教授的头衔担任导师的四位大师，其实，该院第一批导师是五位而不只是四位。还有一位叫李济，但他是以讲师的头衔担任导师的，所以便没有进入“四大导师”之列。

这位李济也是一位真正的大师，他 14 岁考入清华学堂，18 岁毕业后赴美留学，先在克拉克大学主攻心理学、社会学，后在哈佛大学攻读人类学，以《中国民族的形成》论文获哈佛大学哲学（人类学）博士学位。这是第一位中国人获此殊荣。那一年，李济 27 岁。

学成之后，李济毫不犹疑启程回国。和若干年以后的许多留美中国学生不同，他想都没想过“在美国发展”。在他的心中，有着成为学术大师的愿望，却没有成为拥有百万的大亨或权势显赫的大官的追求。他一门心思想的是“新文化，科学救国，振兴民族”。这不是他一个人的抱负，而是他那一代人共同的理想。若干年后，李济这样说：“那时的留学生，没有一个想在美国长久地待下去，也根本没有人想做这样的梦。那时的留学生，都是在毕业之后回国的。他们在回国之后，选择职业的时候，也没有人考虑到赚多少钱和养家糊口的问题。我就是在当年这种留学风气之下，选择了我所喜爱的学科——人类学。”

渴望中国尽快崛起，这不但是那一代知识分子共同的强烈愿望，也是他们的行动。他们清醒地看到了当时中国在各个方面与欧美的差距，并大胆地向西方学习。正是因为这种“强国梦”，梁启超特意安排长子梁思成赴美学建筑，安排次子梁思永学考古。这一安排，皆是为了让当时不受中国学术界重视的冷僻专业，能够在中国大地上生根、发芽、成长、壮大，用梁启超自己的话来说，是“为中华民族在这一专业学问领域争一世界性名誉”。后来梁思成和梁思永的学术贡献证明，梁启超的目的达到了，梁氏兄弟学成归国后，分别成为自己专业学科中领一代风骚的宗师。他们赢得的，不只是梁氏家族的“风头”，而是中华民族的光荣。

这就是那一代知识分子的人格。

读《南渡北归》，我真的自惭形秽，我甚至不敢对自己说“我是知识分子”。我甚至觉得，当代知识分子应该加个引号，为“知识分子”，意思是“所谓的”。

坦率地说，我现在对某些教授、院士，或者号称“大师”的专家，实在不敢轻易尊敬。如今学术腐败这么猖獗，我怎么知道你的“教授”“院士”是怎么来的？就算你在你所研究的专业上的确达到了某种高度，但人品的高度也上去了吗？一个个西装革履，油头粉面，自以为有学问，趾高气扬，但怎么看也觉得像没有文化的老板。

过去讲“道德文章”，这是一体的。而现在，道德是道德，文章是文章，两码事！我曾经和一位教授接触过，该教授在全国有数不清的粉丝，因为他的书很是受一线教师追捧，但他在房间里与我聊天的时候，大骂中小学一线的老师是白痴，而且言谈举止粗俗猥琐，格调低下。当时我感到吃惊：这就是全国中小学老师心目中的偶像？如果老师们知道他们的偶像如此骂他们，该做何感想？

我再次想到——

和老一辈大师相比，我们连学者都算不上！

请问现在的中小学教师有几个在业余时间读书的？有几个教师家里有藏书？除了教材和教参，还有多少人在读教育学著作，读教育专业著作，读教学专业杂志？对于国际国内富有影响的思想家的著述，包括人文知识分子的著作，他们阅读了多少？他们有没有比较宽阔的人文视野？对于中国二十世纪的历史，凝望了多少？对于二十世纪中国知识分子的命运，思考了多少？对于当下中国社会和民众的生活，以及各种暗流汹涌的思潮，又关注了多少？毕业于师范大学中文系的中小学语文教师，是否能够写一手还算说得过去的文章？当他要求学生背诵古典诗词的时候，他是否能够

背诵？有一次，我到某大学中文系去招老师，系主任给我推荐了几位“高才生”，面试时，我只出了一道题：“请背诵一首你能够背的最长的古典诗词。”结果几位“高才生”面面相觑，继而面红耳赤。最后一个男生红着脸背了一首“床前明月光”！曾有媒体报道，某著名高校中文系有学生考试写作文时，因写不出某些常用汉字而改用拼音表达！还有一个学生因为不会写“钥匙”二字，竟然用“key”代替！以前看毛泽东、刘少奇、周恩来、邓小平的题词，觉得那一代人的字写得实在是好，包括文化程度稍微低点的彭德怀，也写得一手好字。可现在，随便你到哪所学校去听课，有几位老师板书的字迹能够说漂亮？当学生家长看着孩子作业本上老师那蚯蚓爬行似的批语时，他怎么会对老师肃然起敬？

现在，接受家长送礼请吃，俨然已经是一些老师的“潜规则”了。我就亲耳听一位老师说：“靠山吃山嘛，我们当教师的，也就靠这个了！比起那些巨贪，我们收点礼算什么？”可怕的不是老师收礼，而是老师收礼之后的心安理得，他觉得这是正常的！其实，家长给老师送礼，恰恰是对教师这个职业的蔑视——送点礼就把“老师”搞定了！家长当面对我们说奉承话，心里却在骂我们呢！所谓“进门拜三拜，出门骂三代”！我认识的一位小学老师，因为拒绝收家长的礼而在学校成为“另类”，颇为“孤立”。但她说：“我守住了自己的底线，心里踏实。因为我不欠任何家长的情，所以我在教育处理学生的时候，敢于向任何家长说不！我有这个底气！”有一次，一个学生的母亲给这位老师送礼被退回后，孩子的家长理解了老师的真诚，很是感动。她对老师说：“其实每年给老师红包送购物卡，我心里也不愿意，但一想到别人都送而我不送，我的孩子要吃亏啊！每次我把红包送给老师，老师收下的时候，我心里就说，孙子，你拿去花吧！”你们看，当学生家长表面上对我们毕恭毕敬而心里却在骂我们“孙子”的时候，所谓教师的尊严已经荡然无存了。然而，教师的尊严恰恰是被没有自尊的教师自己剥夺的。

没有渊博的学识，缺乏应有的人格，这样的“老师”，你凭什么让家长让社会尊重你？即使政府把一年365天都设为“教师节”，即使政府再把教师的绩效工资翻一倍，也没人尊重这样的“老师”！

不是要我们当老师的都成为完美无瑕的圣人或者不食人间烟火的神仙，

不是的。其实我们每一个教育者都很普通，作为学校的一线老师（我现在有时还上课，因此我认为我也是“一线教师”），在现行教育体制下，我们承受着学生人身安全、教学质量要求、升学率任务以及家长过高的期待值等巨大的压力。因此我们每天早晨迎着太阳或冒着风霜雨雪匆匆赶到学校，然后上课、批改作业、找学生谈心、接待学生家长；晚上拖着疲倦的身体回到家里，还要在灯下备课、阅读或写教育随笔，反思自己一天的工作。我们有着来自教育的困惑，或来自生活的烦恼，也因此而叹息乃至流泪……但我们绝不苟且地对待自己的职业和班上的每一个孩子，我们还坚守着内心的底线。我们不愿意只是埋怨（有时候当然也忍不住发些牢骚），而想通过我们每一天点点滴滴的努力——从上好每一堂课开始，从带好每一个班开始，从和每一个学生谈心开始，从走访每一个学生家庭开始……一句话，通过我们自己干净的教育行为，改善进而（或许能够）改变我们身边的教育——我们当然不敢奢望改造中国教育，再进而影响我们周围的人改变对教育的看法，改变我们教师的社会形象，以赢得我们的尊严。

有一次去南京师大附中看望吴非，他给我谈到教师的风气：“教师是否被学生真心尊重关键还是教师自己。教师的一言一行都被学生看着哪！”他很自豪地谈到他所在的语文组：“我们语文组有几位年轻老师真不错，庄敬自强，有真正的教师修养，他们有一个共同的特点：不苟且！”

听到这里，当时我心里一震：“不苟且”这三个字太有分量了，撞击着我的心。我说：“我一定把这三个字对我校老师说。不苟且，意味着抵御外在的诱惑，坚守内心的良知，不管社会风气如何，决不放弃应有的理想、情操和气节！”

他说：“是的，教师不能放弃理想。人生在世，吃的穿的用的，能够花费多少钱呢？够用就行了。不能因为过分追求物质，而放弃了精神追求。”

吴非所说的“不苟且”是一种灵魂散发出的芬芳。是的，说到底，教师的尊严正是来自高贵的心灵——

厚实的学问、儒雅的修养、执着的理想、赤诚的爱心、纯洁的童真、丰富的智慧、宽阔的胸襟、凌云的气节、伟岸的风骨、朴素的良知、自由的精神……构成了高贵心灵的全部内涵。

包括我在内的教师应该随时问问自己：我有这样高贵的心灵吗？

几年前的一天，在成都市区一辆公交车上，一位母亲模样的女士在和旁边的朋友聊她孩子的初中班主任：“孩子从读小学起，每年他们都为给老师送什么礼而发愁。孩子进初中后，孩子的班主任潘老师不许我们给她送任何礼物。现在孩子都快毕业了，许多家长都在说，三年来，潘老师对我们的孩子那么好，可我们想请潘老师吃顿饭，就是那么艰难！”这里说的“潘老师”，就是我校的潘玉婷老师。听了这样的议论，我一点都不惊讶。“李校长，请将某某安排在潘玉婷老师班上。拜托了！”每当潘玉婷老师带完一届毕业班，暑假里我总会收到一些领导这样的手机短信，要我把他们或他们亲戚、朋友的孩子安排在潘玉婷新接的班上。在我校，也有不少老师在计算，看他们的孩子读初一的时候，能否刚好赶上潘玉婷教初一，“这样，我的孩子就有福了！”一位老师这样对我说。这里的“有福”不仅仅是说孩子可以享受潘老师精彩的语文课，更是可以享受班主任潘老师的爱。为此，我曾在大会上说：“什么是优秀教师？家长想方设法，甚至托关系走后门把自己的孩子送到你班上，你就是优秀教师！”

这就是一个教师真正的尊严。

坚　守

一个中年男教师，在某县初中工作，非常优秀，无论其英语教学，还是班主任工作，都可以用“出色”来评价。我俩是非常好的朋友，他常常给我聊他的班主任工作，聊他和学生的故事，当然，也聊他的一些苦恼。

有一次他告诉我，他学校有一些老师收取家长钱物已经不再偷偷摸摸，能够收到家长的红包，竟然成了一些老师之间互相炫耀的话题。每年九月，办公室里老师之间就会互相问：“这次教师节收获还大吧？”“怎么样？你班的学生家长还算懂事吧？”我这个朋友听得难受。他还亲眼看见过这样的场面，一个“差生”又犯错误了，班主任将孩子叫来站在办公室“反思”，然后通知家长到学校来。母亲来了之后，把班主任叫到一边塞给一个红包，然后班主任训斥学生几句便让他回教室继续上课。就这么一个红包，家长就把事情“摆平”了。

这位老师告诉我：“也有家长给我送这送那，还有家长请我吃饭，不是我有多高尚，而是我心理素质不好，总是心虚，不敢接受。这样也好，我心里踏实。但因为这点，我在同事中很是孤立，甚至还有人半开玩笑半认真地说我是‘圣人’，甚至有人讥讽我‘假正经’，‘装什么呢装’。”

他的女儿正读高三，还有两个月就要参加高考了。女儿成绩不是特别拔尖，属于那种“踩线生”，可上可下。我这位朋友急得不行。最近去参加女儿的家长会，他也给班主任塞了三千块钱的红包。我听他说这事儿后，问：“班主任收了？”他说：“怎么可能不收呢？”他又叹了口气：“其实，还有两个月了，这三千块钱能够起多大作用呢？但好多家长都送我不送怎么行呢？送了总归没有坏处。”

我心里极度悲凉，为他。面对自己的学生，面对自己班上的学生家长，他的自律几乎到了“洁癖”的程度；可是面对自己女儿的老师，他也不得不遵循“潜规则”。

他业务那么优秀，可是多年来总是评不上高级职称。今年又到评职称的时候了。昨天，他给我打电话说：“我想了一夜，还是决定给教育局局长送五千元红包！”我再次吃惊：“你送得出去吗？管用吗？局长会收吗？”他说：“我有一个铁哥们是局长的表弟，是他建议我这样做的。只要通过我这个铁哥们送，局长应该不会拒收。我这朋友对我说了，他表哥胆子小，只要收了就不敢不帮忙。”

我再次感到无比悲凉，不知道该对他说什么。

这个社会已经扭曲。什么时候我们的国家成这样了？我甚至想到自己从教三十年来是不是“亏”了。

当然我不会感觉自己“亏”了。三十年来我可以无愧地说，在和历届学生家长的关系上，我是清白，是干净的。不是说我绝对就没收过家长的任何礼物，恐怕谁都不敢说绝对没收过礼物的。我收到过的不多的礼物无非就是水果呀茶叶之类的，最贵重的礼物是曾经有一位农村学生的父亲给我拎了一只鸡来。这位父亲为什么会给我送鸡呢？那是因为他女儿突发阑

尾炎，我夜里将这女生背上在半山坡的医院，后来以女孩父亲的名义在手术单上签字。这位父亲感激不尽，所以给我拎一只自家养的鸡。即使如此，我也通过各种方式“偿还”给我的学生。比如，为什么每一个学生的生日我都要给学生送礼？比如钢笔呀，书籍呀，等等，有的学生考上大学，我还送他被褥呀床单呀旅行箱之类，因为我想通过这种方式还债。这点，在我的《爱心与教育》上有很多故事。和历届家长相处久了，他们也就理解我了，再也不送我任何东西了。因为他们记住了我的话：“你们孩子对我的尊敬，你们对我的尊重，就是给我最厚重的礼物。”

现在在我的书房里，还珍藏着历届学生送我的各种礼物：有上世纪 80 年代学生送给我的自制书签，有上世纪 90 年代学生给我折的千纸鹤……这些纸制品的礼物已经发黄，但在我眼里，永远都是那么鲜艳。每次学生来看我，我都拿出他们当年送我的礼物展示，他们都说：“李老师真是有心人，还保存着这些！”我说：“那当然，这是你们的心啊！”后来我做了校长，很长时间依然担任班主任，而这时候的社会风气已经不比过去了，家长们根据心照不宣的潜规则也“跃跃欲试”或者说叫“蠢蠢欲动”，都被我严肃制止了。所以，最近几年，连给我送水果茶叶的家长也没有了。但我知道他们对我是发自内心的尊敬。我曾对一些老师说：“不要以为家长给你送东西是尊敬你，恰恰相反。他进门拜三拜，出门骂三代！”

当校长和当班主任都是在不同层面面对同样的诱惑接受同样的挑战。我反正随时提醒自己，千万不要在这位置上企图牟取一点工资以外的物质利益。记得刚当校长不久，一个推销粉笔的人来到我办公室，要我和他“合作”，我说你找后勤主任吧，我话还没说完，他就放了一沓人民币在我办公桌上，说这五千块钱，是“一点小意思”。我当然不要，拿起钱还给他，他居然拔腿就跑。我火了，厉声喝道：“你再跑，我马上报警！”已经跑到门口的他只好停下，我把钱硬塞到他手里。他很尴尬地走了。

后来我把这事告诉我校张书记，他说你傻，你真应该收下的。我说为什么，他便给我如此这般说了。我听后，真觉得自己没经验，其实我的确是应该收的。以后要“吸取教训”才是。一晃几年过去了，去年年底，又有一个老总来见我，塞给我一个厚厚的信封：“快过年了，这一万元李校长拿去自己买点礼物。”这次我没有拒绝，我想到了几年前张书记给我的提醒，我怎么能拒绝呢？如果我拒绝不是让人家难堪吗？我说：“我收下是可以的，但你给我写一个捐赠书。”他说：“怎么写？”我说：“我说，你写。”我开始口授：“捐赠书，我自愿捐赠人民币壹万元整给成都市武侯实验中学，用于改善办学条件……”他签上名后，我立刻叫来总务主任，当面将这笔钱给他，然后我又叫来办公室主任，将捐赠书给她让她保管。最后我握着老总的手说：“谢谢你！”那以后我乐了好几天：就这样不费吹灰之力就为学校增加了一万元的资金。于是，我又盼着有人给我“意思意思”，可是，我做校长这么多年，就这么两次。也许有老总觉得我比较正，不敢送吧，可他们哪里知道我在心里呼唤：“你们送来吧，我可盼着呢！”

无意标榜我有多么廉洁，更不是炫耀我有多么高尚。和我那朋友一样，我也许只是心理素质不好而已。有一次我在某网站论坛看到许多网友骂校长：“现在的校长哪有不贪的？”我一言不发，怕暴露身份被“群殴”，但我在心里想，我一定要为校长这个职位争气！以前常听说要买官卖官的，我真的不相信，至少觉得那些可能是传说，如果确有其事也肯定有夸张。但后来，我熟知的一个校长垮台了，其罪名之一正是买官——为了这个重点中学的校长职位，她“投资”了20万元！既然是“投资”那当然就得有“回报”。这“回报”从何而来？大家可想而知。终于她因为腐败而锒铛入狱。但是，还有没有至今没挖出来的那些“投资者”呢？说不定还被老师学生每天满怀敬意地“校长”“校长”地叫着呢！

我至今认为，绝不是所有老师都会收家长的钱物，我绝对相信不少老师一直坚守着良心，抵御着诱惑。但是，却有一些老师已经钻进了钱眼儿，热衷于收取家长各种名目的钱物。我敢说，这样的老师还绝非个别。这种行为已经严重败坏了教师声誉，也把教师自己的尊严剥夺得干干净净。最可怕的，还不是这种现象的盛行，而是当事者和旁观者都认为这愈演愈烈的一切是正常的！我不止一次听一些老师这样说，也不止一次在网上见到这样的话：“我们当老师收点礼算什么？比起那些贪官，我们算是干净的了！放过那些巨贪而揪住我们这些老师，简直就是欺负弱势群体！”有时候我在想，人人都痛恨腐败，这种“痛恨”其实是“痛恨”自己没有机会腐败。那些骂贪官的人，一旦有了一官半职，甚至连“官”都谈不上，也就是一个一点职权的办事员，或者比如说就是一个能够决定孩子成绩的科

任老师和能够给孩子写毕业鉴定的班主任，一样可以不择手段地做着自己曾经咬牙切齿咒骂的行径！老百姓也不一定都真的痛恨贪官，只是痛恨贪了钱只顾自己而不分点给下属的贪官。如果一个贪官贪了一千万然后拿出一百万分给下属，他肯定受拥护。而一个廉洁的清官，表面上大家都说他好，其实心里可能在想，有什么用啊？你倒是得了“清廉”的名了，可我们什么都没得到，跟着你有什么搞头啊，没意思！

所以我夸张点说，现在的中国正进入“全民腐败”时代。

这篇文字注定是要得罪一些老师的，但我坚信它同时会赢得更多老师的共鸣。我越来越觉得教育是一种悲壮的坚守。在现行教育体制下，我们很多时候不得不在良知与现实之间进行艰难的抉择。教育，这个特殊的职业，让我们不得不放弃许多必须放弃的，而坚守一些必须坚守的。

坚守的防线，就是我们的良心。

话说教育的“艺术”与“技术”

有老师要我谈谈“教育是艺术还是技术”。我感到这个问题本身就是有问题的。因为如此发问，把本来不是对立的教育艺术和教育技术人为地对立起来了，对立起来之后，再进行所谓的“争鸣”。如果顺着如此发问的逻辑，我还可以问：“教育的首要条件是爱心还是智慧？”“学生应该获取知识还是能力？”“吃饭重要还是穿衣重要？”“父亲重要还是母亲重要？”等等。

有人也许会说，既然教育艺术与教育技术不是对立的，那么说“教育既是艺术也是技术”是不是就可以了呢？或者说“教育艺术也包含了教育技术，教育技术则应该提升为教育艺术”等等。我认为也不是这么简单。笼统地说“既是……也是……”，看似全面辩证，实则废话，等于什么都没说。所谓“是”什么“不是”什么，要看当时的具体针对性。脱离了这一点，

“对立”双方的争论，只能是“鸡对鸭说”，或者“公说公有理，婆说婆有理”。

有一个讨论的前提必须弄清且争论的双方都必须统一，那就是我们所说“教育艺术”的“艺术”以及“教育技术”之“技术”，是在什么意义上用这两个概念的？

“艺术”一词至少有两个含义：第一，具体的艺术形式门类，如文学、音乐、建筑、戏曲等等；第二，独具个性且富有创意的方式。很显然，我们这里讨论的所谓“教育是艺术”是在第二个含义上展开的，因为教育其实并非属于任何一项艺术门类。这样，我们便明晰了“教育艺术”的“艺术”在我们这个特定的语境中的含义，指教育过程中独具个性富有创造性的做法。

我们说“教育是技术”的“技术”又是什么意思呢？综合各种权威定义，我们至少可以从三个方面理解“教育技术”的内涵：第一，教育过程中所使用到的各种物质手段，从传统的黑板、粉笔，到现代的多媒体、视频教学网络系统；第二，经过精心选择和组织的学习教材和学习资源；第三，设计、实施和评价教育、教学过程的具体方法。在“教育是艺术还是技术”这个话题中，“技术”显然更多的是第三个含义。

基于上述对“教育艺术”和“教育技术”概念的理解，我对二者的各自内涵作如下解说——

教育艺术，特征是独创性，往往呈现为教育现场（自然要包括课堂教学）中各种因地制宜因人而异的机智；具有鲜明的个人风格，源于突闪的灵感；它与个性有关，与阅历有关，与天赋有关；大体归入“人文”，形象思维，混沌模糊；它是感性的，不可捉摸；它妙趣横生，忽略规则，忌讳雷同，推崇“教无定法”。所以，其经验智慧，不可复制，具体做法，难以推广，无法超过。

教育技术，特征是普遍性，常常体现在教育过程（当然也包含课堂教学）中各种按部就班中规中矩的操作；具有浓郁的大众色彩，来自熟练的技艺；它和共性相连，和传承相连，和借鉴相连；更多属于“科学”，逻辑推理，周密精确；它是理性的，有迹可循；它一丝不苟，严格规范，追求统一，提倡“课有定则”。因此，其模式步骤，均可拷贝，方法技巧，容易普及，可以逾越。

如果有充裕的时间允许再深入思考，也许我对“教育艺术”和“教育技术”各自的不同之处还可以列出更多。如上表述，虽然简略，但我认为已经足以成为我们讨论“教育是艺术还是技术”这个话题的支撑了。

如果要我正面回答“教育是艺术还是技术”，我还真不好回答。假如一个老师只是机械地刻板地一丝不苟地讲究“教育技术”，那我们应该理直气壮地对他说:“教育是一门艺术！”假如一个老师连起码的教育常规都不懂，却夸夸其谈地说什么“教育是一门艺术”，那对不起，我可能就会对他说：“且收起你那套‘艺术’吧！教育是一门技术！”

我想再说一遍——也许有些啰唆了，抽象地说教育是“艺术”或“技术”是没有意义的，关键是我们这个话题的针对性是什么？现在的普遍情况是老师们只重技术呢，还是只重艺术？如果是前者，那我们强调“教育是一门艺术”则是应该的；如果是后者，那我们强调“教育是一门技术”则有必要。

杜威在《民主主义与教育》中谈教育目的的社会本位和个人本位时曾这样说过:“事实上，在不同的历史时期提出了大量的目的，这些目的在当时当地都具有巨大的价值。因为目的的叙述乃是一个在一定时间所强调的重点不同的问题，我们并不去强调不需要强调的东西——这就是说，有些东西已经很受重视，就无须强调。我们往往根据当时情境的缺陷和需要来制定我们的目的；凡是正确的东西或近乎正确的东西，我们都视为当然，就不必明确论述。我们根据应该进行的某些改动来制定我们的明确的目的。在一定的时期或一定的时代，在有意识的规划中，往往只强调实际上最缺乏的东西，这并不是一个需要加以解释的矛盾。”杜威这段话非常精辟地说明，无论是社会本位还是个人本位，放在具体的社会背景中都有着相对的历史合理性，因为人们总是根据所处时代所面临的当务之急而对人或社会有所侧重，进而在教育目的上呈现出不同的偏重。

好，现在我试着把“教育艺术”与“教育技术”植入杜威这段话中，道理同样成立:“事实上，在不同的历史时期对教育的特点提出了大量的定义，这些定义在当时当地都具有巨大的价值。因为定义的叙述乃是一个在一定时间所强调的重点不同的问题，我们并不去强调不需要强调的东西——这就是说，有些东西已经很受重视，就无须强调。我们往往根据当时情境的缺陷和需要来表述我们对教育的定义；凡是正确的东西或近乎正确的东西，我们都视为当然，就不必明确论述。我们根据应该进行的某些改动来制定我们的明确的教育定义。在一定的时期或一定的时代，在有意识的规划中，往往只强调实际上最缺乏的东西，这并不是一个需要加以解释的矛盾。”

说得太好了！“我们并不去强调不需要强调的东西——这就是说，有些东西已经很受重视，就无须强调。”“在一定的时期或一定的时代，在有意识的规划中，往往只强调实际上最缺乏的东西，这并不是一个需要加以解释的矛盾。”

那么，回到“教育是艺术还是技术”这个话题，在中国当下这个“一定的时期或一定的时代”，我们更应该强调的“最缺乏的东西”是什么呢？是“教育艺术”呢，还是“教育技术”？

我认为，我们应该强调“教育是技术”！因为在我有限的视野里，我感到现在许多学校存在的普遍问题，不是“技术”过度，而是“艺术”泛滥。

现在似乎是一个热衷于谈“教育艺术”的时代：“谈心的艺术”“班会的艺术”“导入的艺术”“板书的艺术”“点拨的艺术”“评价的艺术”“批评的艺术”“表扬的艺术”“家访的艺术”……而很少有人研究“谈心的技术”“班会的技术”“导入的技术”“板书的技术”“点拨的技术”“评价的技术”“批评的技术”“表扬的技术”“家访的技术”……好像一谈“艺术”就显得深刻而儒雅，而谈“技术”就显得平庸而肤浅；仿佛“艺术”才是可以用于示人，提升自己和学校的档次与境界，而“技术”总有点那么“小儿科”，那么“初级阶段”，那么“登不得大雅之堂”。

由“教育艺术”又派生出许多“非教育”的——不，严格地说，是与教育本来格格不入甚至应该是势不两立的东西：浮躁、绚烂、包装、炒作、追捧、虚夸、神秘，拉大旗做虎皮、三寸不烂之舌……

以课堂教学为例。我们经常看到有“著名”什么什么“课堂教学艺术展示”，也经常看到有什么“课堂教学艺术大赛”，但很少或者说根本就没有——也许我孤陋寡闻不知道——那些特级教师的“课堂教学技术展示”和“课堂教学技术大赛”。难道是因为课堂教学没有技术可言吗？当然不是，而是因为独特的、个性的、机智的、审美的、表演的“教学艺术”才能色彩缤纷，眼花缭乱，跌宕起伏，令人目瞪口呆，因而总能激起满堂喝彩。

一句话，这样的“艺术展示”更具观赏性，用不少老师的话来说：“听谁谁谁的课，真是一种艺术享受！”如果是“教学技术”展示，哪能有这般轰动效应？

但是，“享受”是“享受”了，能学吗？当然，专家课堂上有些小技巧也许可以“拿来就用”，但未必有效。因为这些小技巧是和专家的整个教育思想、教育情感、教育智慧以及更重要的现场针对性相联系的。离开了这一些，孤零零地把某个细小的做法拎出来，然后搬到自己的课堂“依葫芦画瓢”，自然难以奏效。所以，从总体上说，从著名特级教师们的类似“课堂艺术展示”中，我们是无法学到其精髓其核心其神韵的！因为我上面说了，艺术总是和个性和独创相联系。如果人人都能学得到，而且是仅凭四十分钟的“展示”就能学到，人家那还叫什么“艺术”？换句更直接的话说，凡是人人都能够“拿来就用”的东西，绝不是艺术。

我当然不是否认这样的“艺术展示”，但听课的老师一定要明白，听这样的课，不是简单地模仿，机械地照搬，而是体会领悟特级教师在课堂上所自然而然呈现的人文素养、学科功底、专业技艺，以及教育情感、思想和智慧，同时琢磨如何在这些方面提升自己最终形成自己的风格。

正因为我们一些青年教师现在过多地推崇或者说太迷恋“教育艺术”，而忽略了教育技术，所以我觉得有必要强调：“教育是一门技术！”

有些老师不恰当地抬高“教育艺术”的地位而贬低甚至排斥“教育技术”，还有一个后果，就是以“教育艺术”作为盾，顽固地拒绝自身专业素养的提升，顽固地排斥对别人有效做法的学习。现在我们许多年轻教师——其实，还远不止年轻教师，教育教学的基本功是非常堪忧的，比如，如何组织课堂教学？如何设计课堂流程？如何管理班级？如何开家长会？如何板书？如何朗诵？如何写教育随笔？如何设计教育问卷调查？……这都是“技术活儿”！而这些技术都是有操作模式和统一规范的，都是共性要求。可有多少老师敢拍着胸脯说：“这些技术对我来说没问题！”因为对他们来说，他们追求的是不拘一格的“教育艺术”！这些框框套套妨碍了他们的“艺术”发挥！

是的，教育过程也好，课堂教学也好，有很多现场生成的东西，需要教师随机应变，灵机一动，突发奇想，歪打正着……这些都属于“艺术”；

但是，教育和教学都是有规律可循的，有章法可依的，特别是教育者的所有教育行为，都必须凭借扎实的专业基本功——我这里所说的遵循规律，依照章法，以及扎实的基本功，都属于“技术”！可是，现在有的老师带班随心所欲，上课天马行空，可是只要你提醒他“还是要讲起码的规范”，他会振振有词：“教育是一门艺术！”看，崇高神圣的教育艺术却成了有些老师敷衍塞责的遁词，甚至成了个别无良教师的华丽外衣！我想到了大多数（注意，是“大多数”而非“少数”更非“个别”）的明星们，写得一手惨不忍睹的臭字，却到处签名，字迹乱七八糟地让你不认识，嘿嘿，你不认识就对喽，人家那叫“艺术”签名！“艺术”啊，你懂不懂?

无论教育还是教学，都存在不同教师、不同学校、不同地区的经验互学的问题，而能够供别人学习的经验，肯定和模式有关，因为如果没有统一的“普世”的做法，甚至没有某种意义或某种程度的“标准化”，互相之间就不可能交流与学习。然而，有些老师抵制学习别人经验的理由正是：“教育是一门艺术，而艺术是不能照搬的！”“教育艺术就体现在教无定法，凭什么要我学什么‘模式’？”“艺术的魅力在于个性！我有我的个性，我为什么学别人的经验？”“艺术贵在创新，做最好的自己！”……“‘模式’围困万千重，我自岿然不动！”因为心中有“艺术”，所以面对任何外界的学习资源，均刀枪不入。所谓“艺术”，在这里成了因循守旧者坚如磐石、固若金汤的堡垒。

我提出当前要多说“教育是技术”还有一个重要原因是，从总体上说，我国现在的中小学教师素质并不高，当然包括我在内。我说包括我在内，可不是“世故”的说法。我的参照是老一辈教师，特别是上世纪前半叶的知识分子。那时，哪怕是一个乡村教师，在当地父老乡亲眼里，都是一方神圣，学富五车，才高八斗，是学问与人格的象征。茅盾、朱自清、叶圣陶等大师，早期都担任过乡村教师，叶圣陶最早就是苏州附近甪直镇的小学教师。许多年前我曾给一位年轻教师说叶圣陶曾经是小学教师，他惊叹：“真是不可思议！”是呀，现在想来的确不可思议。我们现在的中小学，还有叶圣陶这样学养深厚的大师级教师吗？所谓“学养深厚”并非以学历文凭为标志，如果说学历文凭，现在的中小学学士硕士何其多矣，有的中小学连博士都有了！但是，真正的“博”学之“士”又有多少？钱梦龙论其文凭，不过初中毕业，但他却成了中学语文教育的泰斗！所以我说，整个民族的文化素养在普遍下降，这是不争的事实。与之相应，当代中国的基础教育（其实又何止是基础教育）的教师们学科知识和专业能力也在普遍下降，这也是有目共睹的事实。

不客气地说，艺术需要深厚的学养，也需要过人的天赋。因此要想人人都成为教育艺术的大家，是不可能的。而在文化水平普遍下降的大背景下，要想相对地提高教育班级管理水平和教育教学质量，更多的还是要靠“教育技术”——基本功、模式、规范、程序、评价等等。二十年前，我曾经激烈反对出版统一的《教学参考书》——现在叫“教师用书”，因为我说:“有了所谓‘教参’还有统一的练习册，实际上把老师变懒了，什么都统一了，一切都是现成的了，老师就不用认真备课认真设计试题了。而且，什么都搞统一，也离个性、创新的教育艺术境界越来越远！”但是，有一位德高望重的专家对我说:“取消教参的前提，是几乎每一位教师都能够独立驾驭教材，并实施有效的课堂教学，可现在这样的教师有多少？如果现在真的取消了全国统一的教参，全国的教学质量绝对大滑坡。所以，保持统一的教参和练习册，至少可以保证统一的质量标准，维持基本的教学水平。”现在看来，这话是对的。同样道理，现在大力提倡广大教师特别是青年教师注重“教育技术”，至少能够大面积地提升教师的专业水平，而如果一味地强调“教育是一门艺术”，并不能因此而使“艺术家”辈出。

附带还想说说与“教育是艺术还是技术”相类似的一个问题——“教师应该做教育家还是教书匠”。近年来，听到不少领导对老师们公开号召：“不做教书匠，要做教育家！”说实话，我不想掩饰我对这句话的强烈反感。凭什么这么鄙薄“教书匠”？具有娴熟的教学技能，而且这技能随着时间的推移与实践的积累而日臻完美，炉火纯青，有什么不好？如果一个教师能够在教育中匠心独运，最后成为一代教育巨匠，这将是他个人的自豪和我们民族的光荣！纵观现在我们的校园，教书匠不是多了而是少了。相当一部分老师缺乏爱心与责任心，缺乏专业而扎实的基本功，连教书匠都做不好呢！你却给他说:“不做教书匠，要做教育家！”这是什么导向？

教书匠不必是教育家，但教育家必须是教书匠！我心目中真正的教育家，比如过去的陶行知、苏霍姆林斯基、阿莫纳什维利，还有当代中国的于漪、钱梦龙、吴正宪等等，都同时是教书匠，他们的课堂教学技艺无不让人惊叹。是的，一个教师，如果成为教书匠之后还有教育家的梦想，并为之努力，当然可敬可佩，也值得提倡——也仅仅是或者说只能是提倡而已。不过如果他不愿当教育家，而愿意一辈子都做教书匠，也一点都不可耻，这只能说明他一直坚守在一线课堂，教学技艺精益求精，越来越精湛——他有不做教育家的权利和自由；然而，如果一个“教育家”连课都上不好，连教书匠都不是，还有什么资格说自己是“教育家”？

回到本文主题。我还是认为，不要抽象地谈论教育是“艺术”还是“技术”，不要孤立地说教育艺术重要还是教育技术重要，“教育既是艺术也是技术”这样“正确”的废话最好也少说。针对当前的教育现状和教师队伍的实际情况，我们应该对绝大多数老师说，教育首先是一门技术！

说说“教书匠”

经常会听到不少领导对老师们说：“要做教育家，不做教书匠！”我知道领导所说“教书匠”的含义，多半和“缺乏理想”“不会创新”“没有个性”“简单重复”等等相联系。但我听了这话还是很不舒服。如果人人都能成为教育家，那当然好，但这是不可能的。和教育家相比，教书匠纵有千般不是，但至少他勤勤恳恳，兢兢业业，朴朴素素，踏踏实实。比那些空谈理想，不尚实干的人，不知要好多少倍。

我查了一下《现代汉语词典》，它是这样解释“教书匠”的：“教师（含轻蔑义）。”我知道语言有约定俗成的特点，尽管“教书匠”就是“教师”，但因为“含轻蔑义”，所以“教书匠”自然就不是“好教师”了。再查“匠”，该词典解释为：第一，“能工巧匠”之“工匠”；第二，指在某一方面很有造诣的人。

这我就搞不懂了，无论哪个含义，教书匠都不应该被“轻蔑”啊！“教

书匠”这个词是怎么“约定俗成”为“缺乏理想”“不会创新”“没有个性”“简单重复”等含义的？

不去管它了！反正我理解的“教书匠”，就是在教书方面“很有造诣的人”，这样的教师具有娴熟的教学技能，而且这技能随着时间的推移与实践的积累而日臻完美。这样的教书匠有什么不好呢？凭什么要鄙薄教书匠呢？如果一个教师能够在教育方面“很有造诣”，在实践中匠心独运，最后成为教育巨匠，这将是他个人的自豪和我们民族的光荣！

当今校园里，不少老师缺乏爱心与专业精神，教书匠不是多了而是少了！领导却说：“不做教书匠，要做教育家！”这是什么导向？

斗胆地说，教书匠不必是教育家，但教育家一般来说应该至少曾经是“教书匠”！有人反驳我说：“教育家主要是以教育思想影响一个国家或一个时代，不一定非要上课不可。”那我只能认为这样所谓“以教育思想影响一个国家或一个时代”的人只能是教育理论家，而不是我心目中真正的教育家。许多我敬仰的教育家，如陶行知、苏霍姆林斯基、阿莫纳什维利，都曾经是“教书匠”。一个教师一辈子都是教书匠一点都不可耻，这只能说明他一直坚守课堂，教学技艺越来越精湛；如果一个“教育家”连课都上不好，连教书匠都不是，你有什么资格说自己是“教育家”？

还有人认为，“能工巧匠”的“匠”面对的是“物”，而教师面对的是“人”，因此确实不宜提倡教师做“教书匠”。而我认为，既然认为教育也应该有“技术含量”，那么虽然教师面对的是人，但追求“能工巧匠”之“匠”也是不错的，教师就应该有炉火纯青甚至出神入化的教育教学技能，谁说走进心灵不需要技巧呢？

刚好最近读弗兰克·迈考特的《教书匠》，颇为感动。在弗兰克·迈考特笔下，我看到了一位令人肃然起敬的教书匠。这哪里是现在一些人所说的“没有思想”“缺乏创新”的教书匠？

教书匠弗兰克·迈考特成为美国的“最佳教师”，但我想，最让弗兰克·迈考特开心的可能不是这个“最佳教师”，而是他赢得了学生们发自内心的尊重。这位教书匠拥有颇具创造性的教学手段，他特别会在教学中以孩子的心理去理解孩子……他的很多做法，富有个性，更富有创新，当然，在我看来，比所谓“个性”与“创新”更重要的，是他一颗纯粹的教育心，他的无比真诚，还有他发自内心对学生的爱！在许多人对教书匠不以为然的时候，弗兰克·迈考特却把自己的著作取名为“教书匠”，但正如有读者评价的那样，他是一位“伟大的教书匠”！

亲爱的教育同行们，如果你是一线教师，你完全不必为自己是教书匠而自卑，其实成为教书匠也不容易呢。我对真正的教育家一直心怀敬意，而且从来也不反对普通教师的教育家情怀和教育家追求。如果你成为教书匠之后，还有教育家的梦想并为之努力，当然可敬可佩，也值得提倡——是的，教书匠和教育家之间并没有不可逾越的鸿沟；但如果你不愿意跨过这鸿沟也不要紧的，也就是说，如果你不愿当教育家，而愿一辈子做教书匠，也毫不可耻——你有不做教育家的权利和自由。

所谓“著名教育家”

最近，漓江出版社为我出版了一套文集，共八本。

我非常感谢漓江出版社的李朝晖先生，还有郭金珠老师，他们为这套文集的出版付出了大量心血。我的感激之情远不是一个“谢”字能够表达的。

需要特别说明的是，既然是“文集”，顾名思义，就是把以前的“文”“集”起来，自然就包括了以前已经散见于一些旧作的文字；但是，更多的是没有发表过的内容。希望热爱读我著作的老师们谨慎选择：买与不买，三思而动。

今天，我想说说我的一点不安。这“不安”源于我看到的已经收到的前四本书中对我的介绍——

关于作者 李镇西 著名教育家，获苏州大学教育哲学博士学位。先后任四川乐山一中、成都玉林中学、成都石室中学班主任和语文教师，成都市教科所教育发展研究室主任。现任成都武侯实验中学校长、语文教师、班主任。他在语文素质教育、青春期教育、班级民主管理、后进生转化方面成绩卓著，提出了一系列在全国产生轰动效应的理念，其教育思想和实践模式在广大教师中有巨大的号召力和影响力，教育事迹震动了中国教育界。

说实话，当我第一眼看到“著名教育家”五个字，就脸红心跳。马上与责任编辑郭金珠老师联系，我说：“千万不要说我是教育家，更不著名。后四本出版的时候，一定要把这五个字去掉。”郭老师理解我的心情，答应按我的想法做。

再看后面，“提出了一系列在全国产生轰动效应的理念，其教育思想和实践模式在广大教师中有巨大的号召力和影响力，教育事迹震动了中国教育界。”哎呀呀，真是让我羞于见人了！第一，我没有任何原创的教育思想；第二，我也没有提出什么实践模式；第三，我有些追随者不假，但远远谈不上“巨大的号召力和影响力”；第四，更没有“震动了中国教育界”。

我给郭老师说，希望对我的介绍朴实些平实些。她再次表示理解。但我不放心，于是亲自写了一份作者介绍，给她发去——

关于作者　李镇西，一位深受孩子喜爱也深深爱着孩子的老师。1982年2月参加教育工作以来，先后供职于四川省乐山一中、成都玉林中学、成都石室中学、成都盐道街外语学校、成都市教育科学研究所和成都武侯实验中学。长期担任班主任和语文教师，曾短暂担任成都市教科所教育发展研究室主任。他在语文素质教育、青春期教育、班级民主管理、后进生转化等方面进行了富有成效的探索实践。他的教育理念是：“朴素最美关注人性做真教育，幸福至上享受童心当好老师。”

漓江出版社的郭老师对我表示了充分的理解和尊重。她答应在做后四本书时，采用我写的“作者介绍”。其实，我知道出版社也没有恶意，而且他们对我的尊敬是由衷的，他们真的认为我是教育家，只是这个称呼与我的实际不符。

昨天，责任编辑郭金珠老师特意在QQ上说，后面四本一定按我的版本介绍作者。她还说：“有的地方为了宣传，有违您的初衷，给您添麻烦了，请见谅。这些也可以说明给读者，是出版社的销售愿望。谢谢！”

我真的感谢郭老师和漓江出版社的领导对我的理解与尊重！

今天，我之所以要把这事公开在我的博客上，是因为如此对我的介绍我经常遇到。每次出去开会或讲学，主持人总要介绍我是“中国著名教育家”，因此我每次都不得不占用宝贵的时间解释一番。我说——

我知道主持人很真诚，是一片好心。但我不得不说，这和实际是有差距的。也许有人赞赏我：“真谦虚啊！”还有人可能还会鄙视我：“真矫情！”赞赏也罢，鄙视也罢，随别人怎么说，反正我真不是教育家，这不是因为虚心，而是因为心虚——面对真正的教育家，我的脸往哪儿搁？

我曾写过《中国呼唤教育家》，提出教育家的四个条件：第一，有超越世俗的高远的追求；第二，有属于自己的富有创见的教育思想；第三，有百科全书式的学识素养；第四，有长期的第一线教育实践。以这个标准看，第一条我不够格，我有追求，但还谈不上“超越世俗”；第二条，我根本就没有什么教育思想。曾有人说：“李镇西有什么教育思想？”结果一些老师很为我鸣不平，其实管他说这话的动机是什么，说我没有教育思想，是事实。我多次说过，我从来就没有自己的教育思想，我所做的一切，都是在实践前辈教育家的思想。第三条我更不配了。我最多满足了第四条，但只有实践不一定就能够被称为“教育家”。因此，千万不要叫我“教育家”，我的确承受不起。

至于“著名”，更是名不副实。因为在我看来，凡是真正著名的，都不需要说“著名”的什么什么。相反，越是没人知道的，越要生怕别人不知道似的说：“他是著名的什么什么”。近几年，还有人开始自称“非著名”什么什么，其实骨子里还是希望别人认为他“著名”。

这里特别说一下关于“中国的苏霍姆林斯基”。1998 年在北京，苏霍姆林斯卡娅听了我的所谓“事迹”，给我写下了一段话，其中有“你是中国的苏霍姆林斯基式的教师”。但这话以讹传讹，变成了“中国的苏霍姆林斯基”。对此，我是万万不能接受，而且一再纠正。这同样不是因为谦虚，而是我自感远远达不到那个高度。但是，我坦然接受苏霍姆林斯卡娅说我是“中国的苏霍姆林斯基式的教师”，因为第一，“中国的苏霍姆林斯基式的教师”显然就不只是我一个人，而有千千万万。所有追随苏霍姆林斯基思想，并努力践行的一线老师，都可以称作“苏霍姆林斯基式的教师”；第二，“苏霍姆林斯基式的教师”最后落脚在“教师”而不是“教育家”，我当然只是教师，而非教育家。因此，我不但接受“中国的苏霍姆林斯基式的教师”，并且以此为自豪。我也希望所有追随苏霍姆林斯基的老师们以这个称呼为自豪。

我曾撰文抨击现在教育上的种种浮躁现象，动辄就“十大”什么，“最佳”什么，还有“领军人物”，还有“率先提出了什么”，还有“国内首创”什么什么，还有什么什么“理念”“模式”“流派”的“创始人”，等等。别人要这样说，是人家的自由，反正我不愿意。

在这篇文章的最后，我曾这样说到我自己——

前几天，读到网上一篇署名为“缪奇恩”的文章，题目是“读《爱心与教育》有感”，他文章的重点不是夸我，而是对出版社在《爱心与教育》封面上赫然印上诸如“著名教育家、中国的苏霍姆林斯基式的教师、一本改变千万教师的教育名著、一首感动广大读者的教育诗、一个永远美丽的教育童话”的广告语提出了批评。我不认识作者，但我非常感谢他的直言。他说：“我想斗胆拷问一下出版社：封面封底之言，你们是否深思熟虑地设计，是否经过先生的点头？你们知不知道，这些高调言论可能已经给先生的声誉造成了不必要的损害！那些溢美之词有很多人不敢苟同，毕竟不是你们出版社想怎么说就怎么说啊。……大家都知道，我们中国大大小小的媒体，对明星名家历来只有两种宣传，要么一味奉承吹捧，要么一棒封杀打压，不一样的做法，却逃脱不了一样的结果。这是我们整个民族的悲哀，作为一家在全国有一定影响力和知名度的出版社，你们应该不会不懂吧，请你们对我们国宝级的教育家李镇西先生的宣传万万不可捧杀，要慎之又慎啊，有些称谓和头衔不是某些重要人物和媒体的强加所能达到的，有时甚至会适得其反，让历史来见证一切吧！出版社，请你们好好深思，高抬贵手，还我们一个值得千千万万教师仰慕的教育大家吧！”

这些文字，既让我忍不住叫好——因为他说出了我的心里话，又让我有些惭愧——这些话我早就对出版社说过呀，但我没有坚持。当初我看到

《爱心与教育》《做最好的老师》《做最好的家长》《做最好的班主任》《李镇西班级管理日志》（这些书都是同出自一出版社）的封面时，是吃惊不小的！那些称谓那些赞誉那些褒扬，我觉得太夸张了，的确无法承受。还有“北有魏书生，南有李镇西”的说法，我也不能接受：一、魏老师的境界远远比我高；二、我为什么要和他比呢？我曾经给编辑说我的想法，我说封面这些话太夸张了，不好。但出版社明确说，封面上写些“狠话”，这是发行销售的需要，反正不是你说的，是我们印的。最终我没有坚持我的意见，因为“发行销售”事关经济利益，我内心深处的“利益驱动”让我不好说什么。我也就默认了。

但我一直惴惴不安。写文声称“我不是教育家”，却默许自己的著作封面赫然印上“著名教育家”，这不是讽刺吗？当我在告诫年轻人不要浮躁时，我自己不也浮躁吗？为了著作的“销售量”而不惜红着脸接受“著名教育家”的头衔，看来我也不真正朴素淡定。

但这次我打定主意，一定要和出版社明确表示：千万不要在封面上写那些“狠话”了。

其实，“著名教育家”五个字真能给我带来多少“销售量”吗？如果真的如此，那这五个字也太轻飘了，简直是在玷污“教育家”这个在我心目中无比神圣的称号！关键是，销售量所带来的稿费和纯正清白的名声，哪个更重要？

谨以此文再次提醒自己守住一颗朴素的教育心，并愿意与各位教育同行特别是年轻的教育者们共勉。

上面的文字已经发表将近一年了，今天我再次重申我的观点。谢谢大家对我的理解与尊重！

我实在不愿意加入这场喧嚣的“大合唱”了。

关于“爱孩子”

在腾讯微博上看到一个老师写道：“我很不喜欢听到评价一个老师的标准是‘爱孩子’，我觉得如果一个老师对学生最后只剩下爱时，这个老师是无比可怜的，因为，孩子到学校来，不只是让老师爱的，更是为了变得聪明的。对弱小生命的呵护这是任何一个善良的人应该有的最基本的东西，更何况老师。不要把爱孩子当成一块遮羞布。”

当时我正忙着出去，但这个话题引起了我的兴趣，我觉得这位老师的话似是而非，便随手评论了几句：“孤立地看，你这话不但没错，而且还重申了一个常识：教育之爱是最最基本的前提，但并非教育本身。然而，我们现在之所以要夸奖一个老师爱孩子，是因为现在有不少老师缺乏爱。这是一种悲哀，我们夸老师，不是夸他有智慧，而是夸他爱孩子。就像我们夸奖一个餐馆师傅，不是因为他厨艺好，而是因为他不用地沟油。”

魏智渊老师很快在我的评论后问道：“有能自觉抵制地沟油的厨师么？”我答：“当然有。上周白岩松的节目就说到一位这样的师傅。”但我心里还在想着关于“爱孩子”的话题。我隐隐觉得，我匆匆忙忙的评论也似是而非的。是的，我们社会对人的评价标准越来越低，把本来应该做到作为非凡之举来大肆表扬，比如，某官员或某政府部门受到表彰，竟然是因为没有接受红包便被授予“廉政楷模”。这的确是很可悲的。但今天所讨论的教育之爱，似乎还不能和这相提并论。

后来那位老师回我：“问李老师好！您说得对，现在把前提和常识当成要强调的标准实在是让人感到悲哀的事。我之所以这样说，是因为常有人说我很爱学生，我不喜欢这个评语，我希望我不只是爱学生，呵呵！”

终于想到问题的关键所在了：如何理解教育中的“爱”？或者说，“爱孩子”意味着什么？

那位老师说：“孩子到学校来，不只是让老师爱的，更是为了变得聪明的。”“常有人说我很爱学生，我不喜欢这个评语。”从这些话看，这位老师理解的爱，只是一种情感，而与专业技能无关，与教育智慧无关。

可是，真正的爱只是一种深藏于心或仅仅停留于口头的情感吗？

一个小伙子爱上了一位姑娘，可他仅仅是不停地表白“我是多么爱你呀”，却无法让姑娘幸福，这能说是真正的爱吗？一位母亲爱孩子，却无法让孩子健康成长，这能说是“爱孩子”吗？你所爱的人，不是你的玩偶，不是你的抒情对象，而是你责任的载体，也就是说，爱首先是一种责任——热恋中的情人之间，彼此让对方幸福；爱孩子的母亲，不会把爱挂在嘴上，而是想方设法让孩子健康成长，这份责任就是母爱本身。而实现这份责任，显然需要能力，需要智慧，需要持之以恒的毅力。

可见，仅仅把“爱孩子”理解为脱离了责任与智慧的一种“情感”，仅仅是“对弱小生命的呵护”，这是不全面的。如果这样狭隘地理解，自然会“很不喜欢听到评价一个老师的标准是‘爱孩子’”，因为在这样的老师看来，爱只是空洞的言行——给孩子微笑呀，摸摸孩子的小脑袋呀，和孩子一起玩呀等等，甚至是掩饰自己无能的“遮羞布”而已。

但是，我要特别强调的是，爱，远远不只是一种情感，它本身就包含着教育孩子的责任与智慧。如果这样全面地理解爱，那么用“爱孩子”来评价一个老师，这个标准是不低的。

你连孩子都教不好，无论你课余和孩子怎样打成一片，怎么和学生称兄道弟，统统没用！上课一塌糊涂，成绩惨不忍睹，面对困难学生一筹莫展，遇到突发事件束手无策，你有什么资格说你“爱孩子”？

尽管我刚才说过，爱不仅仅是一种情感，但我认为，在目前人与人之间的关系日益冷漠，日益物质化功利化的今天，强调一下师爱的纯真情感还是有必要的。我相信，之所以现在我们还会夸奖一个老师“爱孩子”，就是因为现在不爱孩子的老师恐怕不是个别。的确有这样的老师，他本来就不想当老师，由于种种无奈，迫不得已走上了讲台，可他心里是一百个不痛快，见了孩子就烦，你还让他爱孩子，这不是与虎谋皮吗？爱孩子，在有些老师那里属于常识，属于不言而喻的起码前提，可在另一些人眼里就是“苛求”了。在这种情况下，鼓励并表扬老师爱孩子，还是有必要的，尤其是对年轻老师。

苏联教育家阿莫纳什维利在其《孩子们，你们好》中这样深情地写道："谁爱儿童的叽叽喳喳声，谁就愿意从事教育工作；而谁爱儿童的叽叽喳喳声已经爱得入迷，谁就能获得自己职业的幸福。"这段话中，前半句说的是教育的前提条件，因为热爱，所以从事教育；后半句说的是教育的过程体验，因为入迷，所以收获幸福。你看，在这里，爱孩子，既是教育职业的基本条件——从事教育工作，又是教育事业的最高境界——获得人生幸福。

当然，教育之爱绝不止于情感，它还包含着责任与能力。真正的爱，必然包含着智慧。写到这里，我想到了十多年前，我去拜访我尊敬的于漪老师。在谈到教育现状时，于漪老师说："还是要爱孩子。爱，是第一位的。对孩子的爱，能够使一个老师变得聪明起来。"这句话给我留下的印象太深刻了，因为这句话，准确地揭示了爱与智慧之间不可分割的联系："对孩子的爱，能够使一个老师变得聪明起来。"不是吗？因为爱孩子，你就得想方设法对他们好！怎么才是对他们好呢？那当然是让他们在你身边体格有增强，品德有长进，知识有收获，能力有提升……怎么才能做到这一切呢？那就面对一个个的具体问题研究呀，面对一个个具体的学生琢磨呀！这么不停地实践，不停地探索，老师必然经验日渐积累，智慧日渐丰富，这不就变得聪明起来了吗？而这一切的源头，不正是因为"爱孩子"吗？如此

和学生在一起

一来，你还敢轻看“爱孩子”这三个字吗？这三个字，既是起码要求，又是最高境界，说起来容易，做起来可不那么简单。如果说，“爱孩子”是我们最初踏上讲台时的承诺，那么要兑现这三个字，需要我们一生去践行！

回顾我三十年来的教育经历，对“爱孩子”有了更深刻的理解。当初大学毕业的我，在教育理论和教育智慧方面一贫如洗，什么“教育艺术”之类对我来说更是遥不可及。我有的只是一颗真诚的童心和满腔理想的热血。好，有童心和理想就够了。不是说教育理论、教育智慧、教育艺术就不重要，而是因为真诚的爱，会驱使我主动读书、反思、研究、实践……这一切都基于一个朴素的想法：我不能辜负孩子们对我的爱，我得想方设法让他们在我班上的三年里有快乐，有收获，有故事，有成长，要给他们的未来留下三年充满人性的温馨记忆。所以，便有了“未来班”，有了“青春期悄悄话”，有了班级民主管理，有了语文人格教育……三十年后，我对陶行知和苏霍姆林斯基教育思想方面有些创造性的实践，在语文教育和班主任工作方面有了一些富有成效的探索，出版了四十多本著作。这一切，简单地说，都是“爱的馈赠”——对孩子的爱，和孩子对我的爱。

我想到了苏霍姆林斯基的不朽名作《把整个心灵献给孩子》前言中的几句话。教育家这样深情地写道：“在一所农村学校身不离校地工作 32 年，这对我是无与伦比的幸福。我把自己的一生献给了孩子们，所以考虑很久之后给这本书题名叫《把整个心灵献给孩子》。我认为，我是有权这样做的。……我生活中什么是最重要的呢？我可以毫不犹疑地回答说：爱孩子。”

在这里，“爱孩子”三个字，是何等地厚重！

每个学生都值得骄傲

最近一段时间，无论走到哪所中学，往往会看到一些标语：“祝贺我校某某夺得今年全县高考文科第一名！”“祝贺我校某某夺得全市中考状

元！”“祝贺我校今年高考升学率夺得全区公办学校第一名！”（顺便说说，“祝贺”一词用在这里导致标语成为病句，哪有自己“祝贺”自己的？应该是“庆祝”。）还有各种关于中考高考优生的成绩榜，可以想见，再过一段时间，这些学校将会有大学录取榜，考上各名牌大学的学生的名字和照片将被醒目地展示在学校大门外。

其实“第一名”呀“状元”呀等等，学校说的都是事实，这样大张旗鼓地宣扬也没有错。本来嘛，老师们流汗流泪辛辛苦苦奋战了三年，终于到了收获的季节，以这种方式表达一下自己的喜悦，也是应该的。取得了成绩，当然应该庆祝。

但我隐隐有些不安：那些没有取得中考优异成绩的孩子，还有那些高考失利的学生，就不是学校的“成绩”了吗？如果他们这段时间回到母校，看到铺天盖地的这些喜报红榜，他们将平添多少自卑？他们“情何以堪”？

所有学校的校长和老师，从来都宣称“要爱每一个孩子”，这里的“每一个孩子”当然就包括升学成绩平平的学生，还包括由于基础的原因，由于身体的原因，由于智力的原因，以及由于其他种种原因而没有能够在学业上那么“光彩”的孩子，有的孩子升学成绩甚至还很糟糕，可到了“关键时候”，有的学校爱的还是那些成绩好的孩子。

难道中考高考没考好孩子就不是我们的“成绩”了吗？

有人可能会对我这个问题感到不解：没取得优异升学成绩的学生怎么能算是学校的“成绩”呢？

是吗？那我就要追问了：不是说“做人第一”吗？不是说“多元智能”吗？不是说“做最好的自己”吗？怎么到了现在，这些话就不算数了？那“一切为了孩子，为了一切孩子，为了孩子的一切”的铜字标语还在高大的教学楼墙上闪闪发光呢，怎么到了现在，学校的眼中就只有部分升学成绩“骄人”的学生了呢？

我一直认为现在的教育很功利，有些学校很势利，现在“势”中考和高考之“利”，将来“势”校友中的“局长”“厅长”“老板”“董事长”之“利”——看看每次校庆时，坐在主席台上的那些油头粉面的“杰出校友”就知道了。如此势利之下，你让那些学生如何“今天我以学校为荣”？

“每一个孩子都是我的骄傲！”这是著名特级教师霍懋征生前的一句

话。这句朴素的话，让所有只把“尖子生”视为骄傲的教育者感到羞愧！

要承认，只要是选拔性考试，就必然有落榜者，如果人人成绩优秀，这样的选拔考试绝对是失败的；但从做人的角度说，从以后的人生来说，落榜者不一定就意味着失败者，未来的路还长着呢！只要孩子在学校学会做人，富有爱心，品行端正，热爱劳动，他就是学校的骄傲。在拙著《爱心与教育》中，我特别写了一位高考落榜生宁玮，这女孩虽然没考上大学，但因为她的善良和勤劳，在打工途中，不断给周围的人以温暖，她也因此而赢得了自己的幸福。我发自内心地为她是我的学生而感到骄傲！

走进一些名校，特别是一些百年老校，会看到学校墙上挂着一些院士和名人的图像，图像下面会注明，这都是母校“培养”的。每当这时，我就会想，建校一百多年了，就培养这么几位“人才”啊！这有什么值得骄傲的？更多的普通劳动者难道就不是学校培养的？我曾在我校教工大会上说过，我们学校还年轻，创办才几年，我坚信，以后我们学校也会走出科学家、艺术家，但即使到了那时，我希望我们的校园里，不仅仅有科学家和艺术家的肖像，同时还有从我校走出去的“中国第一厨师”的肖像，“中国第一环卫工人”的肖像！

我再次想到了苏霍姆林斯基。让每一个从自己身边走出去的人，都拥有终身幸福的精神生活——这是苏霍姆林斯基的教育理想。因此，苏霍姆林斯基眼中的人，绝不只是少数有可能成为科学家、艺术家等名人的天才少年，而更是包括了未来只能成为普通劳动者的孩子。有人曾经质疑：“苏霍姆林斯基为什么没有培养出同他一样赫赫有名的杰出人才？”进而怀疑苏霍姆林斯基教育思想的伟大。我认为，这种想法是偏颇的。一个人能否在学术上取得重大成就，甚至获得诺贝尔奖，是和他的天赋、后天努力、家庭教育、学校教育等综合因素分不开的，不能简单地夸大中学教育。如果我们只盯着学生是否获得了这样或那样的大奖，是否考上了清华北大或哈佛耶鲁（甚至为此目的而不择手段地挖别人的优生），而忽略了培养了无数善良勤劳富有智慧的普通劳动者，这是教育的悲哀。

还是回到文章的开头。学校取得了中考或高考的辉煌成绩，当然可以大张旗鼓地庆祝，但在宣扬中考第一名或高考状元时，是不是同时也张榜公布并表彰一下各种类型的优秀学生？最善良的学生、最勤奋的学生、最

乐观的学生、最坚强的学生、最孝顺的学生、最阳光的学生……这些孩子也是学校的教育成果啊！他们也是母校的骄傲！

有一个故事大家已经熟知，但今天我们有必要重温一下——

美国总统卡特当选之日，有人向他的母亲祝贺，说她培养了一个杰出的儿子。可卡特的母亲却骄傲地说：“还有个同样杰出的儿子呢！他是卡特的弟弟，正在我家后面的园子里种地……”

教育的确是心灵的艺术

让孩子的事儿单纯一些

我的一个朋友是非常优秀的小学老师。这里的所谓“非常优秀”当然包括她课上得好，还有她的教学成绩优异——这对她来说显然不在话下。不过我说她“非常优秀”，主要是指她非常爱孩子并深受孩子爱戴。她的教育情感充沛而纯净，她的教育情怀博大而恬淡。而她为人朴实，做事低调。比如，作为好朋友，很长一段时间，她都没有告诉我她所取得的成绩和荣誉。等我知道后问她，她总是说：“这没什么！”“这有什么好说的！”

前不久，她带了五年的班迎来了毕业。她决定给孩子们举办一个毕业晚会，让“毕业”本身成为孩子们终生难忘的一门课程。毫不夸张地说，认识这位朋友十年来，我见证了她的成长，也感受到了她的教育爱心与智慧。毕业晚会前几天，她请我给她的孩子们写几句祝福的话，我欣然答应。后来，她给我寄来了晚会的光盘。我看了，一方面感动于孩子们的真诚和我这位朋友的付出——好几个地方我的眼睛湿润，孩子们实在是太纯真可爱了，但另一方面也感到了这台晚会中的一些别扭，因而感慨现在的孩子们要躲避媒体躲避成人真不容易啊，而孩子们的事儿要保持单纯甚至纯粹实在太难了。

恕我直言，我从这台毕业晚会中感到一些非教育非孩子的东西。本来，这台以“毕业”为主题的晚会纯粹就是孩子们和老师的事，但这“纯粹”已经不纯粹了，因为领导和媒体的介入，朴素的晚会已经有了许多“非孩子”的东西。比如，晚会一开头，是一位领导的致辞。在我看来，这位领导的致辞至少有几点不妥：第一，孩子们的聚会为什么一定要党委书记致辞？由孩子们自己推出一位代表致辞不好吗？由和孩子们朝夕相处的班主任致辞不好吗？由孩子们的爸爸妈妈致辞不好吗？第二，这位领导开头的问候是这样的：“亲爱的专家，各位来宾，各位朋友，亲爱的老师们，大家晚上好！”唯独没有“亲爱的孩子们”，须知这是孩子们的毕业晚会啊！尽管后来这位书记也说“向孩子们表示亲切的慰问”，但这话已经表明领导既居于孩子们之上，也置身孩子们之外。第三，这位领导满口官腔，孩子听得懂吗？成人感念、报刊语言、政治术语、宏大词汇，和这台晚会何干？又比如，专家们（包括我）的贺信题词，其实和孩子们是没有关系的，他们并不认识这些所谓的“名人”。如果这些“名人”在孩子小学五年中曾经到过他们班，孩子们不但熟悉这些“名人”，而且还建立了深厚的情感，那么这些题词是会引起孩子们共鸣的。但事实并非如此。也许在旁人看来，那么多的显赫“名人”关心这个班，这些孩子多幸福！其实这是典型的成人思维。孩子们只觉得这是晚会上“必须有”的一个程序而已。还有，一个小学的一个班，能够在那么豪华的剧院演出，这显然也不是一般的孩子能够享受的“殊荣”，这后面有着包括媒体在内的许多“推手”刻意的推动和精心的包装。各级领导和媒体要这个班“辉煌”，于是便不惜成本地让其“耀眼”。无论现场多么流光溢彩，甚至催人泪下，可我总感到，这台晚会已经不纯粹了。

有一个发现我不得不写出来，我从光盘中看到，这台晚会有些地方的声音和孩子们的口型不符，我怀疑孩子们的声音是事先录制好的，也就是说，晚会现场的孩子们只是配合着扩音器的事先录好的声音或说或唱。如果真是这样，我真不知说什么好！孩子们五年都是真真实实地走过，最后一场晚会却是“假唱”！这最后一次教育能说是完美的句号吗？孩子们是无可指责的，错全在大人。

有点瑕疵有什么关系？孩子嘛，舞台上有点紧张，有点结巴，声音颤抖，说错一句话，忘了一句台词，不是很正常吗？相反，十来岁的孩子，一个个都那么从容不迫，处变不惊，滴水不漏，无懈可击，那才假呢！在这么一台属于孩子自己的晚会上，如果孩子和老师以及爸爸妈妈能够自然地真情互动，多好！尽管那样可能会有一些“意外”，甚至出现一些瑕疵和纰漏，但是真实的瑕疵和纰漏，远胜过虚假的“完美”和“精致”！

凭我对我这位朋友的了解，我可以断定，这台晚会中这些不纯粹的因素绝非她的本意。我想，她的初衷其实很朴素，不过就是要给孩子们一个难忘的毕业仪式，让孩子们在小学的最后时刻回眸一下自己成长的足迹走过的路，怀揣着童心踏上新的人生路程。但这朴素的想法和领导的思维是

有所错位的——领导需要借这个班“打造形象”“推出品牌”，媒体需要借这位老师“打造名师”“推出典型”。于是越到后面，她便越不能主导这台晚会的主旨和走向，也不能把握这台晚会的规模和档次了。作为一名普通的小学老师，她无奈，她身不由己，甚至她可能还有过愤怒，但她没法也不可能抵御来自领导的“关怀”，来自媒体的“支持”。她本来应该是这台晚会的总设计和总导演，但最后，她无法设计也无权导演，只能“执行”，于是，一台违背她初衷而混合着纯粹与功利、重叠着朴素与浮华、交织着儿童情感与成人意图的毕业晚会诞生了。

写下这篇文字，我并非要和谁过不去，我只是觉得类似的现象还很多，这就是中国教育的浮躁与急功近利之处。作为一个所谓“名师”，我应该利用我的所谓“话语权”说一些真话，这些真话绝不只蕴于我胸。我坚信，许多老师都和我有同感。我愿意成为他们的代言人。

我们许多领导和媒体总是这样好心而急功近利地“推动”着“促进”着“提升”着我们单纯而宁静的教育。但举全局之力打造一个班的晚会，无论如何不是教育的常态，而且也有悖教育的公平与公正，因此不应该也不可能具有推广意义。

别把成人意志强加给孩子，让孩子的事儿单纯一些。这就是教育的朴素。

教育的确是心灵的艺术

《河南教育》编辑部转给我王君老师和李迪老师的争鸣文章，要我谈看法。王李二位老师我都比较熟悉，她俩都不但班主任工作很出色，而且都很会写，书面表达极强，富有文学味儿。但这次“居然”都谈起了“理论”，呵呵！客观地说，二位说的都各有各的道理。读着两位老师的文章，我也产生了一些想法。其实，对教育中的所谓“情”与“法”关系的处理与思考，在近三十年的班主任工作经历中，也一直伴随着我。这里，我愿意谈谈我的想法。

一

先看两个真实的故事。这两个故事，同样发生在民国，同样发生在中学。

第一个故事是流沙河先生给我说的他高中时代的一段亲历——

一次我和沙河先生聊天，说到学校的学风。他说："我们那时候，学校风气非常好。我读高中时，每次考试学生都交叉坐，就是你的座位四面都是其他年级的学生。没有监考老师，不用监考。只有教室门口有一个工友负责收试卷。"

我很吃惊，想到现在的所谓"诚信考试"，其实民国时期就有了。我问："没人作弊吗？"他说："没有人作弊。我在高中阶段只经历了这么一件事。一位郫县的姓杨的同学，成绩好得不得了。那次化学考试，当时是出五道题，选做四道，每道题 25 分。这个同学成绩非常好，很快便做完了四道。看到还有时间，便把第五道题也做了。做完后提前交卷就走出了教室，刚走出最多 10 步，但已经走出教室门了，突然想到第五道题有一个错误，就是这道题是要求计算容积的，因此单位应该是立方，可他粗心写成平方了。但他想起来了，便回教室把试卷翻开将 2 改成了 3。就这个举动，被认为是作弊。一部分学生去找校长，一部分学生帮他捆铺盖卷。当天便开除了。"

我说："这事如果放到现在，肯定很多人来帮着求情。"

他说："那时谁敢求情？还有一位县长的儿子，经常欺负同学被老师批评体罚，不敢回家告诉父亲。因为如果父亲知道了，这学生还要挨一顿打。"

第二个故事其实早已流传很广，不过我愿意在这里再说一遍——

1941 年，重庆南开中学举行毕业考试。面对物理试卷，学生谢邦敏一筹莫展，虽然他极富文学才华，但数理化成绩一直很糟糕，最后他不得不交白卷，可是他又心有不甘，便在试卷后面赋词一首，调寄《鹧鸪天》："晓号悠扬枕上闻，余魂迷入考场门。平时放荡几折齿，几度迷茫欲断魂。题未算，意已昏，下周再把电、磁温。今朝纵是交白卷，柳耆原非理组人。”

这事放在今天，除了给零分还有什么结果呢？何况当时判卷的物理老师是魏荣爵，其教学水平之高、教学态度之严谨都是有口皆碑，绝不是不负责任胡乱评分的人。但是，魏荣爵却也赋诗一首：“卷虽白卷，词却好词。人各有志，给分六十。”使这位偏科的学子得以顺利毕业，并考入西南联大法律专业，后来登上了北大讲坛，1949 年后曾是北京第一刑庭庭长。

这两个故事该如何评价呢？

第一个故事不可谓不“严”——岂止是“严”，简直就到了“苛政猛于虎”的程度！为什么就不“宽容”一点呢？教育的“人性”哪去了？是“以人（学生）为本”还是“以事（考试）为本”？难道不怕中国失去一位未来的科学家吗？当然，这事放到今天，更多的校长和老师会想，万一孩子想不通跳楼怎么办？

第二个故事不可谓不“松”——岂止是“松”，简直到了“用人情代替规则”的地步！为什么要视制度为儿戏？教育公平何在？如果都这样宽容，学校还没有起码的规矩？如果社会也如此，那不乱套吗？对这个孩子放一马，那其他学生——用今天很流行的一个词——“情何以堪”？

从另一方面看，两个故事都有道理的。前者虽然开除了一个孩子，中国少了一个可能的科学家，但严肃了考纪，端正了校风，为更多未来的人才提供了良好的公平的学校环境。后者虽然“便宜”（实在找不到一个合适的词，其实，是阅卷先生单为这学生作弊）了一个孩子，但却为他的未来开启了一个无限广阔的空间，或者说展示了无限多的可能性。

有人也许会问：为什么对第一个孩子不这样宽容呢？难道他就不配有“无限广阔的空间”吗？

请注意，第一个孩子处于公开状态——考场所有学生都看见了，而第二个孩子处于私密状态——只有他和阅卷先生知道。放纵第一个孩子，无疑会损害规则（纪律）的尊严，并动摇学校的教学秩序，后果不堪设想，因此以一个学生的前途换取制度的权威以及所有学生的公平，虽然有些残酷，值！而宽容第二个孩子，在当时没有其他人知道，并不会产生什么消极的连锁反应，更不会造成什么“恶劣的社会影响”，相反会挽救一个孩子的未来，该！

什么时候该坚持制度——所谓“法不容情”，什么时候可网开一面——所谓“法要容情”，这简单的问题却蕴含着教育的全部秘密，把这个分寸把握好了，就懂得了教育。有老师会问：“究竟怎么把握这个分寸呢？”别问我。永远没有统一的答案，因人而异，因时而异，因事而异。

不然，我们为什么爱说“教育是心灵的艺术”呢？

二

王君老师是叙事的高手，但在讲对四个孩子的处理时，思维略微有那么一点点不够严密。三个孩子都上交了 MP4 或游戏机，这和“法要有情”没有关系——如果“法要有情”指的是可以因为人情和不执“法”（制度）的话。那么和什么有关呢？只和“执法”过程中根据不同情况而采用或柔或刚的不同方法有关，最终都必须按规矩办。

有一个孩子王老师原谅了他。如果是我也会如此的。这和“有悖教育公平”没有关系。因为这是“私下”，是“私了”。当然有人会说，“私了”也不应该！其实，不要简单地说“应该”还是“不应该”，一切取决于这个老师的教育智慧与教育艺术，没有“公式”可言。

王老师讲了两个小姑娘摘花的故事——这个故事其实属于苏霍姆林斯基而非陶行知。在这里，王老师的思维又有一点点不严密，因为在这里，不存在什么“法”的问题。“花园的花不能随便摘”这只是道德问题。王老师小题大做了。

面对孩子的“道德问题”，谴责还是原谅，苏霍姆林斯基选择后者。其实，不仅仅是原谅，甚至还有奖励。在这里，苏霍姆林斯基把这偶然遇到的“事件”当作了一次很自然的教育契机，鼓励着孩子的纯真与善良。这和什么“法”不“法”的一点关系都没有。

王老师讲的第二个关于自己小时候的故事，同样和“法”（规则）没有关系。第一，一个四年级的小学生“挪用公款”，她还不具备行为责任能力，显然还不适用于任何法律条文；第二，即使是成人，“挪用”10 元钱，哪怕在 1983 年，也远远达不到法律追究的程度，属于犯错而非犯罪。

不是自己的钱物，不该私自占有或享用，这只是道德规范。小学四年级的学生因为无知而“犯错”，和“法”何干？我敢说，当年胡老师在处理王君犯错的时候，很难说想到了什么“法”，更不会想到什么“法不容情”！善良而富有智慧的胡老师，只是想到如何不伤害孩子的心灵，只是出于信任而给予孩子以宽容。这是教育的智慧。

我之所以在这里指出王君老师文章的思维不严密之处，是想说，当我们讨论问题时，首先概念得清晰。

三

我们谈论“法”，得有一个默认前提，就是大家或者说某个机构制定并公开了某种规则，这个规则是带有强制性和惩罚性的——这是“法”区别于一般公约的地方。

当年我在班上进行民主管理尝试并写成文章的时候，也用了“法治”这个概念，但我特别申明：我谈班级管理所用的“法”只是一个类比，因为班级又不是立法机构，哪有立“法”的资格。班级管理谈到的“法”指的是班级规章制度，具有某种类似于“法”的内涵与权威。

国家的“法”是公民通过一定的机构制定而成的，这个机构必须有广泛的民意代表性。同样，班级的规章制度也必须由集体制定。但是，国家制定法律和班级制定班规，也不完全一样，前者的主体是成人，后者的主体是孩子。因此，国家法律可以由立法机构说了算，而班级的规章制度则不能简单地由孩子说了算。

这就是教育区别于社会的地方，是学校生活区别于成人世界的地方。李迪老师正是在这一点上“犯”了认识上的“错误”。

关于李迪所说的上课睡觉就罚跑的“民主规则”以及后来的“有趣故事”，我基本上同意王君老师的剖析。我想做点补充。

第一，班级民主管理让孩子参与制定规则，这是对的。但这是否就意味着“大家说了算”，用四川话来说，“大家的马儿大家骑”？注意我刚才的措辞：“让孩子参与制定规则”，而不是让孩子制定规则，李迪老师的文章中也说的是“全班同学一起参与制定班规”。

孩子是未成年人，他们的思想还不够成熟，因此完全把“立法权”（同样只是“相当于”）交给孩子，有时候后果不但荒唐，而且是灾难性的。两年前，河南某初中曾发生这样的事：一个叫雷梦佳的女生，因为犯了错误，老师便叫全班投票决定，雷梦佳是在学校继续学习呢还是回家。“民主投票”的结果是，大多数同学认为雷梦佳不应该继续在学校学习，而应该回家。于是，雷梦佳离开了学校，但她并没有回家，而是投水自尽！当时我写了一篇时评，说“雷梦佳绝不是死于民主，而是死于伪民主”。我还说，在并不具备成熟理性判断力的儿童中进行所谓的“投票”，如果没有教师的正确引导，结果往往是很荒唐的。未成年的孩子不是不能投票，关键是教师如何引导以及是否能够赋予投票形式以真正的民主内涵，而这又取决于教师民主素养的高低。所以，我只是说让孩子“参与”制定规则，而不是简单地让孩子制定规则，因为作为成人的教师，在制定班规过程中的作用万万不可缺席！

尊重与引领，是教育过程中须臾不可缺少的原则。不因“尊重”而放任自流，不因“引领”而变相专制，教育，就在这二者的和谐统一中显出了智慧。

第二，关于“美丽的圆”——学生心甘情愿服从一条并不科学的班规，最后追随李老师“罚跑”。我一点都不怀疑李老师在孩子心目中的人格魅力，李迪发自肺腑爱孩子的故事催人泪下，我早就知道了。因为孩子爱戴甚至敬仰李老师，所以他们往往会盲目地追随老师。而有时候教育的“陷阱”正在于此。对此，我想到了心理学中著名的“斯德哥尔摩综合征”。

关于“斯德哥尔摩综合征”，大家可以去百度查查，这里我就不具体解释了。其实，严格地说，用“斯德哥尔摩综合征”来分析李迪所说的“美丽的圆”，在逻辑上并不那么丝丝入扣无懈可击，但因为对老师的崇拜，孩子们往往心甘情愿地接受老师的一切教育手段，特别是这些手段又是以“民主”“法治”的形式出现的时候，孩子们更是心悦诚服了。这一点，和“斯德哥尔摩综合征”还是有相同之处的。

但是，当看到一些班主任津津乐道于自己的“智慧”与学生对自己的“崇拜”时，我不得不想到“斯德哥尔摩综合征”。我甚至不无忧虑地担心，这样的孩子“规矩”倒是“规矩”了，但长大后是不是能够成为真正的现

代公民呢？

四

我越来越觉得，在抽象的道理层面人与人之间其实都没有分歧。比如说抽象地谈论“该不该吃饭”，会有分歧吗？当然不会有，谁能说不该吃饭呢？但是，吃什么饭？怎么吃饭？谁吃饭？和谁吃饭？何时吃饭？何处吃饭？吃多少饭？……分歧就出来了，而且针锋相对，甚至势不两立。

关于学校应不应该有民主教育，我想无论李迪老师还是王君老师都会高度一致地回答：“当然应该有！”但是，什么是“民主”？什么是“民主教育”？如何对未成年人进行民主教育包括民主训练？等等，分歧便出来了。

李迪说：“民主是最硬的。”我记得我也曾经说过这话。但我说这话的针对性是，有不少人认为民主就是纵容，就是无法无天，就是让步，就是软弱……所以我说“民主是最硬的”，具体含义是指成人社会的法律权威，是行动上服从由多数民意形成的国家意志（注意我的每一个措辞）。

但在儿童世界，不能简单地这样说。我当然不是说对孩子不能有强硬的东西，我是说不能简单套用成人的原则。因为我们的教育对象是未成年人。

教育，通俗地说，就是促进一个人由“生物人”向“社会人”发展。具体说，教育有两个基本功能：文明行为的养成和高尚心灵的形成——注意，我这里只是说的“基本功能”，还有“知识传授”“能力培养”“潜力挖掘”等等我从略。或者再简化地说，教育，主要是着眼于孩子的“行为”和“心灵”。文明行为的养成，需要训练，需要规则，需要强制，需要鼓励，需要惩戒，这是一个长期的过程；高尚心灵的形成，需要引领，需要榜样，需要感动，需要熏染，需要陪伴，这也是一个长期的过程。我想强调，这两个“长期的过程”在实践中就是一个过程，不过，“行为”和“心灵”并不是半斤八两对等的，教育的主旋律还是“心灵”。

苏霍姆林斯基说：“教育，这首先是人学。”细心领会这句朴素而深刻的话，我们自然会明白，在教育中，“情”永远大于“法”，哪怕这个“法”

仅仅是相当于“法”的班级规章制度。

愚以为，面对学生违“法”——触犯了已经告知的规章制度，“容情于法”的做法是，第一，充分利用规章本身具有的“弹性”——我刚才忘记说了，所有真正意义上的可操作的法，都是具有“弹性”的，这个“弹性”体现在量刑的尺度上，比如“判处三年以上十年以下有期徒刑”等等，也体现在“免于刑事处分”上。因此，教师在执行规章时，完全可以根据孩子的具体情况，或宽容，或轻处，甚至“视而不见”或“装作不知”。第二，即使必须执行规矩，以示制度和纪律的严肃性，实施的过程应该尽可能根据不同孩子的情况在方式上柔和些艺术些，比如王君老师对那三个孩子的处理方式。第三，如果孩子不是当众犯错，而且后果并不严重，如果“公事公办”则会对孩子造成伤害，那干脆放他一马。宽容有时候比惩罚更有教育效果。

当然，如果是当众犯了严重错误，触犯了纪律，若不处理则会造成更大的危害，那也不得不“严格执法”，照章处理，比如本文开头所说流沙河讲的那个故事。宽容也不是无条件的。教育有时候也需要“说一不二”，从这个意义上说，我不赞成王君老师所说“‘雷厉风行’‘疾风暴雨’似的发现问题处理问题就不再是教育的必须”，别把话说绝对了，有时候真的还是“必须”。不过我认为这种情况并不常见，属于教育中“不得已”的“非常态事件”。

所谓学校的“军事化管理”，王君老师说得相当精彩，我完全同意，不过，我可能比王君老师更“激进”——我连军训都反对，虽然我的学校也按上级要求不得不每年都对新生进行所谓“军训”。我反对军训的理由这里不多说了，总之，我始终认为，学校需要纪律，学生需要规则，但把学校办成军营是可怕的，让孩子只知服从是可悲的。

请允许我不那么严谨但自以为大体差不多地说——

教育，对未成年的孩子来说，“刚”是相对的，“柔”是绝对的；“法”是相对的，“情”是绝对的；严厉是相对的，宽容是绝对的；“疾风暴雨”是相对的，“和风细雨”是绝对的；“三下五除二”是相对的，“润物细无声”是绝对的；“合理的惩罚制度不仅是合法的，而且也是必要的”（马卡连柯语）是相对的，“真教育是心心相印的活动”（陶行知语）是绝对的……

五

长期以来，我一直是学校民主教育坚定不移的倡导者，民主教育的目的是造就现代公民。因此，对学生进行基本的民主启蒙与民主训练也不但应该而且必须。其中就包括“立法”和“守法”的模拟与尝试。但我认为，这不是学校民主教育的主要内容。中小学的民主教育主要是让学生养成民主的生活方式。

封建王朝已经被推翻百余年了，中国发生了翻天覆地的变化，但是在某些头脑中，封建思想、专制意识、皇权观念依然根深蒂固，我们用什么去迎接明天更加民主的社会主义中国？对于教育者来说，培养出具有民主精神的公民，就是献给未来中国的最好礼物。因此，我们决不能因此放弃对民主价值的追求，不能放弃对民主教育的实践。相反，在许多中国人还没有做到真正意义上的公民的今天，我们有责任担负起民主启蒙的使命。

要让我们的孩子明白——

民主，首先是一种政治制度，通俗地说，是一种管理国家的方式。作为一种政治制度（或者说政府形式），民主的核心程序是通过人民的选举（直接选举或间接选举）产生领导人；同时，人民能够通过一定的法律程序参与国家的决策。而这正是民主制度与专制制度的根本对立之处。

但是，民主不仅仅是一种政治制度，也是一种生活方式。当然，后者是前者意义上的扩展与引申。这是对民主更为深刻的理解。将民主看作一种个人的生活方式，即认为民主不只是一种形式或者说外在的东西，而是一种内在的修养。

这种内在的修养体现于日常生活和与人交往的过程中：相信人性的潜能；相信每个人不分种族、肤色、性别、家庭背景、经济水平，其天性中都蕴含着发展的无限可能性；相信日常生活与工作中，人与人之间是能够和睦相处能够真诚合作的。民主的生活方式，意味着自由、平等、尊重、多元、宽容、妥协、协商、和平等观念浸透于社会的每一个角落，体现于生活的每一个细节。

……

以上这些民主常识，都应该让学生了解，但绝不应该是抽象地灌输给他们，而是通过日常班级生活的点点滴滴，引导孩子们在实践中去体验。

如果要我通俗地表述我对民主教育的理解，我会说，民主教育的核心是对每一个人的尊重!

爱因斯坦说:“我的政治理想是民主。让每一个人都作为个人而受到尊敬。”阿克顿说:民主的实质，就是“像尊重自己的权利一样尊重他人的权利”。如果说民主政治，是对每一个人政治权利的尊重，那么民主教育，则是对每一个学生各种权利和精神世界的尊重——尊重学生的人格、尊重学生的情感、尊重学生的思想、尊重学生的个性、尊重学生的差异、尊重学生的人权、尊重学生的创造力……当然，与此同时，教会学生尊重他人。

这里的“教会”，依然是一种师生共同的生活体验。我曾读到一个令我感动的故事，说的是一个小学教师引导孩子们进行的一次投票——

在学校一年一度的广播操比赛中，张彦老师所带的班级总能得第一名。但今年是一年级，经过艰苦的训练后，有两名学生始终不能与全班协调。张老师知道，其中一人是先天性尾骨脱节，另一人性格极其内向，动作协调性很差。前者忙得满头是汗也无济于事，后者一紧张动作便颠三倒四。根据规则，每班可有5%的学生因特殊原因不参加比赛，换句话说，他俩可以不参加比赛。眼看比赛只有两天了，一次训练结束，张老师找他俩谈话。话题从“热爱集体、为集体做贡献、珍惜荣誉”开始，但张老师预设的内容还未展开，一个孩子便怯生生地说:“老师，请让我参加好吗？我一定会加油练的。”另一个孩子也小声附和道:“老师，求求你了！”张老师顿时哽住了，稚嫩的童声在提醒着老师，真挚的童心不能因为任何理由而受到伤害。在随后的一次班队活动中，张老师组织全班同学讨论他们参加与否的问题，经过引导，全班同学投票同意了那两个同学的请求。比赛那天，全班同学一个不少地走上了赛场。比赛结果该班没有拿到第一名，但没有一名同学责怪那两个同学丢了班级的“面子”。活动总结时，张老师对孩子们说:“我们全班同学都尽了努力，大家都能团结友好，这比第一名的成绩更重要。”

我非常钦佩张彦老师对班上每一个学生的爱心，更可贵的是，张老师用自己的这颗爱心唤醒了全班学生的爱心，那两位学生所感受到的，就不

仅仅是来自老师的尊重，更有来自全班同学的尊重，来自集体的尊重。通过这件事，全班学生都受了一次生动的平等意识的教育。

但是，如果我们继续往深处思考，就会发现，这件事中这两位学生所受到的尊重，不应该仅仅是来自教师主观的“爱心”，而首先应该是他们所享受的权利使然——任何一个学生都有权利享受集体生活和集体荣誉，而且这平等的权利是神圣不可侵犯的。

要让我们的学生意识到：同在蓝天下，都是大写的人！人与人之间的智力、才能、学习成绩、性格特点、家庭经济情况等等存在着客观差别，甚至每一个都有着弱点和缺点，但每个人的尊严和权利都是不容侵犯的，不管用什么名义或用什么方式，都不能损害任何一个人的尊严，都不能剥夺任何一个人的权利！民主是一种生活方式，今天的教师如何对待学生，明天的学生就会如何去对待他人。

由李迪老师和王君老师的争论想到民主教育，似乎扯远了，但是，无论李迪老师、王君老师，还是我，在“培养公民”这一点上应该没有分歧。所以，我这里关于民主教育的一番唠叨，也许不算离题。

你的学生回来看你吗？

很早就想写这篇文章了。因为常常在外面讲课，互动环节时常听一些老师说“优生往往忘恩负义，很少会回来看老师”云云，也不止一次听老师说，毕业后回母校看老师的往往是那些当年的“后进生”。其实，我始终认为事情不那么简单。

碰巧，在我正要写这篇文章的时候，看到在《叛逆的青春自由地成长》后面，有一位老师也说了类似的观点，他的留言中有这样的话——

假如李校长不是有名气的教师，试问，荣同学还会记得他么？再问，教过荣同学的教师不下于几十个吧，那些教师在某些方面应该会比当年的李老师突出吧，那么，有没有记得他们呢，有没有去探望过他们呢？（这一段不是我愿意写的。）

根据我的切身经验，中小学时期成绩优秀的学生，长大以后，极大部分都不会去探望他们当年的老师了，有相当一部分都会回头去对他们说三道四，专门寻找缺点当谈资。相反，倒是那些问题学生，长大以后，时不时会回来探望老师感激老师，即使当年老师狠狠地批评过他们。在教师对待优生和差生的问题上，存在一个师生感情是否深入，学生灵魂是否被触动的过程。

这位朋友看来太不了解我和学生的关系了，也不了解荣建了。当然不怪这位老师，毕竟他没和我们近距离接触过。我的学生毕业后各行各业都有，他们大多数并不知道我是所谓"教育名人"，比如荣建，尽管他在大学，但忙于埋头研究，无暇顾及其他，这次我请他来开会发言，他大吃了一惊："纪念你从教三十年？李老师这么有名？"所以才有他发言的开头一段话。那天在现场，他也是这样说的："我不觉得李老师有多么优秀，我觉得他就是一个普通的班主任和语文老师。"因此，这位老师说"假如李校长不是有名气的教师，试问，荣同学还会记得他么？"恕我直言，这样说好像荣建多么"势利"，这在客观上（肯定不是这位老师的主观意愿）对荣建是一种侮辱。

荣建当时在他那个班，绝对是一个很普通的同学，表现中等，成绩当然算比较好的一类，但绝不是拔尖的。因此，我的所有著作里都没提到过他的名字。平时我们也很少往来，毕业 25 年了，他从来没有单独来看过我，只是在四年前，就是毕业 21 年后同学聚会见了一面。这次北京开会是第二次见面。他很少来看我，也不能说明他把我忘了，只是因为他忙，或者说他的性格内向而已。这次我之所以请他，不是因为他是教授，请他来可以显示自己的学生多么"有出息"，也不是刻意要找一位当年的中等生，而纯粹是因为他刚好在北京，又可以抽出时间来。事情就这么简单。正如我在荣建眼中并非什么"名人"一样，他在我眼中也并非什么"教授""博导""专家"。那天他发言之前，我就说："刚才主持人介绍荣建是教授，是博导，是什么研究中心主任，我听着觉得很好笑，荣建，不就是那个小男孩吗？什么教授博导和他有什么关系？是的，在我心中，荣建一直是个可爱的小男孩的形象。同样，我相信，荣建来到这个会场，也会很吃惊或者说不适应，他会感到什么‘著名专家’之类称号怎么会和李老师有联系呢？在他的心目中，李老师就是李老师。因此，不管现在我有多么耀眼的荣誉，不管荣建有多么显赫的头衔，我和荣建就是最单纯的师生关系。”荣建不是擅长“抒情”的人。我教他的时候，无论写文（他的语文一般）还是说话，都很朴实，不可能违心地说一些夸人的甜言蜜语，因此他的发言我相信是他的心里话。

因为我和荣建都不是“势利”的人。

问荣建有没有去看教过他的其他老师，我觉得这个问题本身就纯属主观臆想。荣建尽管不是特别黏糊老师，但他是一个很感恩的人。举个例子，他高中的生物教师许老师，也是我的同事兼好朋友，许老师后来家里出了一点事，荣建在北京提供了相当的帮助，到现在他们还保持着很真诚的关系。那天在北京还聊到许老师。

总之，不了解情况，请不要凭主观猜测就随便对别人下结论。这对学生不公平。

我之所以在说正题之前不厌其烦地先说这么多，是因为我有责任维护我学生的声誉与尊严。何况，上面所说，未必和我要说的正题没有关系。

很多教师都这么认为，毕业后的学生，回来看老师的往往是成绩差特别调皮的“后进生”，而那些成绩优秀的尖子生，那些往往被母校被老师引以为荣的考上清华北大的“好学生”，却很少回校来看老师。

这似乎几乎成为相当多老师的共识了，甚至认为这是“规律”。（我相信，读到这里，有老师会情不自禁点头认可的。）

但是，我得实话实说，这个“规律”在我这里一点都不灵！从教三十年来，毕业后经常来看我的，或者虽然没有经常来看我，但和我保持联系的，既有班上成绩特别好行为规范也很好的学生，也有成绩特别差表现特别糟糕的学生，当然也有那些中等生。要说哪一类学生来看我的要多一些，或者说稍微多一些，我还真看不出什么“规律”。

就以荣建这个班为例。当时这个班特别突出的品学兼优的吴涛、彭艳阳、程桦、张锐、沈建、潘芳奕等学生，直到现在还和我经常联系。彭艳阳结婚还要请我参加她的婚礼呢，潘芳奕旅行结婚还专门到成都来看我（巧，刚好这两位女生最近几年和我失去联系了）。这个班的所谓“差生”也没忘记我，其中最调皮莫过于谈俊彦了，毕业后当然来看过我，他还曾来找我借钱呢！中等生嘛，今年春节喻建忠、魏霞等人还和我一起吃了饭呢！彭可佳呀田丰呀卢婕呀等等我随手写下的这些学生，算是中等生吧？都看过我的，还不止一次呢！对了，我想到宋平了，这是班上再“中等”不过的男生了，但毕业20年之后，写下一篇《20年前的李老师》，朴实而真诚地回忆了我对他的教育。2006年底我去广州讲学，他还专门到现场听我的报告呢！至于还有一些不能归入上中下三等的学生，就是富有个性的学生，比如赵刚等人，也是经常来看我，或请我吃饭。

其他年级的学生也是如此。“后进生”我就不说了，自然和我关系非常好，我在我的著作中曾有描写。这里我针对“优生往往忘记老师”的说法，再举一些例子，说明我的“例外”。杨嵩、王铜、夏亚卉……这些都是相当优秀的学生，但毕业后都和我保持着非常良好的关系。

这是为什么？我只能这样理解：因为在教他们的时候，尽管在教学上，我肯定会根据每一个学生的学习基础有针对性的辅导；但这里的“针对性”绝不是把他们划为“上中下”而另眼相看的理由。一句话，我真的做到（写到这里我还在心里问了问自己）把爱献给每一个孩子！这也许就是每一个“层次”（按世俗的眼光）的学生都会回来看我的原因吧。

当然，我这么说，并不意味着我所教过的数千学生都回来看过我。不可能！但对此教师应该保持宽容之心和平常之心。学生不回来看你，不一定人家就把你忘记了。学习忙，工作忙，失去联系了，等等，都可能成为不回来看你的原因。有一个“规律”倒的确是一个规律：学生刚毕业的第一个教师节和春节，回来看老师的往往比较多，但后来就渐渐少了。等到学生参加工作或者过了十年二十年，往往又会回来看老师，特别是他们成了父母，有了孩子，和老师的联系就更多了。这是我的切身体会。对此，我是这样认为的，刚刚毕业的学生，对老师虽然很尊敬，但说实话，那种感情还比较浅，来看老师更多的是出于礼貌。然后他们读大学，找工作，为生存打拼，确实很难顾及回去看老师，还有学生觉得自己没有出息，没

2013 年 1 月在上海，20 多年前的学生张曦（右）、李志忠（左）来听我的报告

脸见老师。待岁月流逝，人到中年，渐渐有了怀旧心理，自然会想到少年时的老师，再加上自己也有了孩子，对老师的理解就更深刻了。

写到这里，我想到一个经常想念的学生，这个学生一直没来看过我，但许多读了我的《爱心与教育》的老师都说她应该来看我。这个学生叫周慧。在外讲学，常有老师问到她现在的情况。因为我的书中写了她进高中的第一夜生了病，我背她上医院的事。但毕业 20 多年了，除了很多年前曾经收到她的贺年卡，就再没有音信。但我从来没怪过她，绝不会想到“优秀学生（其实她当时在班上也只能算中等生）往往忘本”之类的“规律”，更不会埋怨她“忘恩负义”。因为我知道她的为人，善良朴实，不可能“忘恩负义”。我知道她后来大学学的是德语，也许出国了，总之失去了联系。尽管现在网络这么发达，但我也有很多学生很少上网的——程桦堪称计算机专家，可也很少上网（那天在北京我还在“骂”他。写到这里，我马上给程桦拨通了电话，把这句读给他听，手机那头他哈哈大笑，说：“是的是的，我很少上网。”），所以没有联系很自然。我坚信，如果有一天，我和周慧见面，我们都会非常激动的。

人都是有感情的动物，而且是高等动物，和学生相处三年或更多时间，彼此有了感情，学生毕业后希望他们回来看自己，非常正常。但是，这不是我们教书的目的，更不是我们的唯一追求。教师教书是为什么？就是让每个孩子健康成长，让他们增长知识、提高能力、完善人格。如果这个目的达到了，就可以了呀！孩子的成长与进步，就已经是对我们最好的回报。至于还有学生会回来看我们，那只是意外的收获。有，当然好，而且惊喜；没有，也不要紧。这就是我说的平常之心。

我刚才说了，希望学生回来看自己很正常，没有回来看自己有些遗憾也是人之常情，但如果过分在乎甚至计较学生是否回来看自己，就是另一种“功利心”了。我的确曾经听一位年轻的女老师给我说某个优生是“白眼狼”：“如果不是我，他休想考上大学！我给他开了多少次小灶给他单独辅导。他曾经成绩下滑，我还去家访，害得我还摔了一跤。可是到现在连一个贺卡都没有给我寄过！”说着说着，这位老师眼圈都红了。

对学生当然应该进行感恩教育，不过，由老师去教育学生要“感恩老师”总觉得有些别扭甚至滑稽，而且还觉得这“感恩”有些变味。我想说的是，不要把学生是否回来看自己，看得那么重。说得不好听点，我们就是服务行业的，所做的一切都是服务——为学生成长服务，因为服务，我们领了工资，其他的就不必多想了。商店的服务员，会因为顾客没有去看他而郁闷吗?

有一个词我刚参加工作开始就特别反感，一直反感到现在：“感情投资”。先不说教育，就一般意义上，人与人之间的感情是无价的，所谓“无价”，就是没有功利，不求回报。亲人之间、朋友之间彼此付出真诚，不应该想着回报，这才是真情。否则，连感情都成了“投资”，这个世界太冷酷了，太可怕了！说到教育，我相信绝大多数老师对学生的爱是没有功利色彩的，是绝对无私的，是无愧于“春蚕”“蜡烛”的评价的，尽管这些比喻已经被人批评过，我也曾经撰文质疑，但是，在“无私奉献”这一点上，临时用来说教师我还是可以接受的。然而，的确有一些老师，把和学生的关系庸俗化，和家长的关系物质化，一切都是“投资”，都是“撒窝子”（川话，意即“放鱼饵”），所付出的，总希望回报。于是，一旦学生“忘记”自己，就郁闷，就“辛酸”……

做一个纯粹的教师，保持一颗纯净的爱心，不巴望学生毕业后都来看自己，你的形象往往会扎在学生心中一辈子，学生自然会永远记住你。我想到了已经退休的吴非（王栋生）老师。他的教育他的课堂，充满了发自内心的真正的人道主义情怀，朴素而自然地爱着每一个学生，但他坚决不收学生家长的任何东西，他有一次对我说：“连学生家长给我一瓶醋，我都不要！”但他的人格却赢得学生的尊重。在吴非那里，感情就是感情，不是“投资”。

说了半天，我还没有分析为什么会出现有老师所说的“优生往往淡忘老师，回来看老师的往往是‘后进生’”现象。因为第一，我自己不觉得这是规律；第二，如果有这种情况，我也百思不得其解。因此，有没有这个“规律”？如果真有这个所谓“规律”，是什么原因造成的？这些问题，还是让大家发表看法吧！

让新教育年会更加朴素

新教育实验的针对性之一便是浮躁、虚假、豪华的教育。从这个意义上说，新教育应该是沉静、真实、朴素的教育。的确也是。十年来，无论是从绛县的区域性新教育推进，还是从“桃花仙子”老师乡村教室的新教育实践，或是干干等人在内蒙古罕台的新教育坚守，我们都感到了新教育的草根本色，闻到了新教育的田野芬芳。

但是，一年一度的新教育年会似乎一年比一年豪华。

近几年每届年会都有一台堪比春晚的舞台表演。因为时间太短，新教育实验的成果通过舞台演出的方式集中展示，无可厚非。但一定要这么美轮美奂（我知道从严格意义上说这个词用得不准确，但现在大家都这样用了，已经约定俗成）吗？那流光溢彩的舞台，那绚丽耀眼的灯光，那震耳欲聋的音响，那五彩缤纷的服饰，还有高像素高清晰的LED显示屏……的确让人恍惚置身于中央电视台春晚的演播大厅。

以前只需要一个学校，便可以支撑起一届新教育年会；后来学校不行了，须得教育局出面，举全局之力，才能完成一届年会；现在教育局也承担不了了，要市区县政府出面，以政府强势行为才能将年会办得出“规模”，办出“规格”，办出“档次”。由学校到教育局再到政府，年会的规模在不断扩大，而花费的巨额资金也在急速攀升。每一届年会闭幕后，都让来年年会的主办方“压力山大”。

阅读苏霍姆林斯基

有教育局和区政府的支持，是新教育人所需要的。新教育原本是一场专家发起民间参与的草根新教育改革，民间实验如果得到行政的支持那当然好。但这里的“支持”如果更多的是体现在年会的豪华攀比上，实在离新教育的本色越来越远。

行政领导的思维和纯粹教育者的思维是不一样的。县长区长市长们可能想得更多的是如何通过新教育年会“推销本地”，而教育者想的是教育本身。我明显感到，政府部门已经把新教育年会当成“打造品牌”“塑造形象”“扩大知名度”的机会，说“醉翁之意不在酒”可能偏激了一些，但至少不完全在教育这杯“酒”，这样一来，新教育年会便注入了不少非新教育甚至非教育的东西。

我无意否定申办新教育年会的各地政府良好的初衷，实际上敢于乐于承办新教育年会的政府领导，大多都是有教育情怀和教育眼光的人，他们在自己的辖地为新教育实验创造条件提供支持，无论如何是该赞赏的。只是，在举办新教育年会的时候，是不是应该纯粹些，朴素些？

政府的豪华举动对下面所产生的影响是明显的。年会期间，在一些供代表们参观的新教育实验学校，也都竭力展示精致而精美的内容。比如，老师薄薄的几页教育叙事，非要用铜版纸做成一本近乎精装本的小书，还有校园的展板，墙上的挂图，以及教室里办公室的陈设，几乎都是用昂贵材料做成，而且都是崭新的。我想，如果原生态地陈列出老师手写的教育笔记，和学生稚拙的字迹，那会更真实，也更感人，当然，也更有说服力。

新教育年会能不能不搞舞台演出？（如果这样，将可以省下多少钱以资助边远地区更多的人做新教育啊！）年会所有的展厅展板能不能低碳一些？（没必要有那么多的灯光，不必专门搭建各种平台，少用些高档昂贵的材料。）所有的展示能不能更加原生态一些？（比如参加展示的老师和孩子都不要化妆，也不要穿着专门为此次展示所设计的服装等等。）交流发言的老师和学生能不能更加自然更加生活化一些？（演说式朗诵式的说话虽然出口成章，滴水不漏，但总觉得不自然。其实，口语化的表述哪怕出现一两个口误都不要紧，那样会更加亲切，也更加真实。）

了解新教育的人都知道，常态的新教育绝不是像年会那样耀眼，千千万万新教育人在每一个普通的日子，都在朴实而朴素地探索着坚守着。但不了解新教育的人，如果仅仅通过年会来看新教育，很容易误以为新教育就是眼花缭乱的表演，就是借助高科技手段的展示。如此奢华的“新教育”，只能让许多人特别是不发达乃至贫困地区的教育理想主义者望而生畏，望而却步。

前年的桥西新教育年会，我就呼吁新教育年会能够朴素些；去年鄂尔多斯年会我没去，但听说也很“令人震撼”；今年的临淄年会，我感到还是艳丽了一些；我期待着明年的杭州萧山年会，能够还新教育实验的朴素本色——杭州萧山属于中国的经济发达地区，“不差钱”，要办一届朴素的年会，还真是一个挑战呢！

但我还是期盼着。

多一些“非功利谈心”，如何？

我曾在一次讲学的时候，对班主任们做过一个调查：“通常你在什么情况下找学生谈心？”

老师们交上写着答案的纸条，大多是：“在学生犯了错误的时候。”“在学生成绩下降的时候。”“在发现学生思想情绪出现异常的时候。”“在学生遇到困难的时候。”“在学生有早恋倾向的时候。”等等。应该说，这些答案都是正确的，因为面对这些情况班主任都应该找学生谈心。

“但是，如果学生没有犯错误，成绩也稳定，思想情绪没有异常，也没有遇到什么困难，没有‘早恋’……我们做班主任的还找不找学生谈心呢？”这是当时我看了答案后给老师们提出的一个问题。

老师们很茫然地看着我，似乎我提了个怪问题。记得当时有一个青年老师站起来说：“学生一切正常，如果老是找他谈心，他会紧张。再说，我们平时也很忙，没事也就不会去找学生谈心。有什么谈的呢？”

我说：“学生在某些方面出现了异常，老师找他们谈心是完全正确的。当学生需要老师帮助的时候，我们不作为，这是一种教育失职。但是，我们的谈心，并不一定都应该充满‘教育性’，有时候，不，应该说更多的时候，我们应该很随意地和学生谈心，当然，这种随意性的谈心，叫作聊天更恰当一些。这种没有教育目的的谈心或者说聊天，是我们班主任走进学生心灵的一种有效途径。”

是的，不要只是等到出了问题才找学生谈心，不要让每一次谈心都带有明确的“解决问题”“教育学生”的目的。我们还应该习惯于没有教育目的的谈心。我把这种谈心，称作“非功利谈心”。

既然是教育，当然就有目的，体现于每一次的教育行为，就必然是这个或那个亟待解决的问题。这些教育行为，可以是活动，可以是班会，更多的时候是教师和学生的谈心。这种为解决具体问题的“功利性谈心”无可指责。

但是，这种谈心却不是效果最好的方式。学生遇到困难或犯了错误，就把学生叫到办公室，不管教师如何耐心而亲切，学生都知道是在教育自己，他内心的防范心理是必然的，这种自觉不自觉的防范心理甚至抵触心理会影响或消解老师的满腔真诚的教育，这也是必然的。

最好的教育是看不出教育目的的教育。在苏霍姆林斯基的不朽名著《给教师的一百条建议》结尾，教育家给我们提的最后一条建议是“保密”，他认为，对于最好的教育来说，教育目的应该尽可能隐蔽起来。苏霍姆林斯基这样写道：“学生了解教育、懂得教育，一般说来是有害而无益的。这是因为，在自然而然的气氛中对学生施加影响，是使这种影响产生高度效果的条件之一。换句话说，学生不必在每一个具体情况下知道教师是在教育他，教育目的要隐蔽在友好的、无拘无束的相互关系气氛中……我坚信，把自己的教育意图隐蔽起来，是教育艺术十分重要的因素之一。”

在教师的内心深处，教育目的应该明确，但体现于外在的行为，教师的教育痕迹则应该尽可能淡化，所谓“春风化雨”所谓“润物无声”。没有具体教育指向的“非功利谈心”，就是隐蔽了目的淡化了痕迹的教育。

我当然不是反对教育目的明确的谈心，包括教育痕迹很明显的教育行为。有时候，对于一些迫在眉睫刻不容缓的教育难题，我们需要把学生叫到办公室进行单刀直入、斩钉截铁、“三下五除二”式的谈话：“你不能这样……”“你应该……”这也是一种教育，这种谈心未必无效。但这不是唯一形式的教育谈心，甚至我建议，如果不是万不得已，尽量不要采用这种谈心。

即使是目的明确的教育——比如转化某一个后进生，我们最好也应该尽可能多一些“教育的铺垫”。我这里所谓的“教育的铺垫”，指的是为了达到最后有效的教育效果，而在接触教育对象的时候所做的一些似乎（注意，仅仅是“似乎”）与教育无关或者说至少学生看不出与教育有直接关系的“前期准备工作”，比如建立感情，达成信任，等等。这种“教育的铺垫”，就包括了“非功利性谈心”。因为这种谈心，正是“建立感情，达成信任”的必要而有效的方式。

我有过多次和“后进生”打交道的经历。面对顽劣的学生，除非是需要我当机立断制止的突发性违纪事件，我一般不会找这些学生来进行带有明显告诫或帮助色彩的谈心。道理很简单，对这样的孩子来说，从读小学起，他们所承受的这种“苦口婆心”或“语重心长”已经太多太多，他们的心灵已经形成自觉不自觉反抗这种“教育”逆反的厚障壁，虽然表面上他们也许沉默或者温顺地频频点头。最近看宋丹丹的《幸福深处》一书，她在书中谈到自己儿子的时候，说过这样的话——其实，在小学时候，老师家长就已经把做人的道理讲完了，中学之后老师和家长的反复唠叨，无非就是一些常识的重复（大意，不是原话）。是呀，如果我们做老师的动辄就把学生叫来重复这些常识，学生心里能不烦吗？

面对这样的学生，我们不要老是在他犯了错误的时候才进行严厉的批评，也不要在他没有犯错误的时候找来说教一番。我们应该在平时日常生活中，自然而然地和他们一起玩儿一起聊天。在更多的时候，我们要善于以朋友甚至是“哥儿们”的身份而不是以教师的身份与他们交往，至少要让孩子在某些时候忘记了我们是老师。“非功利性谈心”的意义之一，正在于此。

仔细推敲，既然是“教育的铺垫”，这种“非功利谈心”其实也是有功利的，因为你是在为下一步的教育搭桥呀。但是，相对于立竿见影的教育追求，这种谈心的功利不那么急切不那么明显。教育目的在这里被隐蔽了，用苏霍姆林斯基的话来说，“教育目的”已经“隐蔽在友好的、无拘无束的相互关系气氛中”。我有许多成功转化“后进生”的案例（限于篇幅，无法详述），在这些案例中，和学生之间进行的自然而然的、不为什么的谈心，使我和学生建立了一种真诚的关系，这种关系是成功转化他们的必备条件。

我们再把问题引向深入：假如我们没有必须解决的问题、必须转化的“后进生”，换句话说，如果我们没有必要进行“教育的铺垫”，那么，我们还有没有必要和学生谈心呢？

其实，从宏观上看，从来就没有所谓“非功利”的教育，只要有教育就会有教育目的。只是，“教育的目的”不一定都是“亟待解决”的具体问题，而是对人的潜移默化的长远影响。教育，就是影响，就是感染，就是对人格灵魂的熏陶与引领。

这些“影响”“感染”“熏陶”“引领”，可以通过震撼人心的活动来实现，但更多的时候，恰恰是通过日常生活中的聊天（即我所说的“非功利谈心”）来实现。因为我们和学生存在着一种特定的教育关系，于是，无论我们是否意识到，这些随意性的聊天都包含着丰富的教育因素。对学生和教师来说，都是一种生活的体验。

写到这里，我想到当代世界著名教育学专家、加拿大著名的教育学者马克斯·范梅南在《教学机智——教育智慧的意蕴》一书中的几句论述：“对年幼的孩子来说，与教育者的教育关系远不只是达到某种目的（受到教育或成长）的手段；这种关系是一种生活的体验，具有其本身和内在的意义。在我们的母亲、父亲、老师或其他的成人面前我们体验到了真正的成长和

个性的发展。我们与他们的关系可能比友谊和罗曼蒂克的爱的体验具有更加深刻的影响。我们可能会终生感激一位父亲、母亲或老师，即我们从这个人那里学到的物质性的只是会逐渐丧失了其适切性。这部分的原因可能是由于这样的事实：我们从一位伟大的老师那所‘获得’的与其说是一个具体的知识体系或一组技巧，还不如说是这位体现和代表知识的老师的行为方式——他或她的生活热情、严于律己、献身精神、人格力量、强烈的责任感，等等。”

这段话非常深刻地揭示了师生之间、亲子之间的“教育关系”对孩子的影响。是的，重要的是“关系”——这是一种特定的关系，是教育性的，但又不是处处暴露“教育性”。师生（如果就家庭教育而言，则是父母和孩子）在日常生活交往的每一个细节都蕴含着深刻的教育性但又不知不觉。这种教育潜藏在关系之中，同时这种关系本身就是一种教育，而更重要的——这种教育就是生活本身！

如果站在这样的高度来看待我们和学生之间的谈心，“功利性”也好，“非功利”也好，重要的已经不是谈什么了，而是“谈话”本身所呈现的师生关系。但是我还是要强调，非功利性的谈心更能让我们自然而然地走进学生的心灵，并产生积极的影响。这样的谈心，几乎什么都可以涉及：阅读热点、人文话题、科技视野、体育新闻、社会现象、旅游趣闻等等，漫无边际，海阔天空，纵横天下，驰骋古今。这种“不为什么”的聊天最容易展示出教育者的善良、真诚、热情、平等、民主、幽默、博学等人格魅力，进而影响学生的心灵。

当然，这种谈心是需要合适的时机的，不然，你冷不丁叫着一个学生：“来，到我办公室谈谈心！”他不但会感到很突然，而且会觉得很别扭，谈话很可能会很尴尬。因此，捕捉谈心的时机就显得尤为重要。只要班主任老师真正和学生有一种亲密关系，这种时机是不难找到的，关键是要“自然”：也许是学生生日那天的放学途中，也许是在学生养病的床前，也许是和学生一起观看球赛的操场边，也许是饭后和学生一起散步的时候……

在这里，我特别要推荐在野外活动中的聊天。没有活动就没有教育。我这里的“活动”主要不是指教室内的班会活动，而是指置身于大自然的各种活动。在蓝天白云之下，在无边的田野之上，或者在茫茫的深林中，教师最容易和学生的心贴在一起。回想我和学生聊天最自然最投入也最惬意的时候，往往都是在旅途中。每次放假，我都安排一次与学生的旅游：我曾与学生站在黄果树瀑布下面，让飞花溅玉的瀑水把我们浑身浇透；我曾与学生穿着铁钉鞋，冒着风雪手挽手登上冰雪世界峨眉之巅；我曾与学生在风雨中经过八个小时的攀登，饥寒交迫地进入瓦屋山原始森林……每一次，我和学生都油然而生风雨同舟、相依为命之情，旅途中的一次次深入彼此心灵的闲聊，则是我和学生最难忘的记忆，同时又感到无限幸福。这种幸福不只是我赐予学生的，也不单是学生奉献给我的，它是我们共同创造、平等分享的"心灵盛宴"。

请还班主任以惩罚学生的权利

教育部新近颁布的《中小学班主任工作规定》第十六条写道："班主任在日常教育教学管理中，有采取适当方式对学生进行批评教育的权利。"于是，媒体便说这是"亮点"。好像有了这个规定，班主任才可以大胆地批评学生，而在此之前老师是不敢批评学生的，因为没有这个"权利"。可是，更多人却不以为然甚至觉得滑稽：老师批评学生天经地义，难道还需要教育部授权？

我从教育部基础教育一司负责人就《中小学班主任工作规定》答记者问得知，教育部之所以要如此"规定"班主任的"批评权"，是因为"在我们强调尊重学生、维护学生权利的今天，一些地方和学校也出现了教师特别是班主任教师不敢管学生、不敢批评教育学生、放任学生的现象。"对此我不否认，但即便如此，这只是在"一些地方和学校"，因此"不敢批评学生"的情况并没有在大多数地方和学校存在。有人还拿出"杨不管"事件说事儿，可我认为"杨不管"是一个非常极端的例子，更不具普遍性。其实，老师的批评权从古到今一直都客观存在着，这个权利绝不是由教育行政部门“授予”的，而是教育本身所包含的。总体上说，绝大多数教师也从来没有放弃过自己的批评权。因个别教师不敢批评学生，而由教育部出台规定“班主任有批评学生的权利”，的确有点多此一举，令人哭笑不得。

既然从总体上说，教师的批评权从来就没有丧失过，为什么现在的学生却越来越难管了呢？问题出在现在的教育只有批评而没有惩罚。批评只是一般的斥责，而惩罚则是行为强制。完整的教育显然不能只是批评，而还应该有惩罚。与其煞有介事地规定“教师有批评学生的权利”，不如理直气壮地写明“教师有惩罚学生的权利”。因此我呼吁，请还班主任以惩罚的权利。

长期以来，我们在实践中往往只注重教育，而忽略甚至反对惩罚。殊不知惩罚本身就是教育的一种方式。简单地说，教育的功能无非在两个方面：人格的引领和行为的规范。前者指的是人的道德水平的提高，它更多的靠谈心，靠感染，靠熏陶，靠讲道理，靠循循善诱，靠春风化雨，靠润物无声……人格的引领是非强制的，因此需要耐心，需要时间，需要等待。后者指的是按文明社会与他人相处及交往的准则规范人的行为，即通常所说的“养成教育”；既然是“养成教育”，就带有强制性——如果学生没有达到要求，就得施与适当的惩罚，强制学生在行动上必须达到应有的规范。这也是对学生的爱——严格要求学生，为学生的一生负责，这正是教育爱心的一种体现。

要特别说明的是，不管怎样的教育惩罚，都不能是体罚。对此也许会不解：既然是惩罚，怎么又不包括体罚呢？体罚不是惩罚的一种吗？这是一种误解。何为“惩罚”？“惩罚：严厉地处罚。”那什么叫“处罚”呢？“处罚：使犯错误或犯罪的人受到政治或经济上的损失而有所警戒。”而何为“体罚”呢？“体罚：用罚站、罚跪、打手心等方式来处罚儿童的错误教育方法。”（以上解释均摘自《现代汉语词典》）可见，“体罚”从词义上看，是排除在“惩罚”之外的。只不过现在许多人一提到“惩罚”，总想到“体罚”，这是对“惩罚”一词在理解上的泛化。

正因为不少教育者把惩罚理解为体罚，于是在实践中便出现了两种极端，要么认为可以惩罚学生，于是便体罚学生；要么认为不应该惩罚（这里的“惩罚”被理解为“体罚”），于是便放弃了应有的惩罚权利，教育仅仅剩下了苍白无力的“语重心长”“苦口婆心”。

我们现在需要重申教育应有的惩罚功能，并研究面对学生非惩罚不可的错误如何适当地施予非体罚的惩罚。

比如，罚学生抄作业，这是许多专家和领导坚决反对的，因为这种方式被认定为“变相体罚”。如果简单地罚学生过量抄作业，甚至抄几十遍，必然严重损害学生的身心，这当然属于“变相体罚”甚至“直接体罚”；但是，如果一个学生多次无故不完成作业，在严厉批评的同时，责令其将应该完成的作业抄一遍，或者抄一篇有教育意义的短文，以示惩戒，这应该不算过分。

又如，学生犯了错误并严重损害了集体荣誉，让其停止一次参加集体郊游活动权利，独自在教室或在家里反思，让他体验离开集体的孤独感，并意识到既然损害了集体的荣誉，就必须付出代价，这种惩罚又有什么不可以呢？

再如，某学生影响课堂纪律，甚至扰乱了课堂秩序，教师当机立断暂时停止其继续上课的权利，强令他在办公室反省自己的错误，这不但是允许的，而且是必须的。如果此时为了“维护”他“接受义务教育”的权利，就必然损害更多的学生接受义务教育的权利。他上课的权利应该受到尊重，更多学生上课的权利就不该尊重吗？当一个人以自己的行为妨碍多数人上课并多次耐心劝说教育无效的时候，最好的处置就是制止其行为，勒令他离开教室。这是他应该也必须受到的惩罚，这种惩罚本身就是教育。

还有一些小错误，比如经常做教室卫生不认真，影响班级获得卫生红旗，第二天他就必须重做；经常迟到，影响班级常规评比得分，他就应该为集体做一件好事，以此弥补自己的过失并向集体表示歉意；等等。这些惩罚在我看来，都是可以的，也是可行的。

表扬是一种教育，批评也是一种教育，惩罚同样是一种教育，不可厚此薄彼。批评的教育功能虽然从来就没有人否定过，在过分强调“赏识教育”的今天，表扬越来越被滥用，批评确实有被淡化的倾向。至于惩罚的正面教育作用，相当多的教师连提都不敢提了。在这种情况下，我郑重提出还班主任以惩罚的权利，自以为不是没有意义的。

注意，我这里说到班主任惩罚权的时候，用的词是“还”而不是“给”，因为在我看来，教育惩罚本来就应该是班主任乃至所有教师应有的权利，只是多年来因种种原因被剥夺了，现在，是该“还”给班主任的时候了。

鸡蛋里面挑骨头

最近，应邀参加了一个学校的十周年校庆。虽然该校建校只有短短的十周年，但成绩斐然——不仅仅是应试成绩，更有体现学生全面素质的各方面的成绩。在当地理所当然地赢得了老百姓良好的口碑。在我眼里，这是一所真正的名校——“名”不在自吹自擂，而在老百姓的心里。

整个校庆活动搞得隆重热烈，上午是一台高质量的文艺演出，前来助兴的国内著名的歌唱家固然为庆典增添了欢快的气氛，但我更看重的是该校师生自己的演出，也达到了相当的水准。这也从一个侧面展示了该校素质教育的成果之一。下午，是半天的教育学术报告会。这体现了庆典的“教育”含量。如果仅仅是文艺演出，那就和一般的企业庆典没有多大区别了。

也许是我挑剔，在这看起来相当圆满的校庆“鸡蛋”中，我也挑出了几根“骨头”。直说吧，我感到一些细节，还可以做得更好。

在我发言之前，有几位发言者的开头均为:“尊敬的各位领导，老师们，同学们……”当然，这种开头我们已经习惯了，无论什么会议，只要发言，肯定都会把“尊敬的领导”放在前面。但今天我感到不安，因为在这个体育馆的环形座位上，绝大多数都是孩子，而真正的领导只有主席台上面十来位，而且作为学校，理应把孩子放在比各级“领导”更重要的位置——我们不是常说“一切为了孩子”吗？我们不是常说“以生为本”吗？还有一个细节，就是有的发言者上台之前，先给主席台的领导鞠躬，然后再给孩子们鞠躬；有一个发言者甚至只给领导鞠躬。这让我感到非常遗憾！

该我上台发言了，我来到台上，首先向四周的孩子们分别鞠了一躬，最后向主席台的领导鞠躬，然后我开始发言:“可爱的孩子们，亲爱的老师们，尊敬的各位领导……”我不认为这是一种语言的形式，我认为会议发言的称呼也体现了某种观念。纵观现在的会议，只要发言，开头必定是“尊敬的各位领导”，这是“官本位”思想无孔不入的一个表现，我们甚至都已经习惯了。想起今年上半年，我作为劳动模范参加表彰会，也被安排发言。所有在我前面发言的人照例都是以“尊敬的各位领导”开头，而我发言的开头是：“尊敬的各位劳动者……”我连领导都没提。在我看来，在劳动者的节日表彰劳动者，当然应该把劳动者放在第一位。我这样称呼也不是“不尊重领导”，因为在我的心中，在场的省市领导也是劳动者，因此我的称呼自然也就包括了他们，他们当然也被我“尊敬”了。

在庆典上，无论是明星演出时的祝贺，还是有关同志的发言，在谈到该校的教育成果时，都强调十年来培养了好几位清华、北大的学生。这所学校十年来总共毕业了七千多学生，我想，难道只有这几个清华生北大生是“教育成果”吗？所以，我在发言时这样说：“十年来，学校既培养出了许多考上清华、北大的学生，同时还培养了七千善良、正直、勤奋的普通劳动者，他们也是学校的教育成果，这些孩子同样是母校的骄傲！”没想到，这几句话引起了许多人的共鸣。下来之后，很多老师都对我说：“你这几句话让我们非常感动！”中午吃饭时，这次校庆演出的艺术总监特意向我敬酒：“你那几句话一说出来，就让我的心里一热，我可以说非常受震撼。我想，在这个浮躁社会，毕竟还有清醒的人！”

我无意在这里标榜我有多么“与众不同”，或我有多么“深刻”。其实，在我看来，我说的不过是常识，是很多很多教育大家说过的常识。这个常识，就是教育应该尊重每一个孩子。

唉，被人家盛情邀请参加庆典，我却说了这么一大堆“不中听”的话。但我真心是为这个学校好。尽管我挑了这么些“骨头”，也并不影响我对这所学校的满腔敬意，毕竟十年磨一剑，从无到有为老百姓奉献这么一所名校，让当地的孩子都能享受优质教育，这是老百姓看得见摸得着的实惠。只是如果在细节方面能做得更好，那我们的教育就更完美了。那天我也是这样对校长说的。

教育，可以这样表达

曾有一篇题为“论文题目的大与小”的文章引起我强烈的共鸣。作者上官子木先生这样写道:“当我看完了一位国内学者在国外大学就读时完成的博士论文时，非常感慨。这是一本研究角度新颖且有一定学术价值的书，但要在国内，作为博士毕业论文将很难通过。如果是评职称，至少在我所在的单位是肯定评不上的。因为这本书是用描述性的语言，采用的是非量化、非实证的研究方法，这注定要被国内学术界的一些权威人物认为是没有学术性而遭否定。”

作者说的是写博士论文，我觉得写博士论文稍微“规范”点，似乎也情有可原。问题是我们现在许多谈教育的文章也以“规范”求“严谨”，以“术语”求“学术”，以“框架”求“档次”……结果，本来最富魅力的教育一旦被表达便失去了鲜活的生命。

恕我直言，这是很久以来教育学术界存在的不良文风。有些“专家”“学者”总是认为，所谓“学术性”就是罗列学术术语构建理论框架，别人越看不懂就越深奥，“学术性”就越强。于是，我们看到了不少这样的教育文章或著作:没有新观点却有新术语，没有新见解却有新概念，晦涩难懂，故弄玄虚。这是学术的堕落，是教育的悲哀!

其实，越是学问精深者，表述其学问的语言越平实。因为学问大家已将知识融会贯通且思维清晰，所以善于把高深的道理转化成大众化的语言。恰恰是那些才学疏浅者，其语言才令人莫名其妙。因为才学有限者往往自己都没有把要说的道理弄明白，思维混乱，所以只好装腔作势，在吓唬别人的同时也糊弄自己。

能不能用朴实生动的语言表达对教育的理解呢?

当然是可以的。大教育家孔子的教育思想是用《论语》表达的，夹叙夹议，而又穿插着生动的对话，却成了经典之作。卢梭的教育思想则是通过小说《爱弥儿》表达出来的，作者把自己描写成一个教师，把爱弥儿描写为理想的学生，叙述了爱弥儿从出生到20岁成长和受教育的全过程，从中阐述了作者“自然教育”的思想。还有苏霍姆林斯基，他的所有教育论著，都是用散文的语言表述的，读他的著作，便是听他一边讲述故事，一边抒发感情，一边阐述理念，真是一种享受。还有中国现代著名教育家陶行知，他的教育著作也平易近人，用老百姓的语言谈深刻的教育道理，他还用诗歌甚至儿歌来表达他对教育的理解。

类似的例子还可以举出很多很多。这些举世公认的大教育家，写出的教育经典如果放在今天，恐怕很难被“学术界”承认，但这些平易、生动、洋溢着生命活力的著作，对人类教育发展所产生的巨大作用，则已经被历史证明而且还将继续被未来证明。

我一点都没有否认“学院派”的意思。我知道，任何一门学问，都需要科学的表达，因而都需要相应的“范式”，即科学史学家库恩所说的那种从事同一特殊领域研究所持有的共同信念、传统、理论和方法，包括属于这范式的特定概念、术语等等。杜威的《民主主义与教育》、布鲁纳的《教育过程》、皮亚杰的《教育科学与儿童心理学》、巴班斯基的《教育过程最优化》等体系宏大、结构精密、论证严谨、言语平实的教育经典著作，同样给我们以醍醐灌顶、豁然开朗的启迪。正是这些真正的教育大师的不朽之作，构筑起人类教育理论的辉煌宫殿。

但是，除此之外，我们应该允许教育可以有苏霍姆林斯基式的表达。对于普通教师来说，甚至应该提倡这种表达——

教育理念可以朴实地阐释。理念与深奥的术语没有必然联系，与“宏大叙事”也没有必然联系。所谓“教育理念”无非就是隐藏在教育行为背后的指导思想，这种指导思想人人都有，而并非教育专家所垄断。而且，哪怕是一个教育细节，比如，课堂学生发言时，发言的学生是背对同学面对老师说话，还是转过身去面对全班同学说话，这都反映了教师课堂教学的不同理念。所以，理念并不神秘，因而对教育理念的阐述完全可以也应该平易通俗的，就像平时老师们在教研组讨论聊天一样。“教，是为了达到不需要教。”叶圣陶先生这句大白话所揭示的教育理念以及它所产生的影响，胜过多少博士论文？

教育情感可以诗意地抒发。教育研究和教育实践都不纯粹是自然科学式的操作，它更带有强烈的人文色彩。因此，如果说在自然科学的研究过程中，研究者要保持自己与研究对象的距离，避免主观感情以保证结论的客观性的话，那么教育恰恰相反，教育者与教育对象应该是融为一体的，其间感情的流淌、诗意的飞扬，正是我们追求的一种教育境界。因此，教育论著完全可以让真情实感像泉水一样自然而然地奔涌流淌。“教育，这首先是人学。”（苏霍姆林斯基语）而作为“人学”的教育，离开了人的情感就失去了生命。因此，在教育论著中诗意地抒发我们对教育的热爱、牵挂、忠贞不渝、一往情深，这是再自然而然不过的事了。

教育过程可以形象地叙述。教育者的智慧更多的是体现在教育过程之中，具体说，就是体现在故事中。因此，“讲故事”也是一种教育感悟的表达方式。在教育家马卡连柯所有的教育论著中，最著名也最有影响的是他那本《教育诗》。在一个个有血有肉、栩栩如生的人物形象中，在一个个跌宕起伏、曲折动人的故事里，教育家的教育思想、教育机智、教育技巧、教育情感……全都在其中了。对于一线老师来讲，坚持写教育日记、教育手记，哪怕仅仅是记载自己每一天的教育故事都是很有意义的。如此坚持三年、五年，任何一个普通教师都可以成为真正的教育能手乃至教育专家。

教育现象可以激情地评说。很难设想，一个没有激情、麻木不仁的人，能够同时又是一位真正的教育者。教育者应该是一个性情中人，各种教育现象都会在他的心中掀起喜怒哀乐的波澜，孕思考于胸中，遣激情于笔端，指点教育，激扬文字，敏锐而犀利，从容不迫而又掷地有声。评论教育当然首先需要严肃冷静的态度，但这与火热的情怀并不矛盾。理性共激情一色，严谨与热诚同飞。那种追求四平八稳、貌似客观中庸而实则不知所云的所谓“教育评论”与文字垃圾无异。“铁肩担道义，妙手著文章。”义正词严而不谩骂，真诚赞美而不虚夸；酣畅淋漓一泻千里，嬉笑怒骂皆成文章！

朴实，诗意，形象，激情——我们追求这样的教育实践，也追求这样的教育表达。

说雷锋

一

很多年以前，我和一位朋友说到雷锋时，他说："哪有必要学什么雷锋啊！需要雷锋，说明我们这个社会不正常，或者说我们的制度有缺陷。"

我追问他为什么。他说："如果我们这个社会每个行业的人都尽心尽责，就不需要雷锋了！"猛一听，这话貌似深刻，似乎很有道理，是呀，环卫工人敬业，就不需要小学生上街扫马路了；警察叔叔尽责，迷路者都会被送回家里；物管服务到位，也就不用有专门的"雷锋"下班后到你家里帮忙疏通管道，等等。

但我当时说："不对。我们这个社会总会有一些职业管不着制度也难以穷尽的'空白地带'，需要人们用道德去提供服务。比如，有人落水了，没有任何制度规定过路人必须跳下去救人，但这时如果有雷锋，一条生命就会得以挽救；还有，一个老人拎着重重的菜篮子上楼梯，这时候也需要有年轻人帮上一把。等等。"

记得当时我还对他说："如果你在火车上，吃力地准备把重重的箱子放到行李架上，可你怎么也放不上去时，你肯定希望有人助你一臂之力，那时候，你就希望有雷锋出现了。因此，所谓'雷锋'，就是你在需要帮忙的时候，希望出现的那个善良的人。"

当时，还没有出现"小悦悦事件"。面对躺在雨中马路上的小悦悦，法律没有规定路人必须伸出援手，但如果第一个看到的路人有雷锋那样为善的心，小悦悦不至于被汽车多次碾轧。最后陈太婆出现了，她把奄奄一息的小悦悦抱起来的一瞬间，可能没有想过"学雷锋"，她可能不过就是善良的本能，但就这善良的道德驱使，让小悦悦在这个世界上多生存了几天。

可见，无论何时，雷锋身上所拥有的善良与乐于助人的品质，都是非

常需要的。

现在问一般的老百姓：“雷锋意味着什么？”我估计大多会说：“助人为乐呗！”的确，雷锋几乎成了“做好人好事”的代名词。别小看了这个“好人好事”，在我们这个日益冷漠的时代，雷锋所象征的“春天般的温暖”已经成了人们普遍的呼唤。学习雷锋，就是做一个好人，一个善良的人，一个不停做好事的人，一个在平凡生活中做平凡好事的人。

我想，把雷锋理解为“好人”，应该是不会错的。从这个意义上说，学雷锋没错，而且雷锋永远不会过时，因为人类永远需要善良。

二

但是，如果仔细往深处想，觉得这样理解“雷锋”和“雷锋精神”，是不是还有点逻辑上的问题？

古往今来，像雷锋这样的好人太多了。雷锋是1940年出生的，在他之前，中华民族几千年的历史上，该有多少善良的人啊！孔融让梨，刘备说“勿以善小而不为”。如果仅仅是因为雷锋是好人，或者按某些理论家的说法，雷锋身上集中了“中国传统美德的精华”，甚至体现了“儒家的美好人格”，那我还是想不通，翻开典籍，中华历史上的好人还少吗？明山宾卖牛，金孝拾银，子路借米……如果视野再放宽一些，其他国家包括资本主义国家，雷锋那样的“好人”也不少见，比如诺贝尔和平奖获得者特蕾莎修女，她的善行感人肺腑。改革开放以来，我们已经从一些电影中了解到一些欧美“雷锋”，我们可不可以学呢？

由此可见，仅仅把雷锋当成好人，是无法解释我们国家声势浩大的学雷锋运动的。

然而，如果说雷锋不仅仅是助人为乐做好事，那么“雷锋精神”还有哪些呢？

我这个年龄的人，实在是经历了不同的“雷锋”。我第一次听说雷锋，还在读幼儿园，刚记事，那时候雷锋是“听毛主席的话”的“螺丝钉”，当时宣传最多的是雷锋如何刻苦学习毛主席著作，他的名言“毛主席著作是方向盘”我印象特别深。他那张著名的照片正是在驾驶室里靠着方向盘读

《毛泽东选集》，当时我幼小的心灵嘀咕：雷锋叔叔为什么不在家里读毛主席的书，而非要在驾驶室里看啊？

后来“文革”开始了，我上小学读中学，“文革”之初对雷锋的宣传很少，但后来宣传“雷锋”突出的是他的“阶级斗争觉悟”。八十年代再宣传雷锋，当时的形势是注重专业知识，学习科学文化，于是雷锋又被宣传为“向科学进军”的典型，突出他的“钉子精神”，有“钻劲”，有“挤劲”。后来，针对各行业纪律松弛，上面便把雷锋宣传为“敬岗爱业”的典型，说雷锋精神的实质不是“上街做好事”，而是干一行爱一行，所谓“岗位学雷锋”。再后来，“英雄也是人”的观点非常流行，于是媒体又挖出“雷锋也谈过恋爱”的轶事，以展示雷锋不是“神”而是人。

最近，媒体又开始宣传雷锋是“潮人”，说他戴手表，穿夹克。那天听收音机，一个特约评论员还大谈“雷锋是一个很时尚的人，当时他开摩托车，相当于现在飚赛车，而开拖拉机就相当于现在从事 IT 业。如果他活到现在，肯定会开微博，粉丝绝对很多很多”……

反正雷锋都已经不在，随便人们怎么说。

真实的雷锋我们已经看不到，但真正的雷锋精神是什么，却可以找到更有说服力的解说。让我们回到倡导雷锋精神的起点。

三

雷锋是 1962 年因公殉职的，次年 3 月 5 日，《人民日报》发表毛泽东 1963 年 3 月 1 日“向雷锋同志学习”的题词。随即刘少奇、周恩来、朱德、邓小平纷纷题词。无论后来的媒体如何宣传诠释“雷锋精神”，都比不上当初毛泽东等人题词对雷锋精神的理解更权威。现在让我们重温一下这些题词——

毛泽东：“向雷锋同志学习。”

刘少奇：“学习雷锋同志平凡而伟大的共产主义精神。”

周恩来：“向雷锋同志学习憎爱分明的阶级立场，言行一致的革命精神，公而忘私的共产主义风格，奋不顾身的无产阶级斗志。”

朱德：“学习雷锋，做毛主席的好战士。”

林彪："学习雷锋同志的榜样，做毛主席的好战士。"

邓小平："谁愿当一个真正的共产主义者，就应该向雷锋同志的品德和风格学习。"

从这些题词看，中共第一代领导集体所倡导的雷锋精神，主要不是抽象的普遍意义上的"好人"，而是有着鲜明的阶级立场和共产主义精神的"阶级人"。毛泽东的题词最抽象，也最宽泛，只说"向雷锋同志学习"，"学"什么没明说。刘少奇和邓小平明确指出，要学习雷锋的共产主义精神和品格。朱德和林彪的题词最直接，学雷锋，就是要学他听毛主席的话，做毛主席的好战士。

周恩来的题词对雷锋精神概括得最全面最系统，第一条便是阶级立场，然后是"言行一致的革命精神"——这话的意思是说"革命精神"的内容是言行一致，不能光停留在口头而要实际行动起来。接下来是"公而忘私的共产主义风格"，这里指出了雷锋不同于一般英雄的特征，那就是他是"共产主义者"，因此他有着"奋不顾身的无产阶级斗志"。

现在很多人都回避这一点。昨天我在微博上，说了几句雷锋的阶级立场和听党的话，有朋友就说这是那一代人不可避免的"历史局限性"，还有朋友特别对我说："看问题的确不能离开那个时代的历史背景，但雷锋精神的核心肯定作为人类的文明遗产。"意思是说我没有把具体的人放到具体的历史背景中，而是以今天的眼光苛求雷锋。还有朋友说："别把雷锋精神同政治挂钩。"是的，在老百姓心中，雷锋没那么多政治属性，他就是好人而已。

如果还是回到刚才我所展示的中共老一代领导人题词上，就可以清楚地看到，我们今天看到的雷锋身上的"阶级立场""憎爱分明""无产阶级斗志""毛主席的好战士"……并不是一些人所认为的"历史局限"，而恰恰是他的时代特征。抹去了这一点，就抹去了雷锋精神的根本。

四

再看看传唱了五十年的那首最著名的歌曲《学习雷锋好榜样》，所突出的依然不是我们今天大力宣传的"助人为乐"，而是雷锋身上的"阶级觉悟”——

学习雷锋好榜样，
忠于革命忠于党，
爱憎分明不忘本，
立场坚定斗志强，
立场坚定斗志强。

学习雷锋好榜样，
艰苦朴素永不忘，
愿做革命的螺丝钉，
集体主义精神放光芒，
集体主义精神放光芒。

学习雷锋好榜样，
毛主席的教导记心上，
全心全意为人民，
共产主义品德多高尚，
共产主义品德多高尚。

学习雷锋好榜样，
毛泽东思想来武装，
保卫祖国握紧枪，
努力学习天天向上，
努力学习天天向上。
(末尾后来曾改为：“继续革命当闯将，继续革命当闯将。”)

看看，听听，这首最经典的雷锋歌曲，依然没有强调他的“助人为乐”，而从头到尾反复唱的都是雷锋的“艰苦朴素”“革命的螺丝钉”“集体主义”“毛主席的教导记心上”“共产主义品德”“继续革命”……这些正是当

时要学习的“雷锋精神”。其中有一句“全心全意为人民”，紧接着便是“共产主义品德多高尚”，这里的“人民”是有阶级属性的——新中国成立后很长一段时间里，我们使用的都是“人民”而非“民众”“公民”，因为“民众”“公民”是所有人，而“人民”是与“敌人”相对的一部分人。

我完全理解雷锋的“憎爱分明的阶级立场”，这源于他不幸的身世。幼年失去父母成了孤儿，吃尽苦头。对他来说，“解放”和“翻身”不是抽象的词汇，而是切身的体验。因此他“爱憎分明不忘本”的“本”，就是“不忘阶级苦，牢记血泪仇”。现在我们的宣传刻意淡化这一点，总想与时俱进地塑造一个“博爱”的雷锋，但抽掉了雷锋的阶级属性，这个雷锋就已经不是完整的雷锋了。

还有一首著名的歌曲《接过雷锋的枪》也这样唱着雷锋精神：“学习他，对人民无限忠诚；学习他，对敌人毫不留情；学习他，为祖国献出青春，为了共产主义终身革命。”也表达了和《学习雷锋好榜样》同样的意思。

五

雷锋是共产主义战士，这一点是毫无疑问的，毛泽东、刘少奇、周恩来、朱德、林彪、邓小平等人也是因此而推出这个英雄人物，并号召全国人民向雷锋同志学习的。雷锋身上当然具有善良的助人为乐的鲜明品质——这是我反复强调的，现在老百姓最看重的也是这一点，但是，如果雷锋仅仅是一个做好事的善人，毛泽东等人不可能号召全国人民向他学习。

因此，说雷锋精神区别于中外一般好人品格的本质特质是共产主义精神，绝对是站得住脚的。

好，既然雷锋精神的核心是共产主义精神，那么“共产主义精神”的内涵又是什么呢？这当然是一个很宏大的话题，非三言两语能说透彻，也超出了本人的理论水平，但根据我受党教育多年的经历，我也略知一二常识，可以简单通俗地说说。所谓“共产主义精神”，其核心就是共产主义的理想信念，全心全意为人民服务的精神，集体主义精神和国际主义精神。所谓“共产主义的理想信念”，就是坚信共产主义能够在全世界胜利，并且随时愿意为这个理想而奉献出包括生命在内的一切。所谓“全心全意为人民服务”，就是把人民的利益当作最高利益，为了人民的利益而牺牲个人利益。所谓“集体主义精神”，就是个人无条件服从集体，无条件听党的话，甘做一颗永不生锈的螺丝钉。所谓“国际主义精神”，就是声援世界上一切被压迫人民和被压迫民族的正义斗争，包括支援各国人民推翻本国的资本主义政府或者说颠覆本国资产阶级政权的斗争，最后实现全世界范围内的共产主义胜利。

以“共产主义精神”的四点内涵来衡量雷锋，除了第四点他没有机会之外，另外三点他毫无疑问都做到了，而且做得相当出色。我想说的是，每一个共产党员都必须具备共产主义精神，才配称作“共产党员”。也就是说“具备共产主义精神”只是一个共产党员的最低要求。但如果我们认真起来，以此最低要求去打量我们身边的共产党员打量我们身边的共产党干部，有多少合格者？

所以，我认为，学雷锋首先应该是共产党员的事，是共产党干部的事。道理很简单，共产主义精神是对共产党员的要求，是对共产党干部的要求。

普通老百姓该不该学雷锋？这并不是没有讨论的余地。但这里我暂不往深处说。我们暂且按一般老百姓朴素的想法:什么“阶级性”不“阶级性”，雷锋就是好人！好人怎么不该学呢？的确，雷锋精神中的“助人为乐”值得每一个人学，尤其在我们今天这个道德滑坡的时代，“人人为我，我为人人”，无疑是值得提倡的。好，如果说老百姓也应该学雷锋，那也应该是在我们社会最优秀的一类人——共产党员和共产党干部的带领下影响下学雷锋。号召人们“做一个纯粹的人”的各级领导，自己就应该是“纯粹的人”！

但现在恰恰相反，学雷锋在实际操作中只是对老百姓的要求，而这里的“老百姓”主要是在学校，在学校主要是学生，于是，“学雷锋”最后就成了孩子的事！是呀，大家想想，每年到了 3 月 5 日，最热闹的地方是什么地方？不是学校吗？又是唱歌，又是跳舞，又是演说，又是作文比赛，又是板报比赛，然后唱着歌排着队走出校门，扫大街，擦栏杆，到敬老

院……这时候，大人（教师）在干什么呢？大人在号召，大人在组织，大人在表扬，唯独没有行动——很少有（不是“没有”，而是“少有”）老师会和孩子一起去学雷锋。等这些孩子长大后，他们工作了，有的还当了领导了，“学雷锋”和他们便没关系了——那是小孩儿的事嘛！

就算我们现在只把雷锋定义为“做好事的善良人”吧，可是如果把什么都算在他的功劳簿上也是不妥的——1963年以后，中国所有的好人，都被定义为“学雷锋的成果”。深山老林里的老太太，不认识，也不知道“雷锋”是谁，可她一辈子做好事，就是出自朴素的善良，如果你说她一辈子“学雷锋”，这不很滑稽吗？我有一个朋友乘公交车，看见一老人颤颤巍巍地站着，便自然站起来让座。售票员夸她“学雷锋”。我这位朋友对我说：“当时我心里就不舒服，我让座，这是我的本能，看见老人站着，我怎么好意思坐着呢？可非要把我说成学雷锋，这关雷锋什么事？”

是呀，现在我们的宣传几乎把所有的好人都归结于“学雷锋”：朱伯儒、徐虎、李素丽、王顺友、郭明义……都无一例外把他们说成是“学雷锋”的成果，最近郭明义刚刚获得的荣誉便是“当代雷锋”荣誉称号。那天看本地电视新闻，内容也是报道学雷锋，有一条新闻是说，一位老太太，被一群热心人照顾了六十年。主持人说：“六十年来，志愿者换了一茬又一茬，但雷锋精神一直激励着他们坚持照顾老人到今天！”我一听就乐了：“学雷锋活动才五十年啊！前十年应该是自学的。”在学雷锋运动之前的上世纪五十年代和六十年代初，共和国就已经涌现了一大批英雄模范人物，如郝建秀、倪志福，王进喜、吴运铎、安业民、向秀丽……那时还没有宣传“雷锋精神”啊！那他们又是学的谁呢？我想，如果他们的英雄事迹发生在1963年以后，他们肯定又会被归入“学雷锋成果”。其实，善良的人无论在哪里在哪个时代都很善良，这和学不学雷锋没有多大关系的。我敢说，没有雷锋，郭明义还是郭明义。

我非常理解现在提倡学雷锋的良好愿望，在这一个道德滑坡的时代，大家都希望身边人人是雷锋；在这一个越来越冷漠的社会，亟须通过学雷锋改善道德风气。过去我们常常听说“我们的时代英雄辈出”，但别看现在打开电视翻开报纸，铺天盖地地宣传这个“雷锋”那个“雷锋”，又是大型晚会，又是各类表彰，其实现在这么费力地宣传学雷锋，恰恰是因为我们国家雷锋太少太少。

然而，一个社会的文明进步，既要靠道德，又要靠制度。缺了其中一个都不行。推出榜样是应该的，但如果不加强制度建设，榜样的力量是有限的。全国学雷锋，学了五十年，为什么雷锋不是多了，而是少了？这里面有制度缺失的原因。所谓“制度建设”，核心是“法治”。另外，精神文明建设的资源应该更加丰富，雷锋精神是其中一种。除了弘扬雷锋精神，我们还要加强公民精神的培养，推进公民教育，特别是权利、责任与义务的教育，还有民主精神的教育。民主是一种生活方式，它包括了善良、正直、爱心，但还有尊重意识、宽容品质、平等观念、自由精神等等。如果每一个人都成了具有民主精神和民主生活方式的公民，那就不需要雷锋了。

七

我心目中的雷锋，是一个非常善良，非常单纯，非常活泼，非常阳光的小伙子。我不愿说他是“男孩儿”，现在中国人喜欢把 18 岁以上的成年男子称作“男孩儿”，甚至在江苏卫视的《非诚勿扰》节目中，有些三四十岁的男人也自称“男孩子”，我觉得这是对男子汉们的侮辱！有时候我想，如果雷锋在我身边，我一定会很快乐。原因不是我可以依赖他随时为我“做好事”，而是和这么一个善良的人在一起，我当然一定非常快乐。我坚信我会和他成为好朋友的。

今天是 3 月 5 日，是学雷锋纪念日，我拉拉杂杂写下这些关于雷锋的文字，不是没有一点意义的。每次想到雷锋，我都很温馨，很亲切，这里面有我少年的情怀。但也有点可怜他——这么一个大好人，离开这个世界五十多年了，却一直被折腾，真让人心疼。

关于雷夫

一

见到雷夫，可以用“邂逅”这个词。

早上八点二十，我按会务人员的通知，来到酒店大厅等待集合后去会场。正坐在电梯旁沙发上和重庆的龚春燕老师闲聊，一个高大壮硕的外国人走出了电梯。特定的时间和场合，让我自然会联想到雷夫。但这位先生衣着实在太“幽默”了——上身是有花格图案的浅色西装，下身却是深色裤子，脚上穿的并非理所当然的黑色皮鞋，居然是白色球鞋！这哪是雷夫呢？可是，他那满脸的虽然刮过但依然明显的络腮胡子，让我很自然想到了《第56号教室的奇迹》封面上那个被孩子簇拥的老师。我想，此人确为雷夫无疑！

我朝他微笑，他微笑点头回应，然后彼此连“哈喽”带比画地“套近乎”。几句“嗯哼”下来，我俩俨然是老熟人了。我拿出早就准备好的一本拙著《做最好的老师》送给他，他翻开扉页看到我的题词：“亲爱的雷夫，你就是我心目中最好的老师！”随行的翻译给他耳语了几句，他恍然大悟地大笑起来，并拿着这本书和我合影。

照片上的雷夫拿着我的书满脸笑容，而我虽然也笑着，却两手空空。如果我拿着雷夫的《第56号教室的奇迹》和他合影，多好！其实，出发前我是专门找出了雷夫的书，但到了机场居然把书忘在车上了。真是遗憾！

二

在洪山礼堂，面对上千粉丝，雷夫以一句中西合璧的“你好哈罗”开始了他的演讲。他的主题是《没什么能够阻挡我们成为优秀教师》。他一开始便坦率地说:“其实，非常著名确实是一件好事，我曾获准受到总统接见，这挺好的；我也曾受到英国女王接见，也挺好的。但是在这一切之外，只有一件让我非常自豪，那就是历经三十年之后我仍然是一名教师，这是我最自豪兴奋的事情。”

是的，用中国现在非常热门的词说，雷夫的确也算是“名师”了，而且是“世界名师”，他是唯一同时获得美国“总统国家艺术奖”、英国女王M.B.E勋章和“全美最佳教师奖”的老师。但我敬佩的，还不是他有这么多的光环，而是如他所说，他现在“依然是一名教师”。因为“依然是一名教师”，所以他依然纯真，依然直率，依然放松而充满幽默感。他在台上激情澎湃，大幅度地做着手势，表达着他对教育的理解——

如果我想让孩子成为怎样的人，我必须成为那样的人。我希望他们举止优雅，我也必须非常优雅，每时每刻，即使我想对他们发火的时候，也必须非常优雅，即使他们气得我想扔他们到窗外，我也必须保持优雅。我想让孩子们努力，我自己就必须成为我孩子们从没见过的那么努力工作的人。

这话“击中”了我，因为我感觉雷夫用他的嘴巴说出了我曾经多次在全校教工大会上对老师们说的话:“如果我们能够用对孩子的要求来要求我们自己，我们就非常了不起！最好的教育莫过于感染，最好的管理莫过于示范！”

都不是当地“最好”的学校，相反学生却大多是弱势家庭的孩子。我从雷夫对他学校的介绍中，看到了霍伯特小学与武侯实验中学及其附属小学之间的相似之处。同时，我的确还发现了我俩之见的许多共同点——我无意“高攀”雷夫，其实，所有热爱孩子的教师都有这些共同点:朴素的童心、鲜明的个性、没有半点矫饰的本色以及“肆无忌惮”的表达……

在一个小时的演讲中，雷夫还表达了他的教育智慧:如何让特别糟糕的孩子心甘情愿地为自己学习？如何让成绩不好的孩子最后却考出很棒的分数？如何利用班级经济制度引导孩子学会处理金钱？如何让本来没有凝聚力的教室却充满了摇滚乐的活力和莎士比亚戏剧的魅力？……56号教室其实是一间非常普通甚至可以说是简陋的屋子，在很多年的时光里，这间屋子甚至还不停漏水。但这间朴素的教室，却成了雷夫的学生心目中最温馨的家。

雷夫是以一位过去学生写的信结束他的演讲的。他解释说："我曾收到一封女孩的信，她叫珍妮。她在我班里时，我没有感到她在倾听我。许多孩子和我亲昵，但珍妮却不和我说话，从不和我打招呼。但八年之后，她上大学了，她入读的大学非常有名，那所大学要求入学者写童年成长的文章，这女孩也从没告诉我她写过这封信，但那大学给我打来电话，说世界上每个老师都应该听听珍妮写了什么。她写的是关于56号教室里的童年生活。"

然后雷夫充满感情地开始了朗读——

当我回首我童年岁月的时候，我就想起了如此可怕的艰难的岁月，我的学校的孩子根本不会说英语，甚至也有老师也不会英语，几乎每周都有警察造访学校，看到某个孩子受到强奸了，有的父母因虐待孩子被捕……但五年级我走进56号教室，所有的一切都改变了。教室里外面的世界消失了，不再有战斗，不再有饥饿。取而代之的是，我开始上音乐课，弹奏吉他，学莎士比亚，我再不害怕，我很快乐。56号教室是我的家。我的同学，就是我的亲人。我所有的成长都是在56号教室里完成的，是我成为现在的我的原因，即使在外面的世界有这么多可怕的事情发生，尽管有着一切不如意，但所有问题都可以在56号得到解决。当我家里有问题，我总是回到56号教室。即使到今天，我仍然需要找到一个没有愤怒的地方，没有仇恨的地方，一个只有幸福和欢乐的地方。我知道我仍然会回到56号教室。

全场鸦雀无声，只有雷夫充满魅力的声音在礼堂回荡。每个人都被感动了，我的眼睛湿润了。当翻译翻完最后一句话，全场爆发出热烈的掌声。

三

这次来武汉见雷夫，我特意带了我校12名班主任同行。他们都是我校新教育实验的积极参与者，是“缔造完美教室”首批实验组的成员。而“缔造完美教室”的许多具体做法，正是源于阅读《第56号教室的奇迹》的启发。可以说，我这些年轻的同事都是雷夫的“铁杆粉丝”。但我校经费紧张，我去武汉的费用当然是邀请我的主办方承担，但随我去的12位老师来回的费用从何而来呢？于是我联系新教育基金会王胜秘书长，他决定为我们提供赞助。当时也有干部提出想去，但“同等情况教师优先”是我一贯的原则，我说服了有关干部，所以这次我派出去的12位老师全是普通的班主任。

出发之前，我有个“梦想”，但一直没对老师们说。我想给他们惊喜。这“梦想”就是我想让雷夫和我的同事们合影并给他们签名。为什么是“梦想”呢？因为雷夫的粉丝太多也太狂热，我估计活动主办方会严格保护雷夫而不会轻易让听众接近他的。果然，上午雷夫演讲结束后，他就很快在有关人员的护送下离开了会场。我对我的老师们说：“这样，我和雷夫下午两点从酒店出发，那你们一定要在两点之前到达酒店大厅等着。雷夫一出来，我就给你们照相！”

午后一点半，我离开房间想提前去等老师们，没想到我从电梯里出来，看到老师们已经在大厅等候了！而且每一个人的手里都拿着雷夫的书。他们说他们中午抓紧时间匆匆去了一趟黄鹤楼，回来后连饭都没吃便直奔我所在的酒店。哎呀，就么饿着肚子等雷夫，我太感动了！我说如果雷夫知道你们连午饭都没吃，一定也会很感动的。

过了一会儿，雷夫从电梯出来了，朱应芳等几个英语老师赶紧上去和他打招呼，老师们欢呼着簇拥着雷夫，我赶紧拿出相机啪啪啪一阵狂拍。老师们又纷纷拿出《第56号教室的奇迹》请雷夫签名，雷夫一一满足了大家的要求。我注意到，高大魁梧的雷夫每签一个名，总会俯下身子，再微微仰头对老师说：“谢谢！”这么谦恭，这么幽默，让老师们感动的同时又特别快乐。老师们说：“还有李校长呢！”他们拿过相机，给我和雷夫照合影。面对镜头，我和雷夫都笑眯眯的，我右手伸出大拇指，表示对雷夫的赞美：“真棒！”雷夫却用手指指着我，好像在说：“你才棒！”这张照片特别有趣，让老师们也很开心。

我对老师们说：“看到你们既合了影，又签了名，我总算圆梦了！”

其实，我心里还有一个秘密。几年前的一次读书活动中，我校廖秋萍老师谈的正是她读《第 56 号教室的奇迹》的感受，当时她很是兴奋，甚至可以说是激动，对雷夫的崇敬溢于言表。因为她不是首批实验组的成员，所以这次她没能同来。于是，我多了个“心眼”，萌发了一个愿望，决定让雷夫在她的书上签个名，给她个惊喜。离开成都前，我假装对她说：“你能把你的那本《第 56 号教室的奇迹》借给我读读吗？”她说那本书已经借给同事了，她也记不清借给谁了。但她真以为是我要借来读，便专门去买了一本新的给我，要我别还了，说是送我的。我说：“我肯定要还你的，读完就还你。”

去机场的时候，我那么忙，忙得把我已经放在车上的书忘记拿了，而廖秋萍的那本却带上了，因为我一直把她的书放在电脑包里的。到了武汉，我怕没机会让雷夫签名，便把书给了会议主办方的小冯。小冯说没问题，她一定见缝插针找机会让雷夫签名的。后来果然如愿。我一想到，回到成都后廖秋萍老师见到这本书兴奋的样子，我就很开心。

照完相，签完名，我们嘻嘻哈哈地朝会堂走去。我说：“还有十来分钟才开始呢！你们去买点什么吃的吧！”有老师去买饼干之类的，也有老师说“不吃了不吃了，晚上一块吃”。

四

根据大会安排，下午是我、龚春燕老师和桂贤娣老师在台上和雷夫对话。主持人郑杰让我第一个发言。

我从雷夫上午的演讲主题开始说起：“上午雷夫演讲的主题是，没有什么能够阻挡我们成为优秀教师，在我看来这是不言而喻的，的确没有谁能够阻挡我们优秀，谁能阻挡呢？如果一定要说有谁能够阻挡，那只有我们自己。”

那么，为什么我们会自己阻挡我们自己优秀呢？关键是如何理解这个优秀。我说：“优秀的标志是什么？是荣誉证书吗？是高考成绩吗？是家长好评吗？是学生爱戴吗？这些当然都是，但绝不是优秀的全部标志，甚至我认为还不是优秀的主要标志。很多人都问雷夫，你为何三十年如一日地保持激情？我个人觉得这个让许多教师迷惑不解的问题，对雷夫来说，却太简单了，因为在雷夫那里，快乐，是持续不断坚持做教师的唯一动力。优秀不是外在的评价，而是内心的幸福！幸福比优秀更重要！”

我不知道当时会场的老师们是否理解我这话的意思，我想说，真正的优秀同时意味着内心的快乐，而只有我们自己才能够让我们不快乐——心态不好自然不快乐，所以只有我们才能阻挡我们优秀。

我说：“因此，我想把这句话改改——没什么能够阻挡我们享受快乐！”

我以雷夫为例：“上午，雷夫演讲过程中给我们看了一段小影片，我注意到，当主持人问雷夫‘你才四万两千美元的年收入怎么不换个工作’时，雷夫平静地回答：‘我现在干的工作是世界上最好的工作了，我没有必要换工作。’这就是幸福，也是真正的优秀。”

我又说，从某种意义上说，雷夫是不可学的，更是不可复制的，且不说每个人都是“唯一”，单说中美文化差异，比如远比中国自由的氛围，对个性的宽容，还有中美教育制度的差异，比如雷夫居然可以自己决定课程乃至作息时间，等等，这些就会让许多读者在读《第 56 号教室的奇迹》的时候，除了感动，也只有感动。

下面有老师笑了起来，我随即提高了声音：“但雷夫对中国教师依然是有意义的！换句话说，今天的中国教师如何学雷夫？”

在雷夫那里，我们看不到所谓“职业倦怠”，他对教育始终充满热诚，这与其说是源于一种责任感，不如说是源于一种宗教般的情怀。我们不知道雷夫是否是基督徒，但这不重要，重要的是他有着宗教一般的教育情怀。因为这种情怀，他因此而快乐，当然也就无所谓倦怠。因此，我认为对于教育者来说，比敬业更重要的是使命，比使命更重要的是快乐。

我说，毫无疑问雷夫是伟大的，我们不必讳言雷夫的伟大，他做到了许多人做不到的，这就是“伟大”。当然，所谓“伟大”是我们的评价，而雷夫本人并没有自我崇高感，他觉得自己就是一个普通的老师，从这个意义上说，雷夫的确又是平凡的。因此，他的“伟大”是一种真实的伟大。比如说，他也承认并不是每一个学生都喜欢他，他在书中还写了过去教过的学生回学校干坏事，他还说他不家访，因为没时间，等等，这都是展示了他的真实。

我感觉雷夫有一颗自由的心，他的教育很潇洒，甚至想做什么就做什么，比如带学生出去玩，组织学生排练莎士比亚戏剧，和学生一起打棒球，等等，这固然与美国的教育体制相对宽松有关，但实际上根据雷夫所说，他同样有不少羁绊，而且也有考试压力，但他能够看淡名利，超越功利，追求一种自由的境界，最后也达到了自由的境界！

在中国，许多老师教了几年或十几年的书，个性慢慢就泯灭了，没有了生活的激情和创造的欲望，可雷夫，三十年的教育生涯，并没有磨灭他的个性，他依然保持着参加工作第一天的热情，依然保持着自己的鲜明的教育风格。不要说这是美国教育体制的宽松，其实美国的考试也很严酷的，我认为“保持个性”是雷夫对人生态度的自觉选择，甚至是他人生价值的自觉追求。

所以，我对雷夫的评价是，他是一个享受快乐的老师，保持真实的老师，追求自由的老师，富有个性的老师！而快乐、真实、自由和个性，正是我们中国许多教师所缺少的，也是我们最应该向雷夫学习的！如果我们拥有了这几点，我们就不但能够保持十年二十年三十年激情，而且这种激情将伴随我们终生，成为我们人生的幸福源泉！

我说这话的时候，也知道可能有的老师会不以为然：我难道不想快乐、真实、自由和富有个性吗？问题是这哪是我能做主的？教育体制、考试方法、学校管理，还有来自学生家长和社会对我们教师种种不近人情的要求甚至苛求，都让我喘不过气来，哪敢有什么“自由”，更遑论“快乐”了！他们还可能认为，你说得轻巧！你现在是名师了，是专家了，当然可以“站着说话不腰疼”了！

这正是许多中国教师难以解开的死结，是一种难以自拔的沉沦——把什么都推给体制，推给社会，推给别人……唯独不想想自己可以做些什么。我们的确面临许多困难，但我们常常把这困难想象得过于严重。对有的老师来说，理想本来就不丰满，却又夸大现实的骨感。而对那些心态平和、志向高远而又富有智慧的老师来说，他们戴着镣铐，依然能够跳出相对优雅的舞步。我想到我的年轻时代，那时候为了坚持自己的教育理想和教育原则，我和校长发生过冲突，但我依然“固执己见”，为了学生我豁出去了。有什么了不起的，大不了你不评我当先进嘛！大不了你不给我评高级职称嘛！我不要那些，我要教育本身的快乐！当我超越眼前的名利时，便更加专注于教育本身，更加沉醉于学生心灵，结果我的教育成果越来越丰硕，包括校长最看中的考试成绩也很突出。最后，校长和周围的人都认可我了。

不过，这些想法我并没在台上说，不只是时间不允许，更主要的是我没想过在这样的场合靠几句话就改变某些老师的观念，那是不可能的。

其实，雷夫不也是戴着镣铐跳舞吗？他自己是这样说的——

我刚开始教学时，那时校长对我大喊大叫，他们说你不能读那样的书，你不能那么早地到学校，你不能晚上还留孩子们在学校里补习，你根本不知道你在做什么。我说，谢谢校长帮助我，有你做我的校长，真是太幸运了。我总是在倾听，但我依然我行我素。一些年之后，我获得了全美最佳教师奖，那个校长认为我真是个好老师，然后他们对外界说雷夫之所以成功，是我的功劳。我对外界说，是的，我正是因为他们而成功。我特别感谢他们！这种方式是我能够在当前这种体制下存活的方式。

当然，雷夫的著作和演讲能够引起我们思考的地方还有很多。因此，我最后说："雷夫用一年的时间给许多孩子的人格成长以长久的影响。不可思议，令人惊叹。但人们常说，教育不是万能的，但教育又不是没有意义的。我想对雷夫说，你书中写了你教过的学生回学校干坏事，我认为这不能说都是你的责任；也写了你教的一个女孩达到了道德发展的第六阶段，我想这似乎也不能说全是你的功劳，教育是复杂的。如何客观评价我们个人对学生的影响力？教育的边界在哪里？我并不需要雷夫回答我的问题，我只是想提出这些问题，让更多的教育者思考，也感谢雷夫带给我们这些思考。"

五

发言结束时，我按规定给雷夫提了一个问题："我代一位普通一线教师问一个关于你班经济制度的问题。在班级使用班级货币制之后，可以有效调动起相当一部分孩子的热情，但是还有一小部分各方面（行为习惯、学

习能力、道德品质等）都很弱的孩子，他们的钱币永远都是负值，对于这样的情况，有什么好办法吗？请问雷夫老师在班级里是怎么解决这个问题的呢？”

雷夫先说了他对学生的分类，第一类学生是优等生，第二类学生是中等生，第三类学生是后进生。他说很多老师是把主要精力放在第一类和第三类身上，而他则主要关注和提升第二类学生，最后让越来越多的第二类学生赶上甚至超过第一类学生。“实际上，当第三类孩子在学校惹麻烦的时候，常常是说服或引诱第二类孩子加入，现在呢，第三类孩子就没有市场了。”他说。关于金钱奖励的问题，他说：“金钱的奖励机制是没问题的，因为有那么多的机会，孩子可以挣钱。请大家注意，我不是因为学生表现好而给他们钱，好的行为不能通过金钱来购买，我付钱是因为他们工作了，就像在真实的世界中一样。”

但别以为雷夫是放弃“后进生”，不，他只是更关注第二类学生而已。而对第三类学生，他也没有放弃。他说：“我有很多学生被改变了，就是因为我很耐心。其实并不是我改变了学生的行为，而是通过一系列这样的情况，让学生自己改变了自己，当然我的方式不是很容易，比我更容易更好的办法，是把孩子抓过来，让他闭嘴。但这对孩子没有什么用处。即使他真的惹了麻烦，他只不过才十岁呀，这么小，我们不可能放弃他。也许他变好的机会很渺小，但老师如果连这么渺小的机会都放弃了，那么他改变的机会就更小了。”

针对雷夫演讲中说到的那些看起来“无可救药”孩子的教育，桂贤娣老师提了一个问题，桂老师问雷夫对这样的孩子有什么感想。雷夫很坦率地说：“我当然为他感到遗憾。但实际上，我并不认为这是我的失败。这是这个学生的失败。常有人说要拯救每一个孩子，事实上我们不可能拯救每一个孩子。医生不要病人吸烟，但这人不听，后来患癌症死掉了，我们能够指责医生吗？我觉得不应该把所有的事都拿来指责教师。这是不可以的，实在太可笑了！在我们教室里，孩子们都明白，他们的责任在他们自己身上。当然，我可以给这个求助的孩子一些建议，也会以他为例教育其他孩子。当然了，我会告诉这孩子能够做哪些事，但我不会把自己的生命奉献给这样的学生，因为我要对我现在新班级的孩子负责。我不会因他而伤心。

当然，我会很难过，但这事他造成的。”

这就是雷夫真实可爱的地方！在中国，可能不会有哪个老师会公开宣称“我不会把自己的生命奉献给这样的学生”，但雷夫就说了。我再一次感到了雷夫可爱的真实。

而且我感到雷夫说出了我赞同的一个观点：教育不是万能的。我忍不住插话：“我想叫雷夫一声‘同志’啊，因为我觉得我和雷夫对教育志同道合！但我知道‘同志’这个词现在有了另外的含义，怕引起误会；我也想说雷夫创造了教育的奇葩，但现在‘奇葩’这个词已经变成贬义词了，所以我也不敢用。但我还是忍不住要说，刚才雷夫回答得太好了！虽然教育是有作用的，但教育的确不是万能的。我们不应该把所有的事儿都往我们身上揽，不应该承担我们无法承担的责任。我教过的学生中，有后来判了刑的，但我从不认为这是我教育的失败。因为我只能管他一段，因为他同时还受着其他的教育。”

这时候郑杰站起来对全场做了一个调查：“请赞同‘没有教不好的孩子’这句话的举手！”

一千多听众中，只有一个女同志举手。郑杰请她发表看法，她简单说了说教育的作用。我再次示意郑杰我有话要说，郑杰把话筒交给我。我说：“关于这句话，我十多年前写过一篇文章谈我的理解。这话，我记得最早是老教育家陈鹤琴说的。他是强调教育者对孩子的一种责任与信念，和教育者基于这种责任与信念对自己的严格要求。这句话的真理性在于：不轻易对任何学生丧失信心。换句话说，这句话只是教育者的严于律己，而非一种教育评价标准。有没有‘教不好的学生’？关键‘好’的标准是什么，现在所谓‘好’的标准实际上是高考分数中考分数，那肯定就有教不好的学生了！因为无论高考还是中考，都是选拔性考试，其目的就是要让一部分学生被淘汰，即被‘教不好’。当然，如果这个‘好’的标准是每个学生在原有基础上的进步，那每个学生都可以教好，因为任何人都可以有进步。教育是复杂的，我们不能做超出我们能力和责任范围的事，我们只能在我们力所能及的范围内，尽可能地把我们的工作做好。这样，即使个别学生最终也没有被‘教好’，我们问心无愧！所以，‘没有教不好的学生’这句话如果是教师的自励，我对这样的教师表达十二分的崇敬；如果有人以此苛求教师，我对这样的苛求者表示十二万分的鄙夷！”

我的话激起了老师们的热烈掌声。身旁的雷夫也兴奋地转过身向我扬起右手掌，想和我击掌，看来我的话也引起了他的共鸣。但当时，我居然误以为他是要和我握手，便马上向他伸出，他反应很快，随即把扬起的手掌放下然后握住我的手。我俩的这个小小的“错位”让全场再次爆笑。

接下来，针对老师们的提问，雷夫讲了他对考试的看法，讲了他的妻子和孩子，讲了他如何对待顽劣学生，讲了如何对待嫉妒，讲了如何处理好人际关系，等等。

“请支持你的学生，请相信你的学生，很多年后，学生们会忘掉考试内容，却不会忘记你和他们一起度过的时光。那正是你作为教师能够帮助孩子的过非常充裕的非常有意义的人生。”雷夫的这句话再次敲击着我的心灵，并在我的心中留下长久的回响。

六

和雷夫相见只有一天，但短短的时间却给我们留下了很多思考。在离开武汉回成都的路上，我和老师们一致在议论雷夫。

雷夫是朴素而快乐的教师；雷夫的教育，是朴素而快乐的教育！

无论是读雷夫的书，还是听他演说或答问，他没有宏大概念，没有空洞理念，没有时髦语言，没有新潮提法……有的是快乐，是情趣，是诗意，是故事，是感动……他也没有说过类似“以人为本”的话，但他每一个教育行为，都散发着浓浓的人情味，甚至不经意的一句话都闪烁着人性的光辉，比如，他不说我是教什么什么学科的，而是说“我是教孩子的”，因为他的眼睛对准的不是学科而是人。他也没有刻意要打造所谓“班级文化”，也没有说一定要打造所谓“班级特色”“班级品牌”，但他的教室成了世界上最富魅力的地方！

秘密何在？在于他的教育不是做给别人看的，而是面对孩子的心灵与未来，因此他和孩子共同生活的 56 号教室便给孩子留下了太多富有人性的温馨记忆！

所谓“朴素”，首先是真实。雷夫不矫饰，不虚夸，也不故作抒情，更不会表现出任何“神圣感”。他只忠实于自己的心灵。

因此雷夫活得很潇洒，他怎么想就怎么说，怎么说就怎么做。比如他说：“很多人邀请我们去大剧场演出，但我们不接受，我们总是在教室里表演。请大家记住，我们是作为团队而工作的，我们学习如何在大庭广众下说话，我们做得非常用功，而在大剧院表演对形成这种技能没有帮助，只会让你出名成功，而我的学生根本不关心能够成名，只关心自己。”我想到在中国，如果有很多人邀请某个学校或某个班去大剧场演出，校长和老师往往都会欣喜若狂，认为这是一次难得的“提升学校形象”的机会。甚至有的学校把一个班的班会都弄到影剧院表演，为的是“彰显特色”“打造品牌”，而这已经与孩子没多大关系了，更远离了教育朴素的起点。

2013 年 3 月，我和雷夫在武汉

一个求实，一个追名，这恐怕才是雷夫与中国教师真正的差距。

突然想到，如果雷夫在中国，他会不会被当作“名师”来“打造”呢？顺着这个思路，我越想越有趣。如果雷夫不配合领导的“打造”，照样我行我素，那他在学校一天都待不下去，别说三十年，恐怕三年不到便丢掉了饭碗，自然就不会成为所谓“名师”了。如果雷夫接受领导的“培养”，他自然会不知不觉或者心甘情愿地磨灭自己的所有个性与棱角，因为他所有的教育行为都得“虚心听取”领导的指导，他想进行的任何创新，比如排演莎士比亚戏剧，比如华盛顿游学等等，都会经领导批准，但根据中国的国情，领导多半是不会批准的，于是雷夫会很听话地放弃这些想法。他会有许多被“打造”的机会：参加公开课比赛呀，参加教学技能大赛呀，参加论文评比呀，做巡回报告呀，甚至入选“感动中国”候选人呀，等等。在这过程中，他的每一次发言，每一篇文章，都会被严格审查不断修改，慢慢地他不会说自己的话了，而习惯于说领导喜欢听的正确的废话和套话。最后，雷夫肯定会成为“全国名师”的，有可能被授予“人民教育家”光荣称号……但“雷夫”却没有了，他仅仅成了一个符号。

这当然是我的假想，远在美国的雷夫显然没有这么多的“折腾”。那么，现在已经堪称“世界名师”的雷夫又是谁培养的呢？

这又回到了我前段时间关于名师的思考：真正的名师是谁培养的？我为此写过一篇文章《名师是“打造”出来的吗？》。有了雷夫这个案例，我再次坚定了我的观点：“人才从来就不是谁‘培养’出来的，而是自己生长出来的。如果一定要说‘培养’，那么这‘培养’的含义应该是尽可能给‘苗子’以自由宽容的人文环境。形象地说，就是尽可能提供生长所需要的土壤、空气、阳光和水，然后就让年轻人自由自在地‘生长’吧！既不要吹毛求疵，横加干涉，也不要指手画脚，过度关照，更不要揠苗助长、豪华包装、大肆炒作。只有最朴素最宁静的田园，才能长出最肥美的庄稼。自由，自由，还是自由！让理想自由高扬，让心灵自由绽放，让个性自由舒展，让思想自由飞翔，让每一个教师成为他自己价值和尊严最本色也最灿烂的标志而不是学校的‘形象’和领导的‘政绩’……如是，‘名师’必然生机勃勃且源源不断。”

雷夫当然不是十全十美，他的所有做法也不是不可以商榷的，比如所谓“没有恐惧”的教室是不是太理想化了？一年的时间真能让孩子达到“道德发展第六阶段”吗？不给孩子以任何表扬又如何鼓励成长中的孩子呢？……当然，这些所谓“商榷”可能毫无意义，因为中美教育理念和教育体制本来就有许多不同，观念的差别和行为的迥异，永远是一种客观存在。中国教师的不可思议，在美国教师那里却理所当然。

因快乐而坚守，因自由而幸福。这就是雷夫。做一个精神自由的教师，这是雷夫职业激情的源泉，也是他教育的不竭动力。虽然在当代中国，我们很难拥有雷夫的潇洒，但对自由的追求，应该是每一位中国教师不可剥夺甚至誓死捍卫的职业尊严和人生信念。

朴素、常识、良知

前段时间我写了一则微博——

有句话流传很广："我们走了很远，却忘记了为何出发。"这话同样适用于教育。在外讲学，主持人常说我有"很前沿的理念"，我总是解释："我没有任何前沿的理念，甚至没有自己的教育思想。我所做的一切，都是回到教育朴素的起点，遵循教育常识，面对我们眼前的一个又一个孩子，坚守良知。"仅此而已。

有人读了我这条微博，说我低调，说我虚怀若谷："这就是大家！越是有学问，越是虚心。"这真让我不知说什么好了。我哪里是什么"虚心"，分明就是"心虚"。我多次说过："和老一辈大师比，我们连学者都谈不上！"别说没骄傲的资本，就是连"虚心"都没有资格。

也有人质疑："什么？作为一个教育者，还是一个教育专家，连自己的教育思想都没有，那你做什么教育？"我没有说假话，也不是谦虚，我有教育想法，有教育思考，有教育理想，但确实没有属于自己原创的教育思想。我从来认为，教育思想不是那么容易原创的。从根本上说，从孔夫子到卢梭，再到苏霍姆林斯基和陶行知，富于真理性的教育思想已经被说得差不多了。教育思想的创新哪有那么容易？我同时代的其他人也许具备"理论创新""思想超越"的能力与勇气，今天说"国内率先提出"了一个什么"新思想"，明天说"第一个创立了"了什么"新理念"。但我不行。然而我并不因此而自卑。我用一生的行动将真正教育家们的教育思想落实于我的教育实践，就非常好了。假如——我说的是"假如"——有时候还能够将教育家们的思想有一点点当代化或中国化的"创造性"，那我就喜出望外，无比自豪了。

在这则微博中，我提到"朴素""常识""良知"。这也是近年来不断出

现在我脑海中的三个关键词。以我三十一年的教育经历，我有资格说："保持朴素，遵循常识，坚守良知，就是教育的真境界。"

所谓"保持朴素"，就是不夸张，不华丽，不喧嚣，质朴，本色，素净。教育没那么多的"花样"，没那么多的"创新"，什么"一校一品"，什么"人无我有，人有我新"，多半是文字游戏，多半是用来应付各种检查验收的，或写在招生宣传展板上的。记不清是叶圣陶还是谁，对教育说过这样朴素的话："教育是农业。"那么，"农业"是什么意思呢？就是春风化雨，顺其自然，不急不躁，从容不迫。如果有一个农民扛着锄头来到田间地头，先来一番关于"种地特色"或"耕田创新"的演说，或者今天一个口号，明天一个概念，这不很滑稽吗？种庄稼，无非就是年复一年做着同样的事，该播种就播种，该施肥就施肥，该除草就除草。哪有那么多的"新"可以"创"？教育，不也是日复一日做着平凡琐碎的事吗——认认真真地备课，认认真真地上课，认认真真地批改作业，认认真真地找孩子谈心……除了这些，还有什么呢？一个日子，一个孩子，不就是教育吗？善待每一个日子，呵护每一个孩子，不就是教育的全部吗？再说直白一些，守着孩子过日子，教育就这么朴素。

教育的朴素还表现在语言表达上。上周我去了安徽歙县，自然想到这里诞生的陶行知，想到先生的许多教育表述："爱满天下""教育为公""人人都是中华民国的老板"……这些朴素的语言却是对"爱心""平等"与"民主"最深刻的表达。再想到当今教育界那么多华而不实的辞藻和不知所云的概念，什么"碟动模式"什么"JBC教学法"，令人眼花缭乱，云里雾里。有的专家写文章，做报告，不引用几句哈贝马斯或涂尔干，好像就没有"高度"没有"深度"没有"广度"。有的老师受其影响，无论写什么文章，开篇都是"根据现代心理学研究表明"。惭愧的是，我以前也如此，言必称"苏霍姆林斯基"。现在想起来，真是不好意思。我不是说写文章不能引用名人大家的话，贴切自然的引用也是可以的，而是说第一，不要硬贴标签，不要狐假虎威；第二，能用自己的语言表达同样的意思，那是最好的。所以现在我写文章，能不引用别人的话就尽量不引用。

所谓"遵循常识"，就是以清醒的大脑守住基本的理性，用众所周知无须证明的知识去辨别和判断真伪。以前"水变油"的骗术蒙倒了很多人，其实凭常识就可以识破。现在教育领域也有许多"水变油"。戳破这些骗术，并不需要什么高深的理论或过人的智慧，只需常识。比如，有一所初中创办不过三年，第一届毕业班就夺得了许多“第一”，于是校方大吹大擂其如何“严格遵循教育规律”“创造了教育的奇迹”。但我就不信这个所谓奇迹。后来私下从该校“内部人士”了解到，原来他们做了许多手脚，比如拼命挖别人的“优生”，同时不择手段地强迫“拖后腿的差生”一个个“自愿转学”……这样一来，当然“一炮打响”当然“一鸣惊人”。我之所以一开始就看破了其谎言，依据的就是“一分耕耘一分收获”的常识。又比如，有一所学校声称其特色是“消防教育”，说是“通过消防教育带动了全校的素质教育”，“促进了学生德智体美劳素质的全面提升”，我一听就凭常识判断这是吹牛不打草稿。消防教育是很重要，但如果居然能够“全面带动”学校发展学生成长，那教育部应该发文让全国所有中小学都普及消防教育，或者干脆把“实施素质教育”改为“普及消防教育”。但遗憾的是，现在还有不少人热衷于这种骗术，用各种“新潮理论”包装其假货。更不可思议的是，居然还有不少人相信。我认为，遵循常识，是抵御所有骗术的利器。

当然，科学在发展，知识也在更新。有时候昨天的“常识”也许今天就成了谬误，比如太阳围绕地球转的“地心说”曾经也是“常识”，但“日心说”诞生后，所谓“太阳围绕地球转”变成了荒诞的笑话。因此遵守这样的“常识”很可能成为“拒绝新知，因循守旧”。但我这里所说的“常识”，显然是已经被人类千百年的实践反复证明并且依然在证明的最基本的公理。

所谓“坚守良知”，就是永远守住自己的童心，就是守住做人最起码的善良与诚实。我们都曾经是孩子，想想我们当初做孩子的时候，希望遇到怎样的老师，现在我们就做那样的老师好了；或者说，我们现在也有孩子，我们希望自己的孩子遇到怎样的老师，我们就做那样的老师，这就是“良知”。己所不欲，勿施于人，这就是“良知”。言行一致，率先垂范，这就是“良知”。不说假话，不做假事，这就是“良知”。不偏心，不势利，保持师生关系的纯洁，这就是“良知”。

一说到教育，我们一些教育者容易想到一些宏大的词语：“理念”“品牌”“模式”“国际化”“人类价值”“终极关怀”“科学发展观”，现在估计又加上了“中国梦”……唯独很少想到具体的人。我这里说的“具体的人”，指的就是每天在校园里向我们迎面问好的一个又一个天真无邪的孩子。别忘了，“素质教育”也好，“课程改革”也好，这样“创新”那样“超越”，不是为了“贯彻落实”什么什么“会议精神”和哪个领导人的“重要讲话”，而是为了每天在校园里雀跃奔跑或在教室里凝神谛听的孩子。这就是“良知”。

教育的良知，更多的时候是体现在一些细节上。面对孩子高扬着小手臂说“老师好”，我们也真诚地回一声“小朋友好”；弯腰拾起从远处滚过来的乒乓球，然后笑眯眯地还给奔跑过来气喘吁吁的孩子，或者干脆就和他们一起打乒乓球；课堂上随时关注坐在后排边上那个成绩不好因而自卑的小男孩，设计一个他能够回答的问题，然后有意抽他起来回答，最后让全班同学给他以掌声；发试卷时，把写有分数的一角卷起来再交给学生；学生走进办公室，先对他说“请坐”，然后递上一杯水；认真仔细地批改每一本作业而不是敷衍地写个日期；预备铃响了之后就走进教室，而不是等到正式上课铃响了之后才匆匆赶到课堂；备课时，为了弄清一个字的古音或一个词不同语境下的含义，而翻阅比较不同的辞书字典，琢磨推敲……这些都是“良知”。

很多年前的一个早晨，台湾作家张晓风曾在阳台上看着自己儿子上学的背影，感慨万千，然后回到书房写下一篇短文《我交给你们一个孩子》。其中有这样的句子——

学校啊，当我把我的孩子交给你，你保证给他怎样的教育？今天清晨，我交给你一个欢欣诚实又颖悟的小男孩，多年以后，你将还我一个怎样的青年？

他开始识字，开始读书，当然，他也要读报纸、听音乐或看电视、电影，古往今来的撰述者啊，各种方式的知识传递者啊，我的孩子会因你们得到什么呢？你们将饮之以琼浆，灌之以醍醐，还是哺之以糟粕？他会因而变得正直、忠信，还是学会奸猾、诡诈？当我把我的孩子交出来，当他向这世界求知若渴，世界啊，你给他的会是什么呢？

世界啊，今天早晨，我，一个母亲，向你交出她可爱的小男孩，而你们将还我一个怎样的呢?!

这位母亲的发问，敲击着每一位教育者的心。人心都是肉长的，将心比心。我们所有的工作，不就是为了对得起千千万万母亲的托付与信任吗？

于是，今天——2013 年 5 月 29 日的清晨，我在校园一隅的车里，怀着神圣的心情写下这篇文字，算是对自己庄严的提醒：保持朴素，遵循常识，坚守良知，就是对天下所有母亲最好的回答。

附录：对话李镇西

对话李镇西:“教育是一种良知”

中国教师报记者 李炳亭 褚清源

语文名师、魅力班主任、博士校长、中国的苏霍姆林斯基式的教师。

这些身份和美誉“交织”在一起，构成了李镇西在基础教育领域特有的影响力。在李镇西的教育生活中，他不断在这种多重角色中转换，但他始终恪守着自己独立的教育立场——办真正的平民教育，践行完整的民主教育。

2010年12月18日，广州课博会上李镇西在《课堂改革的民主追求》主题报告中接连抛出了几个追问:“新教育实验的理念是让师生过一种幸福完整的教育生活。可在现行课堂模式下，我们的师生幸福吗？新教育实验的抓手是教师成长。那么教师成长的主要空间在哪里？新教育实验的六大行动之一是构筑理想课堂，那么理想的课堂是什么？”

李镇西是新教育实验的领军人物之一，他的这些追问来自他一个时期以来的思考。在过去的一年里，他再次走进杜郎口，研究杜郎口，他与全体教师一起将民主思想植入课堂，深耕民主课堂。

学习杜郎口是否代表您的一种胸怀

中国教师报: 今天回过头来学习杜郎口是否代表着您的一种胸怀?

李镇西: 不是。学习杜郎口是我们学校发展本身的需要。当然，我们不可能绝对照搬，而是在杜郎口的基础上有所突破与发展。当然，学习杜郎口客观上对我来说这是一种超越，我这样说，不是在标榜自己多么“虚怀若谷”，每一位真诚而有良知的教育者都应该勇于学习别人成功的经验。学习杜郎口一方面是因为我们学校与杜郎口有很多相同点。我们同属于乡村中学，只是我们学校的校舍很好，以至于人们已经忘记了我们是农村中学。当然，随着成都市城乡统筹的推进，我们学校已经不是原来意义上的农村中学了，但无论是所处区域还是生源构成，至少还是涉农中学，实际上，我们和杜郎口面临的学情基本是相同的。另一方面，关键是考虑到学生的需要和发展，我想我们主要是基于需要而学习杜郎口的。

中国教师报：在您看来，杜郎口为什么能够“成功”？

李镇西：杜郎口中学成功的秘诀在于，它选择了最可能也最容易突破的因素——课堂教学方式。通常情况下，我们无法改变统编教材，无法改考试制度，也无法短时期内改变教师的素质，更不可能改变生源状况，剩下的就只有课堂教学方式了，这是我们唯一能够改变的。杜郎口中学正是从这里入手，开始了轰轰烈烈而扎扎实实的改革。

他们改变教学方式，又不仅仅是在更加“生动”“直观”之类的教师个人技巧上做文章，而是从砸掉讲台开始，限制教师多讲，鼓励学生多说，把传统课堂中的“教师中心”完全颠覆了，课堂流程由教师教的过程转化成了学生学的过程。或者说，教师由过去着眼于自己怎么讲得精彩转变为现在着眼于学生怎么学得有效。于是，教室成了“知识的超市”，学习成了“生命的狂欢”。

但是，我要特别指出的是，杜郎口的课堂改革不是孤立的，至少还有三个关键因素支撑着课堂改革，这就是领军人物崔其升校长的改革魄力与人格魅力，老师们对教育的宗教情怀以及学校无处不在的反思文化。离开了这三点，单独的课堂改革是不可能成功的。现在一些学校孤立地学课堂改革，收效却并不大，原因就在于此。杜郎口的课堂，只是其教育整体改革的冰山之一角，可是我们有些学校却把这“一角”当作杜郎口经验的全部，这样学杜郎口当然很难真正有效。

中国教师报：您是如何认识并解读杜郎口经验的核心价值的？

李镇西：我们需要澄清对杜郎口的认识。杜郎口的经验很简单，很朴素，如果说他们对教育的贡献是有所创新的话，我想他们的创新就在于追求教育的常识：让学生讲。我们知道，最好的学习就是给别人讲，这是个常识。这个常识很深刻，也很朴素。多年来我们把这个常识给忘记了，不停地给学生讲，却不让学生讲。于是，知识在我们教师头脑里记得越来越

深刻，学生却什么都没记住。杜郎口中学的老师们相信了这个常识，并利用了这个常识，让学生在课堂上不停地给别人讲，成绩当然就提升了。就这么简单。

杜郎口中学是从改变教学方式开始的，但是他们最后改变的绝不仅仅是教学方式，由此带来的是教育观念的变化、师生关系的变化以及师生素质的变化。在学生主体的教育观念下，在师生互动的教学模式中，学生综合素质全面提高，教师专业水平全面提升，师生共同成长在杜郎口中学成为现实。

中国教师报：您曾在博客中写了多篇博文，呼吁大家善待杜郎口，保护崔其升，引起了很多网友的热议，您为什么要这样做？

李镇西：我是出于教育者的一种良知来为崔其升校长辩护。他是一位朴素而纯粹的教育者，保护他就是保护更多的教育改革者。我真诚希望我们每一个理想不灭、良知犹存的教育者，要支持杜郎口，包括指出其不足以完善它，要宽容崔其升，保卫真正的改革者。因为崔其升做到了我们想做却不敢做或不能做的事，实现了我们想实现却无力实现的教育理想，因此，保卫崔其升，就是保卫我们自己，保卫我们追求的教育理想，以及我们心灵深处的教育良知！

当然，杜郎口中学的课堂模式是可以质疑的，但谩骂与诽谤则不应该。学者谢泳在谈到民主的时候说过大概这样的话，民主不是没有缺点，但在我们很缺乏民主的今天，不宜多说民主的缺点，而应该多说说民主的优点，这样有助于民主理念的普及。我想，今天，研究杜郎口，完善杜郎口，超越杜郎口，才是科学的态度。

从爱心到民主

中国教师报：从爱心教育到民主教育，在认识上经历了一个怎样的过程？

李镇西：爱心是教育的前提，但不是教育的全部，更不是教育的最高境界。即使是真诚的爱心也可能出现两个导向：专制和民主。教育是心灵的艺术。如果我们承认教育的对象是活生生的人，那么教育过程便绝不仅仅是一种技巧的施展，而应该充满人情味；教育的每一个环节都应该充满着对人的理解和尊重，应该体现出民主与平等的现代意识。虽然就学科知识、专业能力、认识水平而言，教师一般来说远在学生之上，但就人格而言，师生之间是天然平等的，教师和学生不但是在人格上、感情上平等的朋友，而且也是在求知道路上共同探索前进的平等的志同道合者。

中国教师报：民主教育的终极追求是什么？

李镇西：民主教育是学生的主体性和教育的民主性二者的和谐统一：它把受教育权利还给每一个学生，同时把教育过程变成一种民主的生活方式，尊重学生的主体地位，使学生得以生动活泼、自由地发展，消除一切不平等地对待学生的现象，尊重学生的人格与权利，解放学生的主体性和创造性，为提高学生的民主意识和参与能力，发挥学生的主体作用创造最好的教育条件和教育环境；更重要的是，在教育内容上渗透民主意识，在教育过程中培养学生民主思想、民主精神，以民主的教育造就富于主体性的一代新人。

中国教师报：民主教育在学校教育教学中是如何体现的？

李镇西：民主之于学校，主要体现在三个层面：一是课堂的民主教学。主要表现为对学生学习能力的尊重与引领。通过“导学稿”和“小组合作学习”的有机结合，把教师教的过程变成学生学的过程，把学习的权利还给学生，让学生成为课堂的主人。二是班级的民主教育。主要表现为对学生精神世界的尊重与引领，把成长的主动权还给学生，指导学生在自我教育和自我管理中走向成熟，让他们成长为人格高尚、个性鲜明、精神自由、举止文明的现代公民。三是学校的民主管理，主要表现为对教师发展能力和动力的尊重与引领，通过文化建设和制度设计，尽可能给教师自我培养的空间，让教师成为自己成长和学校发展的主人。

中国教师报：民主管理的要义是什么？

李镇西：关于民主管理，我有四个层面的解读。一是“以人为本”，把人放在首位，当然，在学校管理者眼里，这里的“人”首先是教师，尊重人性，满足人的合理需要，包括精神诉求和物质欲望，维护人的尊严，尽可能让每一个老师看到自己的精神发展的空间与前途。

二是“以人为善”，就是把每一个人都视为善良的人，并与之和谐相处。最大程度地相信老师，以宽广的胸襟善待每一个老师。

三是“以身作则”，管理者以自己的行动为全校师生做出表率，并树立标准。“最好的教育莫过于感染，最好的管理莫过于示范。”做善良、宽容、勤奋、智慧、廉洁的管理者。

四是“以规治校”，通过老师们的参与制定出一整套互相监督、彼此制约的规范和制度，以形成大家都必须遵守的公共规则。面对这些规则，每一个人都是平等的。严格常规管理，维护制度尊严。

中国教师报：您一直主张民主管理，即便在推进课堂教学改革过程中，您也没有搞“一刀切”，而是让大家自主选择，但是，这样的过程是否付出了更多的时间成本呢？

李镇西：这一点我和崔其升校长不一样，他可以采取刚性措施全面推行一种模式，而我的性格决定了我不具备“铁腕”，我还是主张让大家自愿参与改革，我不会通过行政命令去推动，主要是担心教师们有抵触情绪。现在看来，这个过程虽然比较长，但实际上是教师认识不断深化的过程，是教师达成改革共识的过程。如今，关于课堂教改革已经不是改与不改的问题了，而是怎么改和遇到困难怎么办的问题。当然，我们的课堂改革包括各个方面都存在执行力不强的问题，有人曾说我“太软弱”。我觉得在某些时候某些地方，就工作推进和效果来说，校长的魄力与强力推进的“霸道”，至少是一种可以理解的策略。我这里当然不是否定我所追求的民主管理。民主制度需要土壤，在土壤没有形成之前，孤立地搞“民主”，到最后很可能什么都做不成。

中国教师报：民主教育要批判和摒弃现实中的哪些被异化的教育？

李镇西：正如“民主”的对立面是“专制”一样，“民主教育”的对立面无疑是“专制教育”，而专制教育是“非人教育”，是“听话教育”，是“共性教育”，是“等级教育”，是“守旧教育”。所谓“非人教育”，就是非人道的教育，在这样的教育中，不但老师不把学生当人，而且久而久之，学生的尊严感、耻辱心也被剥夺得干干净净。“听话教育”就是以“听话”为目的的教育，其教育目的或者说客观的教育后果是培养“顺民”。说穿了，听话教育是把学生作为工具，目的是培养一种只会听话的听从者、顺从者、服从者，不能独立、毫无主见的驯服工具。“共性教育”就是抹杀学生个性而用一个模式去强行规范学生的教育。这是一种模式化的教育——求全责备，求同去异，扼长补短，划一呆板，致使本来色彩缤纷的精神世界只有一种颜色，使许多完全可以从不同方向发展的人才最后“同途同归”，成了一个模子里批量生产出来的“产品”。所谓“等级教育”，就是充满等级的教育，同时也是潜移默化培养学生等级观念的教育。对学生而言，首先体验到的“等级”，便是师生关系。所谓“守旧教育”就是面向过去只注重经验知识传授，而非面向未来致力于学生创造能力和开拓精神培养的教育。

课堂为民主教育提供最丰富的土壤

中国教师报：民主课堂的核心思想是什么？

李镇西：民主教育的核心是“尊重”，尊重学生的人格、尊重学生的情感、尊重学生的思想、尊重学生的个性、尊重学生的差异、尊重学生的人权、尊重学生的创造力……与此同时，在这种以“尊重”为核心的民主生活中让学生学会尊重他人。民主课堂作为民主教育的重要组成部分，其核心同样是对学生的尊重以及培养学生对他人的尊重。用苏霍姆林斯基的话来说，就是教师把自己当成“与学生一道探求真理的志同道合者”。然而，现在一些教师在教学过程中对学生的尊重和信任度不够，总是对学生的理解不放心，对学生的思想不信任，常常忍不住跳出来“引导”，以结论或权威人物的看法否定其他人的分析。如此缺乏平等的尊重和信任，学生的课堂民主参与是很难实现的。当然，教师是“教学共同体”中“平等中的首席”。他不是知识的灌输者，不是行为的约束者，不是思想的主宰者，但他在课堂教学中发挥着“精神指导”和“人格引领”作用。

中国教师报：教师如何发挥“精神指导”和“人格引领”作用？

李镇西：教育的方向、目的和教师对学生成长所承担的道义上的责任，都决定了在教学过程中，教师不可能是一个放任自流的旁观者或毫无价值倾向的中立者，而理应成为教学对话过程中的价值引导者。事实上，无论是教学目标的确定还是教学活动的组织，都体现了教师的价值取向。在课堂教学中，教师的价值引导主要体现在两点：一方面，他创设和谐情景，增进学生合作学习，鼓励学生积极参与并主动创新。让学生在尊重中学会尊重，在批判中学会批判，在民主中学会民主……这本身就是教育者应该

追求的教育目的。另一方面，面对争议，特别是面对一些需要引导的话题，他不是以真理的垄断者或是非的仲裁者自居发表一锤定音的“最高指示”，而是充分行使自己也同样拥有的发言权，以富有真理性的真诚发言，为学生提供一些更宽阔的思路更广阔的视野更丰富的选择。教师的发言尽管只是“仅供参考”，但由于教师所处的首席地位，尤其是教师发言所闪烁的智慧火花思想光芒，教师的一家之言必然会打动学生的心灵，在他们追求真理的道路上产生积极的影响。

中国教师报：如何有效落实课堂教学中的民主精神？

李镇西：具体到语文教学，我认为，其实新课程标准中谈到的许多基本理念，在我看来背后还是民主精神。比如“积极倡导自主、合作、探究的学习方式”，这就是对学生学习主体的尊重。让语文课堂先“民主”起来！目前语文教学中的不民主现象，最根本的一点，是教师更多的还是着眼于自己的“教”而不是学生的“学”。要在课堂教学中真正实现民主，我以为首先是要处理好课堂教学中的多种关系：优生与优生、学困生与学困生、优生与学困生、教师与学生个体、教师与学生群体、读者与作者、教材与生活等多种关系。要实现真正的民主参与，必须理顺和处理好这些关系，让每个师生以民主平等的心态进行交流、对话与合作，在彼此尊重的基础上分辨其闪光点与需要发展的空间。

中国教师报：民主课堂倡导还课堂于学生，主张教师少讲，甚至规定了教师讲授的时间，这样做是否合适？

李镇西：在推行新的课堂教学模式时，为了纠偏，做出一些教师讲授时间的硬性规定是可以理解的。这是在非常时期可以采取的非常手段，是一种策略。新课堂倡导教师少讲，但不是不讲，该出手时教师必须出手。关于教师的讲授，我认为，主要定位于点拨。教师的讲授取决于三点：一是教师的专业素养，二是与教材内容有关，充满人文思想的内容老师可以讲，但必须是在充分尊重学生的基础上。三是与学科有关，美术、体育等学科贵在让学生动手去做。改革的核心过程就是从教师“教”的过程走向学生“学”的过程。好的课堂有两个朴素的标准：一是有趣，二是有效。有趣就是要符合学生的心理，是手段，有效是目的。至于怎么有趣，我认为不是插科打诨，而是要让知识与学生生活对接，并让学生多多参与。

教育要关注孩子当下的幸福

中国教师报：您怎样描绘您所追求的理想教育？

李镇西：当下的教育因为过于急功近利，很多时候客观上就是引导老师们“只要目的，不择手段”，“只管眼前，不管将来”，这样的教育，我们痛苦，孩子也痛苦。但我们往往这样对孩子说：“现在痛苦，是为了将来的幸福！”

理想的教育应该让孩子现在就幸福，让孩子在学校的每一天，成为他们生命中阳光灿烂的日子，成为学生一生的幸福记忆。当然，这个“幸福”显然主要不是指单纯的物质享受，而是孩子在受教育的过程中的一种“快乐”——不仅充分体验到求知的快乐，思考的快乐，创造的快乐，成功的快乐，而且还充分体验到论述纯真友谊的快乐，来自温暖集体的快乐，来自野外嬉戏的快乐，来自少年天性被纵情释放、青春的激情被随意挥洒的快乐……

由这多方面的“快乐”所汇成的少年幸福，将成为孩子将来充满人性的温馨记忆。这应该是充满真正人道主义的素质教育献给孩子的一份“礼物”，也是科学质量观应有的追求。

中国教师报：请具体谈谈您所理解的科学质量观。

李镇西：“质量是学校的生命线！”“抓质量是学校永恒的主题！”这些说法一点错都没有，我们还应该继续并永远这样强调质量。只是，这里所说的“质量”应该是“科学质量观”之“质量”，它是可持续的质量，是整体的质量，是和谐的质量，是方法、过程与结果相统一的质量，是“让孩子现在就幸福”的质量。

追求可持续的质量是指既要重视学习成绩，更要重视人格塑造、能力培养和全面素质的提高，既要为学生的升学服务，也要为学生终身服务。追求整体的质量，就是面向每一个孩子，着眼于每一个学生在原有基础上最好的发展。追求和谐的质量，就是学生的德智体美劳各方面不一定是均衡发展，但一定要协调发展。追求方法、过程与结果相统一的质量——方法科学，过程快乐，结果理想，让孩子现在就幸福。

教育最需要的不是“思想”，而是良知

中国教师报：您认为课改10年来发生的最大变化是什么？

李镇西：首先是教师观念发生了很大变化，尽管一些教师在行动上还没有太大变化，但至少在思想上知道了什么样的课是好课，即便一些老师做的是应试教育，他们也会套用素质教育的理念来包装；即便一些老师还在满堂灌，但他知道这样做不对，只是还没有找到改变自我的方法与路径。这就是新课改理念普及带来的变化。

伴随着观念的变化，基础教育领域涌现出了一大批课改先锋和课改英雄。这些经验正在影响着评价机制的改革，正在撼动着传统的课堂。他们的探索可能最初会引起一些争议，但随着时间的推移，会逐步从边缘走向中心，从非主流走向主流。

中国教师报：在实践领域，推进课改的路径有很多，有从课堂教学寻求突破口的，有从课程开发追求完整教育的，您如何看待课改的未来走势？

李镇西：通往素质教育理想目标的路径有很多，在基础教育领域，有三种与“新”字有关的改革力量。一是国家层面自上而下推动的“新课程改革”，是以改革课程结构和内容为切入点的一项改革。一是朱永新老师领导的“新教育实验”，是以改变教师行走方式为切入点的改革。一是叶澜教授倡导的以构建生命化课堂为切入点的“新基础教育实验”。这曾被媒体誉为“三新鼎立”，其中后两种改革被誉为民间力量推动的草根行动。

这些改革虽然路径不同，但方向是一致的，最终是殊途同归。我觉得不管哪一种改革，最终教师的专业素养必然要提升。但遗憾的是，当下，教师的专业素质是阻碍教育发展的一大瓶颈。在浮躁、功利的社会背景下，一些教师缺乏职业追求，缺乏对教育的信仰。

中国教师报：除了教育信仰的缺失，我们的教育还缺什么？

李镇西：最近我在重读《帕夫雷什中学》，感慨万千：我们已经遗忘了很多常识，远离了教育的起点，而孜孜以求所谓的“创新”、所谓的“特色”所谓的“人无我有”“人有我新”之类。其实，真理是朴实的，教育是无华的。从某种意义上说，教育最需要的不是“思想”，而是良知。做教育就是做人。

“学生喜欢我的语文课”

——《语文建设》访谈录

问：能否谈谈您所提倡的“语文民主教育”这一思想的核心？

答：谈“语文民主教育”，得先简单地谈谈“民主教育”。

我理解的民主教育，更多是指教育者在教育过程中对学生所进行的一系列有关民主素质的启蒙教育——平等精神的教育、自由精神的教育、法治精神的教育、宽容精神的教育、妥协精神的教育以及权利与义务的教育、纪律与法制的教育等公民意识教育。

如果说“民主政治”的核心是“尊重”——对公民权利的尊重的话，那么“民主教育”的核心，依然是“尊重”——尊重学生的人格、尊重学生的情感、尊重学生的思想、尊重学生的个性、尊重学生的差异、尊重学生的人权、尊重学生的创造力……当然，与此同时，教会学生对他人尊重。

尊重，也是“语文民主教育”的核心。

什么是“语文民主教育”呢？简言之，语文民主教育就是充满民主精神——包括自由精神、平等精神、法治精神、宽容精神、妥协精神、创造精神等等——的语文教育，就是尊重学生各种精神权利的语文教育，就是给学生以心灵自由的语文教育，就是师生平等和谐共同发展的语文教育。

从根本上说，语文民主教育与语文素质教育是相通的。但是，要在教学中真正提高学生的素质，必须站在民主教育的高度走进学生的心灵，面对每一个富有个性的学生。因为“真教育是心心相印的活动。唯独从心里发出来的，才能打到心的深处。”（陶行知语）对于教育来说，缺少对学生的民主态度，具体说，离开了对学生的人格尊重和潜能的信任，离开了教育过程中精神与精神的交融，心灵与心灵的呼应，任何教育都不是陶行知所说的“真教育”而只能是“伪教育”。由此可见，任何科学的教育方法不过是民主教育思想的体现。如果我们认可柳斌同志所概括的素质教育的要义是“面向全体学生，让每一位学生全面发展，让学生主动地生动活泼地发展”的话，那么，我们似乎就可以这样说，民主教育是素质教育的灵魂。

但对语文教育而言，“民主”并不仅仅是教育手段，也是教育内容，更是教育目的——自主、探究、合作式的学习方式和课堂氛围必然有利于学生思维的健康发展乃至创造力的激活，而语文教育本身（包括教材）所蕴含的丰富民主养料将有助于学生健康人格的铸造；但从长远来说，“民主”是不可抗拒的历史潮流所赋予语文教育的面向未来的使命——通过民主的语文教育，培养学生的平等、自由、宽容等民主素养，使学生成为个性鲜明并具有独立人格和创造精神的现代公民。

问：您的课为什么会吸引学生？您的公开课与日常课有区别吗？

答：曾经有学生毕业后给我来信，这样评价我的课：“自然，真诚，有悬念，有感染力。”我接受这个评价。因为这的确是我课堂的特点。在上世纪八九十年代，我上公开课也要刻意准备的，总想着要“出彩”“出新”，但进入新世纪以来的十多年里，我尽量让公开课常态化。

举重若轻，行云流水，是我追求的课堂教学境界——无论是公开课还是平常的课。

所谓“举重若轻”，是指教师的内在功底以及对教材的处理艺术。这里的“重”，指的是教师本人的文化储备和课文固有的文化内涵；“轻”则指的是深入浅出的教学。备课时，教师应该尽可能深入地钻研教材，挖掘文本的精神内核，感悟其深刻厚重的文化内涵；但是在课堂上，则要尽可能尊重学生的认知水平和能力基础，将课文深刻的思想内容和学生的生活打通，让他们轻松地感悟课文内容。任何脱离学生实际因而让学生不知所云的“精彩讲解”“深刻分析”，都不过是教师“举重若重”的自言自语。

所谓“行云流水”，是指驾驭课堂教学环节、流程、节奏等等的艺术。语文课有多种上法，不能定于一尊，但我追求一种自然、潇洒与“随意”。如果把语文课比作画国画，那么有人喜欢画工笔画——追求课堂的精巧，甚至对每一个细小的环节在课前都精心设计因而胸有成竹，对这样的老师我充满敬意；但我不愿意画工笔画，而更愿意“大写意”，愿意课堂上有一些“突发情况”——这最能激发我即兴发挥的教学灵感；不要把课堂填得太满，留一些空间给学生，留一些空白给自己。教学的流程随课堂现场的情况而自然推进，教师“教”的思路和学生“学”的思路融为一体，教师和学生不知不觉地走进对方的心灵，同时也走进课文的深处。

问：有不少公开课的设计非常讲究，每个环节，甚至每一分钟都做精心安排。这样的课往往让人觉得是教师一个人的表演。您怎么看待这种课及其影响？

答：我特别反感这种“完美”而虚假的公开课。

多年来的各种公开课已经在人们心目中形成了一个思维定式，那就是一堂优质的公开课必须是“完美”的。

为了这个“完美”，公开课就成了“集体智慧的结晶”；为了这个“完美”，公开课就越来越变成了“无懈可击”的表演；为了这个“完美”，公开课就越来越讲究“精雕细刻”的形式；为了这个“完美”，公开课便越来越成了各种“模式”或生搬硬套或惟妙惟肖的翻版……这样的公开课的确很“完美”，但也很虚假。这一方面有违教师道德，另一方面等于是公开地给学生进行作假示范！这样虚假得“完美无瑕”的公开课至今还在不停地演示着，这究竟给我们的语文教育带来了什么后果，其实大家心知肚明，只是心照不宣而已。

特别是“借班上课”的公开课，教师的设计更精细更精密，因为要掌握“主动权”啊！成功教学的基本前提之一，是教师对学生的了解。如果是在本班上课，一般来说这是不成问题的。但如果是“借班上课”，授课教师很难在堂课上与素不相识的学生“水乳交融”。不管教师在课堂上多么“机智”，最后都是想方设法把学生置于自己的思想框架之内；学生不管在课堂上多么热闹，显得多么有“主体性”，其实他们或多或少或明显或隐约地都成了教师表演的道具。

当然这也怪不得教师。试想：连“知己知彼”（在教学上就是师生互相了解）这个起码的要求都达不到——我们从参加教育工作第一次备课起就被告知必须“备”学生（这个学生可不是抽象的整体，而是具体的个体）——教师怎么能上课？但这课又必须上，那当然就只有由教师制定一个比较完美而又巧妙（即看不出痕迹）的教学框架，包括设计一系列“问

题”等等。在这样的课堂上，教师不得不提前做好“预制板”，于是教师完全掌握了学生思维的主动权，“以不变应万变”，当然“游刃有余”。但后果是，学生的思维被限制了，他们的个性被扼杀了。

在一些地方，老师上这样的公开课，叫“做课”。好一个“做”字，用得十分准确。

别人要“做课”我管不了，但我可以管住我自己。所以最近几年我谢绝了很多“做课”邀请。我说：“要听课，可以到我班上来，我的教室大门随时向任何想听我课的老师打开。”

问：我看过您的书，您也经常反思自己的课存在的不足，您为什么要反思？

答：傅雷先生曾在其译作《约翰·克利斯朵夫》的卷首语中这样写道：“真正的英雄不是没有卑贱的情操，而是永不会被卑贱的情操所征服；真正的光明不是没有黑暗的时候，而是不会被黑暗所湮没。”区别优秀的教育者和平庸的教育者，不在于教育者是否犯错误，而在于他如何对待已经犯了的错误。这里所说的“如何对待”，不仅仅是指想方设法弥补错误所造成的损失，而主要是指对错误的反思——对成长中的年轻教师来说，这一点非常重要。善于把教育失误变成教育财富，这是任何一个教育者从普通教师走向教育专家乃至教育家的最关键的因素之一。把教育失误变成教育财富，前提是我们能够诚实地对待自己的事业，严肃地对待自己每一天的工作和每一堂课，唯有这种真诚和严肃，能够让我们坦然地面对自己的失误——为了我们心爱的事业和学生，我们勇于解剖自己和否定自己，因为这能够使我们更加成熟，使我们的教育走向成功。

问：在语文教学改革中，有一种批评的声音认为，语文课把简单的东西搞复杂了。您觉得，跟十年前、二十年前相比，现在的语文课到底怎么样？丢失了哪些东西，又有哪些进步是值得肯定的？

答：的确，现在的语文课“把简单的东西搞复杂了”。比如，我们训练学生阅读能力，一套一套的，可我们老师平时并不会按我们交给学生的方法去阅读。我们平时读一本书，不就是读读想想，或拿着笔勾勾画画吗？严格地说，现在语文教学的阅读训练，应该叫“阅读应试训练”，比如，那种肢解文本、孤立而冷漠地“分析”、“推敲”语言现象的各种“阅读检测”，都属于“阅读应试训练”，而不是常态阅读方式的传授。另外，现在的语文课，文学性少了，思想性少了，感染力少了，缺乏语文课应该有的情趣和魅力。所以，许多学生不喜欢语文课。

我经常问自己两个非常朴素的问题：“我给学生训练了这么多的方法，但是，当年我是不是这样学语文的？”“学生做的考试题，我是不是都会做？”而答案往往是否定的。

回想当年我自己的语文学习，无非就是多读多写，哪有那么多的“方法”“技巧”？对比现在学生的语文学习，我又不禁思索：学生应该读什么？（仅仅是课文吗？）学生应该写什么？（仅仅是教师命题吗？）阅读量应该有多少？（仅仅限于教材篇目吗？）写作量又应该有多少？（仅仅限于课堂作文吗？）学生该怎样读？（是不是非要“受教育”不可？）学生又该怎样写？（是不是非要写“托物咏志”或“借景抒情”的杨朔式散文不可？）……对这些疑问，我现在还谈不上有什么“标准答案”，但是有一点是明确的，那就是教师应该随时设身处地把自己当成一个学生，结合自己当年学习语文的切身感受来把握语文教学的特点和规律。

养成多读（尽可能多地接触语言材料）、多写（尽可能多地实践语言技能）习惯，在不断地熏陶、感染、领悟中形成对语言的敏感和敏锐（即人们通常所说的“语感”），这就是我自己当年语文学习的经历，我想可能也是大多数语文教师有过的体会。我们何不把这些质朴的道理告诉学生，并设法让他们也具备这样的语文学习习惯——实际上也是生活的习惯呢？

……

我主张语文教学归真返璞——多读，多写，多背。语文学习其实就这么简单。

问：有人说：语文学得好不好，不在语文课，您同意吗？

答：不能这么简单地说。当然，语文是最适宜自学的一门课，许多作家没上过一天学，却能够写出好作品。不过在今天的教育制度下，语文课应该说是学生获得语文素养的重要甚至主要途径。作为语文教师，不能敷衍课堂，而让学生在课外提高语文能力。这是我们的良知所不允许的。但是，也应该承认，仅仅靠语文课，学生也难以获得丰厚的语文素养，更难以获得较强的语文能力。因此，很多年前，不少语文届的有识之士，就提

出了“大语文”的概念，将学生所经历所面对的社会生活都纳入“大语文”的范畴。我是同意并践行这个“大语文教育”理念的，二十年前提出并探索“语文生活化，生活语文化”。

问：您是怎样让学生对语文有兴趣的？

答：应该说，我的学生是喜欢上我的语文课的。原因我估计有这么几点：第一，我的课上得比较轻松，比较潇洒，比较随意，比较有情趣，也有感染力。第二，我补充了大量教材上没有的文章，这些文章既有意义，又有意思。所谓“既有意义”，就是无论思想性还是文学性对学生的心灵滋养都是极有价值的；所谓“又有意思”，就是这些文章文字活泼，引人入胜，符合儿童情趣。第三，我比较善于把语文与生活衔接，将课本与社会打通，让学生觉得语文学习就是生活本身。第四，我让学生参与语文教学，也就是说，语文课上不只是我一个人讲，而是让学生们参与进来，成为课堂的主人。

问：您对您学生的语文水平是不是满意？

答：从考试成绩来看，还算可以吧！但实际的语文素养和能力就不好说了，那需要今后的人生实践来回答。我知道，不少毕业后的学生都来信感谢我给了他们的语文能力，但我不敢说这就是我的功劳。因为语文素养的提高甚至任何学科的学习，都很难说是哪一个老师的功劳。

问：我们经常会用是不是有“语文味”来评价语文课。您会从哪些方面来评价？

答：“语文味”是一种客观存在，有语文自然就有“语文味”，这并不是哪个人“发明”或“首创”的。我理解的“语文味”，就是语文特有的情趣，诗意，行云流水，妙趣横生，心灵的感染力，思想的冲撞力……这些模糊的表述，都是语文课区别于其他学科的特点吧！我当然也以此来衡量或者要求自己的语文课。不过，要评价一堂语文课，还不能仅仅看这堂课是否体现了语文的特点，还要看学生的情感是否真正被激发，他们的思想是否真正被点燃，师生关系是否真正和谐互动，等等。虽然这些并非对语文课的特殊要求，但也应该是一堂好的语文课应该具备的要素。

问：如果请您举出对语文教学（教材、考试、教师素质或待遇等等）的最大的一项不满意，会是什么？

答：不满意的地方当然很多，但如果要说“最大的一项不满意”，我还是想说教师素质。关于这点，人们议论得已经很多了。这里，我不想长篇大论空谈，我想说说一些感想。

我曾去浙江上虞的春晖中学，站在朱自清故居前，我感慨万千：先生正是从这所农村中学直接到清华大学中文系当教授的。朱自清之所以成为那个时代语文教师（中学国文教师和大学中文系教授）的骄傲，原因当然是多方面的，但他深厚的文化功底（阅读）和文学成就（写作），是最重要的原因。前不久，我还读了三卷《南渡北归》，被上世纪前半叶一大批大师级的知识分子——其中很多都是中学教师——的学识和人格所折服。我不得不感叹：“和老一辈大师相比，我们连学者都谈不上！”这真不是谦虚。别看现在“博士”“硕士”满天飞，但有几个真正是“博学之士”的？好，还是说回到语文教师。我想，无论时代如何变化，有些东西永远是不会过时的，比如阅读和写作，恐怕不但现在而且将来都是提高语文教师素质的基本途径。语文教师应该把阅读和写作视为自己生命的体现形式。阅读，要养成手不释卷的习惯，包括经典教育理论，古典文史书籍、教育报刊、中外文学作品以及反映中学生生活的书……都应该在我们的视野之内。写作，也应该成为我们的生活方式。但现在语文教师不会写文章的现象绝非个别。这不正常。只有我们语文教师的语文素养提升了，文化储备丰厚了，语文课上我们才能信手拈来，举重若轻。

问：包括您在内的很多著名特级教师都具有非常好的亲和力。您觉得成为一位受学生欢迎的语文老师，最关键的是什么？个人魅力？学识？爱心？耐心？平等待人？还是其他？

答：学识、人品等等都很重要，但我想强调“童心”。

我今年 54 岁了，可我自认为我还保持着 24 岁第一天参加工作时的兴奋、憧憬、向往、纯真……因为我有童心。童心就是单纯之心。回想我刚参加工作时，真的很单纯，没有任何功利的想法，只有单纯而专一的热爱，就想着如何让孩子快乐，让自己快乐。当然，八十年代九十年代的教育界，也没有那么多的名利的诱惑。那时候，根本就没有“职称”之说，也就谈不上要去争什么“中级教师”“高级教师”的想法；那时候也没有“奖金”一说，只要不杀人放火，干得好干得不好每个月工资都是五十二元五毛；

那时候中学教师的荣誉，除了学校表扬发个奖状，就没有什么了——好像有了“特级教师”的说法，但太遥远，根本想都不敢想，也就不去想了！所以，我只能单纯地工作，就想着如何从工作中寻找乐趣。不像现在，各种职称，还有各种荣誉，什么“教坛新秀”什么“市优秀青年教师”什么“省级骨干教师”还有“学科带头人”，更有各种名目繁多的“十佳”之类，如果我现在刚参加工作，说实话，很难不心动，很难把持自己一颗单纯的心。我这样说，并不是否认现在政府以各种方式表彰激励教师，我是说，面对眼花缭乱的“荣誉”“头衔”，守住童心的单纯最重要。

单纯的教育情怀，就是没有任何功利心的对教育的热爱与对孩子的依恋。这里，我想引用两句让我特别感动的话。一句是：“谁爱儿童的叽叽喳喳声，谁就愿意从事教育工作，而谁爱儿童的叽叽喳喳声已经爱得入迷，谁就能获得自己的职业幸福。”这是苏联教育家阿莫纳什维利的话。一位教育家，还有如此细腻的情怀，这份对教育的热爱，就是童心。还有一句是：“对孩子的依恋之情，这是教育修养中起决定作用的一种品质。”这话是大家所熟知的苏联教育家苏霍姆林斯基的话。说到什么是教育最重要的，我们往往会想到“思想”“理念”“模式”等等，但苏霍姆林斯基说那些都不是起决定作用的，而“起决定作用的品质”是“对孩子的依恋之情”！如此依恋孩子，如此朴素而深情地表述教育，源于童心。

这颗童心，本身就是爱心。对教育来说，没有这颗童心，有再多的学问都没用。

问：我注意到，您的文章经常引用苏霍姆林斯基的观点，您从这位教育家那里得到的最大启发是什么？

答：我曾通读过我所能找到的苏霍姆林斯基的二十多本著作，有的书还反复读。毛泽东曾说他在马克思的著作中就读到四个字：“阶级斗争”。那么，我在苏霍姆林斯基所有的文字中，也读到四个字：“教育人性”。这具体体现在他在《我把整个心灵献给孩子》一书中的一句话：“教育，这首先是人学。”

和一般的教育家不同，苏霍姆林斯基不是以“学者”或“研究家”的身份去冷峻、“客观”、孤立地研究教育，而是充满真诚的人道主义情怀，把自己的一腔激情洒向他的每一位学生。他的深情的目光首先对准的是一个个人的心灵而不只是具体的教学环节或手段，他一生所关注的始终是每一个学生的个性的发展。这就使他的教育境界远远超过了一般侧重于研究教育技术的教育家，而使教育真正进入了人的心灵的宇宙。

他的感情真挚而充沛，他的思想朴素而深刻，他的语言平易而精彩，“要培养真正的人”！让每一个从他身边走出去的人都能幸福地度过自己的一生，这就是苏霍姆林斯基的教育追求。仅仅凭这一点，他教育胸襟的博大和教育理想的崇高就远远超出了同时代许多的教育家（虽然以今天的眼光看，他的思想理论可能有着这样那样的不足和一些不可避免的历史的局限）。而在中国，我认为只有一位教育家可以与苏霍姆林斯基相媲美，那就是陶行知。

问：您希望年轻语文老师从您身上学到什么？或者请您给语文老师一些成长的忠告吧。

答：真不是谦虚，我的确没有什么值得学习的。不过，我倒经常给我身边的年轻同行说，我并不聪明，由于时代的原因，也没有什么学问，但有两点我具备，这两点也“成就”了我，那就是：第一，目标始终如一；第二，行动持之以恒。前者说的是理想，后者说的是实践。我这里说的“两点”其实就是一点，或者说就是一个朴素的词：“执着”。

教师是知识分子，心中应该装着天下

——2012 年 12 月 6 日上午接受腾讯微博访谈

问：不久前，一位家长“开学一月毁 6 年教育观”的网帖引发很多家长共鸣。这位妈妈在女儿入学前，用 6 年时间培养孩子的个性，但是刚入学一个月，孩子的个性就快要被磨平了。两种不同的教育理念产生如此激烈的冲突，您支持哪一方？为什么？

答：不好笼统地说支持哪一方。就现有教育体制，学校也只能这样。当然这位妈妈按理想的教育去培养女儿是没错的。面对个体的理想教育，与面对全体的现实教育，必然发生碰撞。就理念而言，我和许多家长当然会做和这位妈妈一样的选择。但目前的中国还难以普遍这样。我们只能期盼教育改革。这是套话，但确实如此。

问：众所周知，您一直是苏联著名教育家苏霍姆林斯基的教育理念的践行者，他的理念概括来说可以归结为：培养真正的“人”，那么，什么样的人才能称之为“真正的人”？要培养这样的“人”，需要一支什么样的教师队伍？

答：真正的人首先得是一个体质健康的人，然后具有善良和正直的品格，并拥有知识与能力。培养这样的人，必然要求教师也健康、善良、正直、睿智。当然这话要展开讲还有很多要说的，但微博上只能这样简单说说。

说到我心中理想的教师，我认为，他应该有真诚爱心，有自由思想，有独立人格，有浪漫情怀……一个真正的教师总是一位真诚的人道主义者。他所做的一切都不是为了上面的什么精神和指示，而是自己的良知，和孩子的未来。

如果要求再高一些，高素质的教师还应该具有宽广的人文视野，心中装着天下，同时能够用笔记录自己的教育和孩子的成长。让自己和孩子的生活充满诗意，充满故事，成为今后充满温馨的记忆。

问：在您眼里，目前我国的中小学教师队伍是否具备了您所说的上述素质？如果没有，主要是在哪些方面有差距？

答：我说的都是理想状态，是没有止境的追求。因此，从这个意义上说，差距永远存在。我也没有达到理想的状态。但我们可以不懈努力。要说现在差什么，我个人认为还是缺教育智慧，包括真正的专业能力。有爱心的老师不少，但同时富有智慧的老师不多。能让自己的课堂对孩子充满吸引力的就更少了。

所谓专业能力，不只是课堂上呈现出来的技巧，更重要的是背后的人文素养，这和老师的阅读有直接关系。但很遗憾，现在喜欢阅读的老师不多，关注天下的人更少。

说到这点，我是有些悲观的，因为总体上说，包括我在内的这一代知识分子和上一代知识分子的差距不止十万八千里。和老一代大师比，我们连学者都谈不上。所以，我现在特别反感动辄就用“教育家”这个称呼，我也拒绝这个称呼。不是虚心，而是心虚。我只要努力阅读，尽量弥补不足，做个真正的老师就不错了。

问：是一种理想的状态，但现实中，是什么原因导致我们的教师队伍还没有达到这样的状态？这是否已经成为困扰教师队伍素质提高的主要障碍？您有何破解良方？

答：从外部环境来说，或者说从国家层面来说，要继续提高教师的待遇，全社会要营造尊重教师的风气；但更重要的还是教师自己的努力。首先是调整心态，就是如何对待职业的问题。如果对职业不满意，就两条路，要么改变职业，要么改变职业心态。如果只有当老师就只能改变心态，从容，淡定，执着，平和……

调整了心态，就能潜心于课堂，执着于班级，走进孩子心灵。其次，最重要的就是阅读。我始终认为，阅读是提升教师素养最关键最重要的途径。不只是读教育类的书，还有人文书籍，等等。第三，教师要善于把每天遇到的难题都当课题来研究，来琢磨。这个过程就是提升自己的过程。

微博答问，免不了顾此失彼，难以周全。教师素养提升还有一点，就是教师一定要认清自己的身份，是知识分子，那就要有知识分子的尊严、学识、风骨、气节、人格……

作为教育行政部门和学校管理者，还有一点很重要，就是既要创造条件让老师们成长，更要给老师们以自由，要容忍老师们的个性和创新。

问：提到“教育家”，我们会有疑问，在近现代史上我们拥有一大批教育家，蔡元培、叶圣陶、张伯苓、梁漱溟、陈嘉庚、梅贻琦、竺可桢、马寅初……为什么当代却不再有这样的大家出现？原因何在？

答：现在真是“教育家遍地”，因为我们的标准太低。你说的那些教育家才是真正的教育家。十多年前，我写过一篇文章谈教育家的标准，有四点：第一，超越世俗的人格追求；第二,百科全书式的知识结构；第三，独到原创的教育思想；第四，伴随终身的实践学校。现在，我们哪一位“教育家”具备？包括我也差得很远！

问： 不久前，发生在浙江温岭的幼儿教师“虐童”事件震惊全国，回顾一下，类似的事件其实并不鲜见，比如还有去年的“绿领巾”事件等，类似的事件为什么会屡禁不止？我们的师范教育缺失了什么？

答： 人性！缺人性。这不只是师范教育的缺乏，是我们整个社会的缺失！

问： 今年教师节前后，上海和北京率先打破了“教师终身制”，对教师资格实行5年一考核，并将在全国推广。对此，有赞成有反对，有人说此法能有效遏制教育队伍中的“滥竽充数”现象，也有人称将额外增加教师负担，且可能滋生腐败现象，对此，您怎么看？

答： 理论上说，这样做当然很好。但实际上，很多好的设想一到了具体的操作，就成了你说的“滋生腐败”的途径。这不光是教育界，其他领域也如此。你懂的。

问： 而新的教师资格准入制度，考核内容包括师德、业务考核以及教学工作量考核，“师德”将作为首要条件，实行一票否决。公众疑惑，“师德”这一不可量化的条件，在具体考核过程中该如何评定才能维护公正、公平？

答： 我对这些规定已经失去了浪漫的憧憬。由谁来考核？标准怎样？是否全面？再说，所谓“德”从来就不是可以考核的东西，我们考核的都只是体现“德”的外部行为。所以，弄到最后，可能都是走过场。

我们现在所谓的“师德一票否决”的，往往都是什么打学生呀，有偿补课呀，等等。其实，还有许多师德差的现象是无法“一票否决”的。希望一个“师德一票否决”就转变教育风气，呵呵，比我还天真呢。

问： 近些年，在一些大城市出现了很多名校博士、硕士争相竞聘中小学教师的现象，对此，有人认为是人才浪费，您怎么看？

答： 用好了就不是浪费。反之，当然是浪费。

问： 您的学校一定也接到过很多博士、硕士的简历，若您是考核官，您评选教师的标准是什么？其中，哪方面素质是您最看重的？

答： 我每年都要招聘老师，我从来不看那些所谓“简历”。我的名片上也从来不敢写我是什么“博士”。原因很简单，现在相当多的（而不是所有）的博士硕士，其水平最多相当于民国时期的本科生，或者高中毕业生。

我亲自考察过一个新闻硕士，让她随意背一首她能够背诵的比较长的古诗，结果目瞪口呆。你说，我现在还能相信文凭吗？

我招聘老师主要问他读过些什么书，让他写一篇文章，然后和他聊聊，社会、生活、人生，等等。这些都可以看出一个人的素质。至于什么爱心呀，责任感呀的，等等，哪是一次面试就能知道的？

在聊的过程中，我会观察一些细节，比如他的穿着、他的礼貌，等等，这些是装不出来的，但这体现了一个人的素质。

问：非常感谢李镇西校长的分享，在访谈的最后，请李老师为腾讯网的教师、家长们推荐一下教育家苏霍姆林斯基的作品吧！让我们一同分享和学习好的教育理念！

答：苏霍姆林斯基的书很多，我推荐《要相信孩子》、《帕夫雷什中学》、《和青年校长的谈话》（其实是谈年轻教师成长的）、《爱情的教育》、《把整个心灵献给孩子》……

关于苏霍姆林斯基，在一些老师那里可能有争议，这很正常。我这里不做更多的评价，我想，最好的评价，是走进他的著作。

爱，不是教育的一切

拙著《爱心与教育》出版十多年来，我的教育理念和实践被有些人好心地贴了一个标签——“爱心教育”。对此，我一直不认可。这是对我的一种误读。我不否认教育之爱，特别在这教育爱心越来越被忽略甚至被冷落的时代，强调爱心是必要的。爱是教育的前提条件，所以“没有爱，就没有教育”这话绝对是站得住脚的。但是，我们不能由此得出“有了爱就有了教育”的结论。从逻辑上说，“爱”只是教育的必要条件，而绝非充分条件。打个比方，我们可以说：“没有米，就做不成饭。”但不能说：“只要有了米，就能做成饭。”因为要做成饭还得有其他条件：水、火、锅以及“巧

妇”等等。教育同样如此，除了爱，还要有思想、智慧、技巧等等。

把“只有……才……”（“只有有了爱，才有教育”）当成“只要……就……”（“只要有了爱，就有了教育”）——好多对教育爱心的误解，都源于此。

此外，爱是万能的吗？教师对学生的爱是否包含着功利？这种爱是不是也可以作为一种教育手段？爱心与惩罚可以“兼容”吗？如果不能，二者是什么关系？对学生的爱是否就意味着“无私奉献”？如此等等的问题，现在依然困扰着不少老师。因此我越来越感到，虽然谈论教育之爱已经不再“新潮”，这是个老话题了，但还有相当多的问题需要进一步探讨呢！

之所以这样感慨，是因为最近我读到了武汉国培班的学员们就爱心与教育给我的提问。这些提问是通过《班主任之友》转给我的。一想起武汉国培班的学员们我就感到温馨，我至今还记得当时我做报告时，学员们对我的真诚欢迎。时隔这么久，这些年轻的老师们还对我保持着热情，给我提了不少问题。这说明大家还在继续思考。在此，我就朋友们提出的九个问题简单说说我的看法。欢迎批评。

问： 当老师需要爱心，这是所有走向讲台的人都明白的事情。然而，看起来简单的事情，要做起来真难。难在两个地方：一，开始的时候可能很有爱心，但时间长了，慢慢爱心就变淡了；二，对别人付出爱心总是需要成本，这些成本包括精力、时间，还有你的细心等，然而，一个人的精力、时间又总是有限的，有时候觉得很累。因此，我的两个问题分别是：一、李老师，你是如何将你的爱心保持这么长时间的？二、你如何让自己精力充沛应付那么多孩子的各种各样的需求？

答： 看来这位老师也是富有爱心的，只是对爱的理解还有些模糊。其实，在我看来，所谓“爱心”是童心的自然表现。从某种意义上说，教育者的童心比爱心更重要。因为童心是人性的自然流露，而爱心有时候是一种理智的提醒和选择。对我来说，爱孩子是我天性流露，而不是道德使然。童心保持一天，爱心就伴随一日。不存在职业倦怠或“慢慢爱心就变淡了”的问题。所谓“对别人付出爱心总是需要成本”，这是我第一次听说。只有“投入”与“产出”才谈论“成本”，但教育不是做生意，爱心更不是“感情投资”，一切都是自己的选择，就不存在什么“累”的问题——我这里说的“累”指的是心累，至于身累那是不可避免的，做什么不累呢？作为校长，我一直坚持上课，尽管没有固定在哪一个班上课，但就体力消耗而言，也很累，因为我立志要把全校 56 个班全上遍（比如今天，我就上了三节课）。可是，看到孩子们亮晶晶的眼睛和灿烂的笑脸，听着孩子们齐声呼我“帅哥好”（嘿嘿，搞笑吧？），我只有幸福！可见童心和年龄无关，与教龄更无关。

这位老师提问中最后一句话让我有些感动，感动于他（或者是她吧）对自己没有能够“应付那么多孩子的各种各样的需求”而苦恼。但是，亲爱的朋友，不要苦恼！没有哪个老师可以满足所有孩子各种需求，我们也没有必要苛求自己。我只是尽量根据不同学生的个性采用不同的方式予以关注与爱，还有教育与引导。而这本身就是教育的题中应有之义，是我们的分内事。

问：对孩子的爱需要敏锐的眼光，这样才能发现孩子的变化，同时，亦需要细腻的情感，这样才能同孩子产生情感上的共鸣。然而，作为班主任，不是每个人都具备这种能力的。坦然地说，我自己就是一个比较粗犷的人。您认为像我这种性格的人适合做班主任吗？李老师您能评价一下自己的性格，或者将自己的性格进行简单的描述，然后，归一下类？

答：亲爱的朋友，你不必自卑，性格粗犷一样可以做班主任的。其实，我也不细腻，我也属于那种粗枝大叶的人呢！我的性格热情奔放，毫不掩饰自己的喜怒哀乐，宛如儿童，这点刚好和教育“契合”。粗犷的人未必不适合于教育，因为再粗犷的人对自己的爱人也有细腻的时候，不然只有打光棍，呵呵！教育就是我们的“爱人”。

所谓“发现孩子的变化”“同孩子产生情感上的共鸣”，首先不是眼光和情感的问题，而是是否具备童心的问题——对不起，我再次提到“童心”，因为这实在是太重要了。我们经常说要“以人为本”，我们也的确是把学生当“人”，但我们往往把学生当成人，而不是当作正在成长中的具有特定年龄阶段心理特征的儿童。因此，要走进儿童的心灵，必须学会用儿童的眼睛去观察，用儿童的耳朵去倾听，用儿童的大脑去思考，用儿童的情感去热爱，用儿童的兴趣去探寻！

问：尽管，我们不喜欢老师对学生施以惩罚，但我们又不得不承认，

惩罚对学生管理有时候确实比其他手段来得更有效。我想，这也正是惩罚为什么总是被老师们经常使用的缘故吧。我想问，李老师在从教的几十年里，是否运用过惩罚？都使用过哪些惩罚措施？能举些例子给我们班主任老师做些说明吗？

答：这位年轻的朋友可能对“惩罚”的理解有误。这种误解绝不只是你一个人，而是具有相当的普遍性。我很奇怪为什么那么多的老师讳言教育惩罚，好像惩罚是一件很可耻的事。想了很久，我似乎明白了，原来很多老师把“惩罚”和“体罚”画了等号，在他们的话语里，“惩罚”就是“体罚”。

的确，真正的教育首先是充满情感的教育。在学校，任何形式的体罚都必须根绝，因为离开了对学生的爱与尊重，就谈不上任何教育。但是，科学而成功的教育却不能没有惩罚。

长期以来，有的教师在这个问题上存在误区。他们认为既然是“教育”，就总是“和颜悦色”“润物细无声”“循循善诱”；值得一提的是，有些“教育专家”也常常这样“高屋建瓴”而又“语重心长”地教诲每天和学生打交道的一线教师：要“说服教育”，要多“谈心”，要多“讲道理”，要“感化”，“不能发火”呀……

但许多老师显然还没有修炼到面对错综复杂的教育难题特别是面对具体的违纪学生时能够“面不改色心不跳”的程度，他们包括笔者实在做不到呀！于是，有人讥讽这些“专家”：“您说得太好了！那我把我的学生交给您，您来试试吧！”

应该说，“教育”本身就包含有惩罚的因素。教育，不仅意味着提高人的道德水平和知识能力水平，同时意味着按文明社会与他人交往的准则规范人的行为，即通常所说的“养成教育”。这种“养成教育”，带有某种强制性——这种养成良好文明习惯的“强制性”与我们现在反对的思想专制不是一回事。作为社会人，不遵循起码的公共规则与秩序是很难与人交往的。同时，在一个集体中，一个人违纪必然妨碍其他更多的人学习。这样，为了尊重多数人学习的权利，有时不得不暂时“剥夺”个别人的学习权利，也就是说，必须予以必要的惩罚。

什么是“惩罚”？我理解的“教育惩罚”，是对不良行为的一种强制性纠正。这既可以体现在精神上，也可以体现在行为上。前者如扣操行分或纪律处分（警告、记过等等），对严重影响课堂秩序的学生甚至可以请出教室让学生反思其过（对所谓“请出教室”我认为要具体问题具体分析，不好简单肯定或否定）；后者是某些过失补偿性行为（比如做卫生不认真而罚其重做等等）。这些惩罚与尊重学生并不矛盾，正如著名教育家马卡连柯所说：“确定整个惩罚制度的基本原则，就是要尽可能多地尊重一个人，也要尽可能多地要求他。”

但我要说明的是，不管怎样的教育惩罚，都不能是体罚。有的朋友不理解我的这个观点，他们认为，既然是“惩罚”，怎么又不包括“体罚”呢？“体罚”不是“惩罚”的一种吗？

这又是一种误解。何为“惩罚”？“惩罚：严厉地处罚。”那什么叫“处罚”呢？“处罚：使犯错误或犯罪的人受到政治或经济上的损失而有所警戒。”而何为“体罚”呢？“体罚：用罚站、罚跪、打手心等方式来处罚儿童的错误教育方法。”（以上解释均摘自《现代汉语词典》）可见，“体罚”从词义上讲，是排除在“惩罚”之外的。只不过现在许多人一提到“惩罚”，总想到“体罚”，这是对“惩罚”一词在理解上的泛化。

我这里还要强调的是，科学的教育惩罚不仅仅是制止违纪现象的手段，而且还应该是有助于培养学生的民主意识与法治精神的途径。也就是说，教育惩罚不应该只是来自教育者，而应该来自学生集体意志。比如在我的班上，所有的惩罚都来自学生民主讨论最后无记名投票通过的班规，因此，这“惩罚”已不是来自教师的“铁腕”（如果这样，很容易导致教师不自觉的“专制倾向”）而是包括教师和学生在内的集体意愿。更重要的是，教育惩罚不能仅仅针对学生，同样应该针对教育者。也就是说，在一个集体中，班主任和学生都应该遵循共同的“规则”，而不能有任何凌驾于集体规则之上的特殊成员。在这里，教育惩罚充满了师生平等的法治精神。从教至今我当班主任已经二十多年，我多次因不慎违规而被学生依据共同制定的班规惩罚。我觉得，这不是我有意要“严于律己”“以身作则”或者显示“打铁先要本身硬”，真正的民主教育，理应如此。

总之，教育不能没有惩罚，但惩罚不是体罚，而且我们提倡的“教育惩罚”应该充满现代民主精神。这样的“教育惩罚”使民主精神真正深入学生心灵：学生与班主任享有一样的权利，班主任与学生具有同等的义务。在这样的机制中，学生开始尝试着自我教育与民主管理的实践，切身体验着集体与个人、民主与法制、纪律与自由、权利与义务、自尊与尊他的对立统一关系，潜移默化地感受着同学之间、师生之间尊严与人格的平等。这样的教育惩罚，实际上是让学生在实践中受到民主精神、法治（注意，不仅仅是“法制”）观念、平等意识、独立人格的启蒙教育，而这正是面向未来的现代教育所应该包含的基本要义。

问：很多老师使用的管理手段最后竟然成了伤害学生的工具。但我们又不得不承认，大部分老师在使用管理手段促使学生成长的过程中，其出发点是好的，是希望学生转变成一个好学生。但往往这种爱的手段和爱的方式最后竟成了对学生的伤害。想请教李老师如何使得班主任老师在付出爱心的过程中能收获爱的结果，而不致变得爱到最后竟然成伤害！（最好，能给我们举几个例子）

答：亲爱的朋友，我一直没有明白你说的“很多老师使用的管理手段最后竟然成了伤害学生的工具”是什么意思，或者说，你说的“很多老师的管理手段”指的是什么，你也没有举例，所以我也无法准确地回答并“举出几个例子”。请你一定原谅我啊！

我只能揣摩。我估计你说的手段还是“体罚”或“变相体罚”，如果真是这样，那我要说，恕我直言，打人的老师绝无什么“好心”可言！

教师打学生的是与非，应该说凡是有起码良知的人都不难判断的。我感到不解的是某些人（当然包括打学生的教师）对打学生动机的辩解：“打学生当然是不对的，不过老师的心还是好的！”“哪个老师不想为学生好，还不是恨铁不成钢嘛！”“老师打学生，毕竟说明老师还有责任心嘛！”……甚至有的家长也对老师说：“我的孩子交给你了，只要他不听话，要打要骂，随你便！”呜呼！面对童心的滥施淫威，居然也成了“好心”的体现、“责任心”的标志！

不好意思地说，我刚参加工作时也曾“好心”地打过学生，至今想起痛悔不已。从那以后，我每当看到不少（而不是个别）教师打学生的现象，不禁就会勾起羞愧的回忆与真诚的反思。因此，我有理由说：教师打学生，绝无“好心”可言！有的只是专制之心和名利之心！我还是以我目睹的一次暴行（只能用“暴行”来概括）来作说明。二十年前的一天，我所教的初三尖子班（那时学校还可以分“尖子班”）的学生普遍挨了英语老师的教鞭（“教鞭”这个词对这位容貌温柔的女教师来说，真是名副其实），一位女生手腕上的金属表带都被打断了！原因仅仅是学生们没能听写出英语单词！事后，这位教师说：“没办法，我这是出于责任心。不这样严格要求，学生的成绩怎么上得去！”又是一个“责任心”！但无意中却泄漏了名利之心——“这样严格要求”，“学生的成绩”当然很有可能就“上得去”。以学生尊严与痛苦为代价换来的“成绩”会给这位教师带来什么？当然是奖金、职称之类的好处，还有“硬是有水平”之类的“社会声誉”。试问：这样的教师，有何“好心”可言！

根治此类行径的办法当然很多，这里，我想只说一点：用《中华人民共和国未成年人保护法》武装每一个学生及其家长！愚昧是专制的温床，而法律则是尊严的金盾。只有让每一个学生及其家长意识到自己的尊严与权利，并成为“讲台暴力”的第一监督者和举报者，教师队伍中的个别败类才会真正感到威慑并无地自容！

问：爱的背后一定有某种价值观在起作用。举个简单的例子，有人认为生日的时候能够得到朋友送来的一朵玫瑰花，这是无上的爱；而有人却认为朋友要送他一枚贵重的戒指才算是爱的体现。成年人如此，其实学生亦然。一个班主任，面对的学生少则四十，多则六七十，他们的价值观差异很大，班主任应如何适应？

答：这位老师，我把你当朋友，所以直言你这段话不够明晰。尽管你举了例子，可我还是不太明白“爱的背后一定有某种价值观在起作用”的含义。你的意思是想说爱也有某种“功利”，或是“玫瑰”，或是“戒指”，是吧？而我认为，真正的爱是没有功利的。巧得很，我刚写了一篇评论《山楂树之恋》的博文，对所谓“纯爱”一词提出质疑：难道还有不纯的爱吗？同样，我觉得所谓“史上最干净的爱情故事”这个说法也很搞笑：难道还有“不干净”的爱情吗？如果“不干净”，还叫“爱情”吗？糖是甜的，醋是酸的，盐是咸的，这是天经地义的。难道我们还用得着说“甜糖”“酸醋”和“咸盐”吗？还是回到说教育，我愿意再次强调，教师对学生的爱是不应该有任何功利的。昨天我还给学生说：“喜欢与爱的区别是，前者是迫不

及待的占有，后者是不求回报的付出。”

在反复揣摩你这个问题，我又似乎觉得你在说学生对老师有不同的期待和需求，可这与“爱的背后一定有某种价值观在起作用”有什么关系呢？（我始终觉得你这个提问的表述不太清晰，当然啰，也可能是我的理解能力有问题，呵呵）请允许我估计着瞎回答吧！尽管有“因材施教”“尊重个性”“满足不同孩子的需求”等说法，我们也应该力所能及地尊重不同孩子的不同精神世界，但总体上说，作为班级授课制的学校，教师也只能大体满足孩子们的一般需求。要想一对一地照顾每一个学生的个性需要，是不可能的。那是家长的事。我们没有必要把不可能做到的“使命”一厢情愿地加在自己的身上。我们做到了我们教师能够做到的，并且尽可能做好，就可以了。亲爱的朋友，你同意我的说法吗？

问：人总是有感情，有偏狭的。换句话说，要做到将自己的爱无私地给予每一个学生其实很难做到。至少在我十几年的班主任生涯中，我没有做到。李老师，您真的像您所写的那样能对每个孩子都给予无私的爱吗？您怎样看待“博爱”？

答：尽管你说没有做到“将自己的爱无私地给予每一个学生”，但我还是对你充满敬意。因为第一，你已经尽量给孩子以爱了；第二，你还在苦恼自己对学生的爱还不够。你是有良知的教育者。

其实，你的苦恼可能源于你对教育之爱的理解不够正确或者说不够科学。比如，我不知道你说的“对每个孩子都给予无私的爱”是什么意思。如果指的是一视同仁地关注并尊重每个孩子，不因其学习成绩、家庭背景、经济状况、性格相貌等因素而有所偏爱与冷落，那我肯定做到了，而且我可以断定，绝大多数老师都做到了包括你，因为这并不难。我想不通这有什么难做到的。如果这就是“博爱”，那这样的博爱是教育者应该具备的起码良知。

但如果你说的是教师消耗自己的健康，放弃自己的家庭，牺牲自己所有的业余时间，对每个学生都不顾一切地全身心地投入，所谓“一心扑在工作上”，那我肯定没做到，也做不到——即使做得到，我也不想那样做！我建议你也别这样做。有没有这样的教育者？有的！比如苏霍姆林斯基，他有一部书的名字就叫《把整个心灵献给孩子》。陶行知也做到了，他有一句名言："捧着一颗心来，不带半根草去。"他们因此是圣人。可是，我们不是圣人，我们是普通人。对大多数老师来说，不可能也不应该要求他们在教育上如此"殉道"——苏霍姆林斯基可以说是累死的，陶行知也属于英年早逝。因此，我在为我校老师起草教师誓词的时候，我特意写的是"我立志把心灵献给孩子"，而不是"我立志把整个心灵献给孩子"。在我看来，应该允许我们的老师留点心灵给父母，给孩子，给爱人，给自己！对于普通老师来说，捧着一颗心来，带走半根草也没有什么的！我们正当的物质利益应该得到尊重与维护。如果站在"道德高地"居高临下地苛求老师们"无私奉献"，这样的爱太可怕了！当然，如果有老师自愿这样做，我将肃然起敬。但这不应该成为强迫。即使为教育事业着想，也不应该提倡——老师们都累倒了，谁去爱学生呢？

问：人的一生中总是会有许多让自己心存感动的片断。这些感动的背后往往牵涉着许多人的爱。学生的感动里一般都包含着班主任老师的关爱。然而，对于有些学生而言，这些感动能长久地保持在心底，并化为成长的动力。但对于有些学生而言，感动刹那间的力量维持的时间并不长。您在您的实际工作中是如何让您的爱心在感动学生的同时，又使得这种感动的效用最大化，成为推动学生转变的最伟大动力？

答：亲爱的朋友，你这个问题体现出你的责任心，这让我很感动。但是，我要真诚地告诉你，请不要高估爱的力量。教育是复杂的，爱不是教育的一切。以为由爱而产生的感动能够化为所有学生成长的动力，是天真的愿望。有时候，刹那的感动也能成为学生生命天空的一片绚丽的云彩，哪怕这朵云彩很快飘走。无数个这样的"感动刹那间"或许能够在不知不觉中化为学生生命的养料。另外，爱，有时候能产生教育效果，但这不是我们的主观刻意的追求，而是一种"意外"。不要把爱当教育的手段或工具——为了达到什么"高尚"的教育目的，我便给学生爱，然后等待"爱的奇迹"出现。这样一来，教育之爱已经变味。爱就是爱，如同阳光雨露，洒到大地，能够滋润多少生命是由不得阳光雨露本身的，即使有些阳光雨露连一棵草都没能滋润，天空也不会叹息的。所以我多次说，教育的爱是没有功利的，有了功利就不叫爱。教育效果的出现，"推动学生转变的最伟大动力"，仅仅靠爱是远远不够的，还需要智慧。当然，这是另一个话题

了。我们有机会再探讨，好吗？

问：我们在对学生付出爱的同时，不禁希望获得学生的回报。（当然，这里的回报不是指物质上的，而是指学生的成长，比如，希望看到他朝自己希望看到的方向转变。）如果看不到，可能会再努力，再努力后还看不到，有时也会显得比较无奈，有时候甚至是选择放弃。您的班主任生涯中，有这样的情形出现吗？如果有，您后来是怎么克服的？

答：我不得不坦率地说，可能在这个问题上，我俩的认识不一致。你希望你的爱能够获得学生的回报，但我从来没有企图通过爱学生“获得学生的回报”，真的没有。这不是我有多么高尚，而是我一开始就没有把教育当生意做。搞教育，你要去计算什么“付出”与“回报”，结果将令你绝望。当然，我是职业教育工作者，我以教育为饭碗——我从来不觉得这有什么可耻或者境界不高，当然要获取报酬，但这是国家给我的工资，和学生无关。除了我应得的报酬，我不再想其他的“回报”。但是，我除了把教育当饭碗，我还把它当事业，因而有所研究有所探索，这个过程真的有滋有味。至于学生给我什么“回报”，我想都没想。

当然，我也不能反过来说你的想法有多么“可耻”，因为你所期待的回报并非什么物质报酬，正如你特别强调的那样：“这里的回报不是指物质上的，而是指学生的成长，比如，希望看到他朝自己希望看到的方向转变。”那我要说，学生的成长其实也是由不得我们教师的。一个人的转变（无论是好的转变还是坏的转变）是很复杂的，其原因除了来自教师，还来自家长，来自社会等因素。苏霍姆林斯基曾精辟分析有六种教育因素在同时对学生产生影响：教师、家庭、学生集体、学生本人、书籍、街头结交。教师只是其中之一。我们只能担负学生成长的部分责任——当然，这是非常重要的一部分责任，而不能承担所有责任。我刚才就说了，我们没有必要把我们不该承担的责任硬扛起来。在我的教育生涯中，当然有最后也没按我的期待发展的学生，甚至我二十多年前教过的一个学生成年后还曾触犯刑律而坐牢。对此，我除了惋惜，并没有感到一点失职的内疚。道理很简单，从横向说，我只能负责他所受的学校教育这一部分；从纵向上说，我只能负责他成长的一段。我自认为自己尽力了，何疚之有？就像我从不把后来成长为杰出人才的学生视为我的功劳一样（一个人能够成为杰出人才，更多的是和他的家庭教育和父母遗传基因有关，和我关系不大），我也从不把学生即使后来走上邪恶之路简单地归咎于自己的教育。对此，我们做老师的，没必要自己跟自己过不去。所以，希望你也放下这个包袱。

问：班主任老师在学生面前可能是爱心的大使，然而，在日常生活和社会交往中，他往往显得比较弱势，往往又积累负面情绪。李老师在当班主任过程中有这种体验吗？如何克服的呢？如何不让自己的情绪成为爱心的包袱，为爱心蒙上灰尘？

答：呵呵，不好意思，我第一次听到“班主任老师在学生面前可能是爱心的大使”的说法。对此，我不好简单地同意或反对。如果“爱心大使”的“爱”包括了教育的严格要求、严厉批评甚至处罚，那这句话是站得住脚的。但细读提问，我感到你这句话的意思好像是说，班主任老师在学生面前总是和蔼可亲、满面春风，那我要说，这可不一定。班主任老师完全可以在学生面前展示自己丰富的情感，包括必要时旗帜鲜明地表明自己的愤慨。我认为，班主任没有必要在学生面前如鲁迅眼中的刘和珍一样“始终微笑着，态度很温和”，只要和学生建立了信任与情感，嬉笑怒骂皆成教育。要让孩子们知道，老师也是有爱憎的，爱憎之中本身也包含着教育。

当然，如果是那种会妨碍教育或课堂教学的不良情绪的确应该有所克制，而克制是一种修养，它与胸襟有关，与淡定有关，与豁达有关，与平和有关……这种修养只能在历练中获得。我还没有完全具备这种修养，但我一直在努力。与年轻时候相比，现在的我要沉稳多了，带着不良情绪进教室的时候明显减少，这除了我自己的修炼，还和学生的监督分不开。在我班的班规里，有专门针对我不良情绪的惩罚规定，而这些规定的执行者是学生。这方面有很多有趣的故事

我见缝插针地利用时间，许多文章都是在车里写成的

呢！大家可以参看我的有关著作。总之，教师修养的自我提高是一个没有止境的过程，我们一起努力，好吗？

关于“民主”的讨论

——李镇西师徒相约星期三

《中小学管理》杂志编者按：本文源自李镇西的博客“李镇西新家”。2007 年 12 月，“李镇西班主任工作研究会”在江苏省江阴市成立。李镇西和 10 位来自全国各地的青年教师结为师徒。每周三晚上，李镇西与他的徒弟们约定在 QQ 群里聚会，就一个主题进行讨论，10 个徒弟每月轮流担任主持。本文是李镇西老师和他的徒弟于 2008 年 3 月 12 日晚关于民主的讨论。此话题由“徒弟”李迪发表在《河南教育》上的《当民主变味时，我们需要“专制”》一文引起。

李迪文章概要：文中先举了两个例子。例 1：秦老师在班里一向实施民主管理。但在一次评优时，认真负责的班长落选。原因是有人拉票。秦老师要求学生重新选举，学生不肯。秦老师找学校专门为班长申请了一个指标，学生仍不同意。秦老师将名额退给了学校，但仍有学生抱怨秦老师太独断。例 2：刘老师组织学生春游。出校门前，有两拨学生找刘老师请假，说在学校有事，刘老师均准假了。出校门后，又有一拨学生请假。刘老师说：“既然许多同学在学校都有事，那就不用出去了。”多数学生不同意。刘老师斩钉截铁地说：“集体活动就应该行动一致。什么都不必再说，马上回学校上课。”此后，刘老师的班级组织集体活动，再也没有人敢请假了。这便是适当强硬的教育效果。文末作者提出：凡事都是教师说了算，叫“教师专制”；凡事都是学生说了算，却是“学生专制”了。学生受年龄、意志限制，见解难免差错。所以，当学生的行为本身就是错误的时候，教师“专制”一下又何妨？

问题之一：拉票对不对？

李镇西：今天晚上的讨论，大家先对李迪的文章发表评论和看法，然后我谈我的想法。

李迪：虽然我写了这篇文章，但我在班里一直是很民主的，学生也配合。

李镇西：你只是偶尔专制？你说的民主是指什么？学生配合是什么意思？

李迪：我带班实施民主管理，决定任何事情都听学生的意见，学生的意见也比较合理、公平、公正。我感到奇怪的是，我身边的教师实行民主后，就大呼不妙了。

李镇西：其他教师实行的民主是什么？我想提一个问题：拉票对吗？拉票是不是一个学生应有的权利？

李迪：拉票当然不对。

李镇西：光明正大地拉票无可厚非！

曾宝俊：是拉票，而不是贿票。

李镇西：拉票正常，贿选才不正常！李迪，你把你理解的民主解释一下？

李迪：我也曾大张旗鼓地拉票，但我当时没有意识到。

李镇西：你在班上实行民主，你是怎么做的？

李迪：我引导学生，然后听学生的意见，最后双方都比较满意。

李镇西：你的民主就是和学生商量。如果意见不统一，那么你怎么办呢？

李迪：在选举班干部的时候，我会说这样一段话：“班里的同学可以分为三类：第一类，只能严格要求别人，不能严格要求自己，这样的同学不适合当班干部；第二类，能严格要求自己，但不会严格要求别人，这类同学组织能力有限，可以在活动中加强锻炼，但目前不太适合当班干部；第三类，既能严格要求自己，又能严格要求别人，做事公正公平，不怕得罪人，敢于为自己的言行负责。这样的同学才是我们应该选举的。”

李镇西：你用这个例子想说明什么？

李迪：想说明我这样的引导就是大张旗鼓地拉票，为优秀的、有组织能力的人拉票。

问题之二：教师理想的学生落选是实行民主的错吗？

李镇西：李迪，你在班上实行民主成功，而其他教师实施民主却大呼不妙，是指什么？

李迪：其他班主任实行民主后，教师对学生选出的干部或三好学生不满意。我班的事情全部是学生自己做主的，当然我参与引导了，结果双方都满意。

李镇西：学生选出的干部教师不满意，你认为这是实行民主的错吗？

李迪：不是，是学生没有正确的民主意识，选举是不公平的选举。

李镇西：如果你班学生选出来的干部或三好学生也让你不满意，你怎么办呢？

李迪：我要想想，是不是我的眼光和学生不一样，为什么我们的看法会有这样的差距。

李镇西：你不是说，民主变味时，我们要专制吗？（在关键时刻，李迪的网络连接断了）

曾宝俊：真正的民主，上面不应该有个决策者。

李俊兴：绝对的民主是没有的，实施民主教育的过程就是引导学生认识民主的过程。

杨印健：民主是大家按制度去“商量”。

曾宝俊：班级候选的前提是制定好相关的条件，不符合条件的不在选举之列。刚才李迪的要求不明确。什么叫有责任心？什么样的学生有责任心？标准一定要和学生商量。

薛海荣：我认为秦老师要处理好两个问题。第一，要做一个关注细节的人。第二，要找班长谈心，促使其在一些方面做出调整，取得新的进步！

刘朝升：优秀的学生没评上“优”，是人际关系的问题，和民主的关系不大。

李俊兴：我觉得所谓的优秀是教师的视角。

问题之三：民主是否需要教师引导？

方海东：民主不需要教师的引导。

李俊兴：民主为什么不可以有教师引导呢？这是调控啊。

方海东：调控应在学生意见表达之后进行。教师的引导会让学生失去自己的想法。教师在地位上强于学生。这是暗示。

李俊兴：调控是调控整个过程。只要你表达，就会对学生产生影响。而对整个事件来说，你不可能不表达——从开始到结束。这是建立良好的班风的前提。

问题之四：民主与强硬是否对立？

石春红：但民主也不是学生说了算吧！而且，民主和强硬为什么不可以并存呢？

（这时李迪上线了。）

李迪：我们（包括学生）对民主的理解都不一样。从秦老师这件事情看，她平时没有引导好学生，她应该想为什么她的眼光和学生的不一样。

李镇西：李迪把民主和强硬对立起来了。其实，民主是最强硬的。为什么？一会儿再说。

薛海荣：李迪文章中的刘老师是有民主的心态的，但是他有点大男子主义！

李迪：刘老师确实有些大男子主义，但他的班级一向很好，学生一身正气，很受用人单位欢迎。

方海东：班级好，不代表就是民主的。

徐全芬：班级好与不好要看是什么标准。

薛海荣：在学生出去玩之前，如果刘老师在班级开一个民主生活会，让学生对春游做出决定，就不会出现后来的事情了。

李镇西对民主的解读

李镇西：那天看到李迪这篇文章我很吃惊，主要是标题让我吃惊。当时我给李迪发信说，即使世界上最专制的国家，也不敢公开说“我们要专制”。相反，有些专制国家恰恰在国名上还标明“民主”二字。

我先说说民主的含义。首先，民主是一种政治制度，是一种管理国家的方式。这是民主最原始的含义。从字源上说，民主的基本含义就是“人民进行统治”或者说“人民当家做主”。作为政治制度的民主，其蕴含的最根本的精神实质是对人的尊重——对人的权利和精神世界的尊重。民主的核心是尊重。比如：为什么老百姓要有选举权，因为这是对其参政权利的尊重。任何人都无权剥夺其他有选举权的公民的政治权利。在班级实施民主管理，就包括了对学生选举权的尊重。其次，民主还是一种生活方式。这个观点最早是杜威提出来的。陶行知也曾指出：“民主的时代已经来到。民主是一种新的生活方式，我们对于民主的生活还不习惯。但春天已来，我们必须脱去棉衣，穿上春装。我们必须在民主的新生活中学习民主。”李迪原来的标题是“民主需要高素质”。这话孤立地看，没有什么不对。但是，我们经常说这话的时候，往往是有潜台词的。意思是，对于没有民主素质的人，不应该让他们行使民主的权利。对此，陶行知说得非常好：在民主生活中学会民主。

李迪：教师应该引导学生，让他们体会民主。

李镇西：是让学生在民主中学会民主。从来就没有现成的高素质的民主主体。

民众的民主素质只能在实践中得以提高！民主不只是一种形式或是一种外在的东西，而是一种内在的修养。这种内在的修养体现于日常生活和与人交往的过程中：相信人性的潜能；相信每个人的天性中都蕴含着发展的无限可能性；相信日常生活与工作中，人与人之间是能够和睦相处、真诚合作的。民主的生活方式意味着自由、平等、尊重、多元、宽容、妥协、协商、和平等观念浸透于社会的每一个角落，体现于生活的每一个细节。

对于学校教育，同样要在制度和生活方式两方面努力。班级也是如此。一方面我们要建立一种民主的制度，同时，要在生活中培养民主的生活态度（教师也需要培养）。无论是制度还是生活方式，民主的核心都是尊重！

民主作为一种制度，说到底就是少数服从多数。而且，民主制度是非常强硬的规则。民主制度不是对真理的辨析，而是多数人意愿的表达。所以，民主会犯错误，有时会造成灾难！民主不是万能的！比如：希特勒就是民主选上去的！结果，给人类造成了灾难。但是，民主具有纠错机制，可以把你选上去，也可以把你选下来。而在专制体制下，人民是无权选举最高领导人的。民主还有一个不足，就是效率很低。在专制体制下，一个皇帝在 1 分钟之内就可以决定一件事。可是，在民主制度下，要反复讨论、听证、争论，等等。所以民主并不是十全十美的。相比之下，这是人类无奈的选择！所以早就有学者说，民主不是最好的制度，只是最不坏的制度！再粗糙的民主也胜过精致的专制！

李迪：李老师，您说民主是少数服从多数，但有时候真理是掌握在少数人手里的。

李镇西：民主不是判断真理，民主和真理关系不大。从某种意义上说，民主也是一种“暴政”。因为，不管怎么样，只要是选举，总会有反对票。但只能少数服从多数，这样，民主就成了“多数人的暴政”，即多数人把自己的意志强加给少数人。但是这也是没办法的事，规则就是如此。所谓民主的“强硬”就体现于此。

然而，民主还有一条：多数尊重少数！注意：两条原则同时存在。在行动上，少数服从多数。不这样，社会肯定会乱。但在权利上，多数尊重少数，也就是说尊重少数人发表不同意见的权利，包括反对的权利，他们的意志也应该有存在的空间。

民主是对规则的遵守，而且必须遵守。这就是民主的强硬性。所以，我说，把民主理解为迁就学生，这是很荒唐的。把民主理解为软弱，这更是糊涂的！

下面，我仔细剖析李迪文章中的两个例子。第一个例子，根本就和民主没有关系！你把板子打在民主身上，实在冤枉了民主！

20 年前我的一篇文章中的例子和李迪这个例子很相似。三好学生的产生究竟是由教师内定，还是由学生选举？我们的回答是：当然由学生选举确定。然而，在某校的一次班主任会上，笔者却听到了这样一段对话。某班主任：“唉，我班的学生太不像话！选三好学生时，净选些我不喜欢的娃儿；我喜欢的，一个都没有选上！”某校长：“怎么能让学生选呢？应是评三好学生，而不是选三好学生。”某政教主任：“其实让学生选也是可以的，只是选了以后由班主任统计选票做内部调整，然后公布结果。反正学生又不晓得！”我认为，这是对学生的欺骗！当然，这几位教育者未必存心欺骗学生，他们也许是想扶正压邪，让真正的三好学生脱颖而出。但是，以剥夺学生选举权来纯正班风，其班风绝不可能因此而纯正。现在，这样的

观点还相当有市场。许多教师都说，现在的学生够自我的了，还民主！这种说法即源于把民主理解为迁就学生。李迪说秦老师是优秀班主任。依我看，就班风建设而言，秦老师谈不上是优秀班主任。

李迪：我感觉教师是想实施民主的，但平时没有培养好学生民主的素质，没有形成好的班风，导致如此结果，她以后可能会很专制。

李镇西：你这个观点正是我马上要说的。教师当然应该引导学生，这是教师的责任所在。教师的主导作用当然要体现，尊重学生的选举权绝不是“一切听命于学生”。但“主导作用”重在“导”：开导、疏导、引导，而非“一手包办”地“领导”。

教师对学生的引导主要在平时大量的、各方面的，或理直气壮或潜移默化的教育，这些教育集中到一点，就是要让学生懂得辨别美丑善恶是非的道理，并把这种道理转化为植根于心灵的道德信念。我不否认前面某些班上发生的不正常选举现象出现的可能性，但这恰恰暴露出这些教师平时教育的失误。对是非颠倒的选举结果，他应做的不是剥夺学生的选举权，而是设法营造良好的班风。在集体舆论健康的班级里，至少大多数学生的道德评价、是非判断与班主任是一致的。班主任也正因为如此而坦然自若地尊重学生们的选举权。

表面上看，教师对学生的选举放任自流，而实际上教师已通过平时的教育引导，不露痕迹地决定了学生们的正确选择。教育者的理智与艺术正在于此。我要特别强调的是，这里所说的不露痕迹地引导，只限于学校教育，而不能用于国家的选举。因为学生是未成年人，所以需要教育。对于第二个案例，这个教师的做法更是不足取。首先是规则应该明确。大家共同遵守这个规则，包括教师。学生请假，凭什么不准？有人会说，如果都请假，那成什么话？这里的问题依然和第一个班主任一样，还是平时的班风建设问题。如果班风健康，那么请假的学生不可能有很多。极个别学生请假，教师有什么理由不同意？规则决定一切！我还要特别说的是：民主，不是学生服从教师，也不是教师服从学生，而是大家共同遵守规则。

这个规则是大家制定的，制定规则的过程是妥协的过程。这里的妥协就是商量的意思。但是，一旦制度形成，就没有妥协的说法！只能强硬！

徐全芬：总有偶然事件的。

李镇西：对偶然事件在制定制度时应该考虑到，比如可以写上这么一条：凡是本规则没有罗列的某些突发事件的相应处理办法，等等。如果过了一段时间，规则过时，那么应该由大家一起修改。我早说过了，民主岂止是不尽如人意，有时候简直就是罪过。但这是人类无奈的选择。

李迪：李老师，您举国家的例子论证观点，离我们教师太遥远了，不如举班级的例子好。

李镇西：举国家的例子不是太远了，而是必须想到国家。培养学生民主素质的最终目的是为了国家的民主！

李迪说的“凡事都是学生说了算，就是‘学生专制’”是有问题的。所谓“专制”，特指具有统治权的人，是集权。学生是受教育者，在管理的意义上，是没有权力的。注意，是权力而不是权利！

李迪：我懂了。

……

（最后大家一致认为：民主是一条漫长的路，我们将“上下而求索”。）